南京财经大学国家一流本科专业建设点（贸易经济）特色教材

"新零售"
消费体验创新

主　编　杨向阳
副主编　张晓磊　李宏亮
　　　　孙一菡

南京大学出版社

图书在版编目(CIP)数据

"新零售"消费体验创新 / 杨向阳主编. —南京：南京大学出版社，2022.12
ISBN 978-7-305-26272-2

Ⅰ.①新… Ⅱ.①杨… Ⅲ.①消费心理学 Ⅳ.①F713.55

中国版本图书馆 CIP 数据核字(2022)第 219648 号

出版发行	南京大学出版社
社 址	南京市汉口路 22 号　　邮编　210093
出 版 人	金鑫荣
书 名	"新零售"消费体验创新
主 编	杨向阳
责任编辑	王日俊
照 排	南京开卷文化传媒有限公司
印 刷	南京新洲印刷有限公司
开 本	787 mm×1092 mm　1/16　印张 12.25　字数 360 千
版 次	2022 年 12 月第 1 版　2022 年 12 月第 1 次印刷
ISBN	978-7-305-26272-2
定 价	52.00 元
网 址	http://www.njupco.com
官方微博	http://weibo.com/njupco
微信服务号	njuyuexue
销售咨询热线：(025)83594756	

* 版权所有，侵权必究
* 凡购买南大版图书，如有印装质量问题，请与所购
　图书销售部门联系调换

前　言

"新零售"与"体验创新"是我国国内贸易商业模式创新的前沿领域。阿里巴巴、京东等线上零售龙头企业，小米、Shein等制造型零售龙头企业，永辉、银泰等线下零售龙头企业，等等，都在积极实施"新零售"战略，一场以效率提升和体验升级为特征的零售业商业逻辑革新浪潮已经席卷全国。"新零售"在业界的快速发展向高等院校贸易经济专业人才培养提出了新的要求："新零售"企业不仅需要贸易经济专业的毕业生掌握经典的贸易流通经济理论和零售企业运营管理知识，还需要其掌握"新零售"的基本商业逻辑、主要创新方法以及行业的前沿发展趋势。截至目前，虽然国内外学界已经涌现出一批关于"新零售"的研究专著和论文成果，但尚未有成熟的本科生教材可供选用或参考，以至于国内开设有贸易经济专业的主流高校均尚未开设与"新零售"相关的专业课程，人才供给质量不能满足业界的需求。

南京财经大学贸易经济专业为国家一流本科专业建设点，教学团队在零售学、贸易经济、流通经济、商业设计与创新、体验经济等方面具备丰富的课程建设和教学经验。为迎合国内"新零售"发展对贸易经济专业人才的新需求，本团队特此结合多年学术研究与教学经验编写本教材，以期帮助贸易经济专业学生掌握"新零售"行业的基本商业逻辑、创新方法和主要趋势，提升学生在"新零售"行业就业和创新创业的竞争力。当然，本书亦可作为工商管理、市场营销等专业本科生和专业硕士研究生的课程教材；对于零售行业的从业者和创业者，本书亦可以作为其系统了解"新零售"行业发展趋势特征与商业模式创新方法的有益读物。感谢江苏高校现代服务业协同创新中心和南京财经大学重点教材建设项目的资助。

本教材的特色主要体现在以下三个方面：

1. 学科交叉融合。"新零售"创新主要有两大方向：一是效率革命，二是体验革命。以往的教材将这两大方向割裂开来：在电子商务以及数字经济类教材中讲述源自于互联网数据赋能和供应链创新的"效率革命",在贸易经济以及工商管理类教材中讲述源自于线下场景商业模式创新的"体验革命"。本教材则将这两个学科方向的前沿知识体系交叉融合,按照"体验主题设计—供应链创新—营销与售后创新—公关与品牌管理"的经典商业模式设计思路,为学生勾勒出"新零售"时代消费体验创新的理论与方法图谱。

2. 迎合教改需求。以往的商业模式创新类教材存在理论讲述比重高、实践方法指导比重低的问题,教师按照教材讲解只能以理论讲授为主,导致其难以迎合线上线下融合、翻转课堂、探索式教学等前沿教学方法的需求。本教材在篇幅设计和内容编排上以商业模式创新方法为主体,辅之以大量真实商业案例素材,为学生提供一个兼具实践可操作性和思维启发性的商业模式创新教程,亦方便教师进行教学方法创新探索。此外,为了保障教材内容的时效性,我们会每年对教材中的案例进行更新,并在网络平台提供PPT资源、视频案例资源、拓展阅读资料等,使用本教材的教师可以联系我们索取每年更新的电子资源。

3. 思政元素贯穿。"新零售"时代的商业模式创新实践引发了新的商业伦理问题,比如商业诚信问题、消费者信息隐私权问题、劳资关系问题、强势资本碾压低收入群体问题等,以往的商业模式创新类教材照搬西方资本利益最大化目标下的知识体系,不能满足培养具备社会主义核心价值观商业人才的需求。本教材一方面单独编入商业伦理章节,另一方面在全书案例中贯穿对新时代中国企业家社会责任、劳资关系、商业伦理等问题的探讨,便于教师开展课程思政教学。

本书由杨向阳拟定体系框架和章节安排,在各位作者通力合作的基础上,由杨向阳总纂定稿。编写任务的承担情况如下:第1章～第3章,由张晓磊编写;第4章～第7章,由李宏亮编写;第8章～第11章,由孙一菡编写;第三篇由张晓磊编写。

我们在编写本书的过程中力求结构科学、理念先进、内容丰富、体例清晰、行文活泼、案例前沿。当然,要达到以上目标,离不开广大读者的支持和意见反馈,如果您在阅读本书的过程中有任何意见或建议,欢迎您随时与本教材编写组联系,感谢您对我们进一步完善本书所提供的帮助。此外,需要强调的是:本书中引用的任何商业案例都不具有广告宣传的目的,本书作者与任何案例中涉及的企业和个人均没有商业合作关系,在本书编写过程中不存在针对具体对象的吹捧、赞扬、抹黑、诋毁等主观目的。当然,限于水平有限,如若本书内容中存在错误或疏漏,我们十分感谢各位读者能够提出您的宝贵意见,编者通讯邮箱:9120171015@nufe.edu.cn。

最后,本书作者敬告读者:创业有风险,选择需谨慎。

全国高校贸易经济教学研究会副会长
江苏省商业经济学会常务理事
南京财经大学贸易经济(国家一流本科专业)带头人
杨向阳
2022 年 9 月 5 日

目 录

第一篇 理论篇

第一章 "新零售"的本质 ... 1
第一节 "新零售"的兴起 ... 1
第二节 "新零售"的"人—货—场"范式革新 ... 4

第二章 "新零售"时代的消费体验 ... 18
第一节 "新零售"时代的消费体验类型 ... 18
第二节 "新零售"时代的消费体验维度 ... 22

第三章 "新零售"消费体验创新趋势 ... 28
第一节 "新零售"企业的立场定位创新 ... 28
第二节 "新零售"的情感化创新 ... 34
第三节 "新零售"的无界化创新 ... 40

第二篇 方法篇

第四章 消费体验主题设计 ... 44
第一节 体验主题 ... 44
第二节 体验场景 ... 47
第三节 体验细节 ... 53

第五章 定制化消费体验创新 ... 59
第一节 定制营销基本概况 ... 59
第二节 供应链协同与大规模定制 ... 62
第三节 用户价值共创的个性化定制 ... 66

第六章 体验式营销创新 ... 73
第一节 传统广告的体验化改造 ... 73
第二节 体验式营销活动策划 ... 79
第三节 社群媒体营销体验策略 ... 84

第七章 体验营销定价模式 ... 91
    第一节 体验营销模式 ... 91
    第二节 体验营销定价模式设计 ... 97

第八章 "新零售"售后服务的体验优化 ... 103
    第一节 对照国家标准加强售后服务标准化建设 ... 103
    第二节 售后服务中的粉丝运营 ... 108
    第三节 售后服务：新一轮营销的起点 ... 114

第九章 "新零售"企业公关危机体验维护 ... 118
    第一节 公关危机的基本概念 ... 118
    第二节 公关危机的预防 ... 122
    第三节 公关危机的处理 ... 125

第十章 "新零售"企业的品牌价值管理 ... 132
    第一节 "新零售"企业的品牌价值 ... 132
    第二节 "新零售"企业的品牌价值管理 ... 139

第十一章 "新零售"企业的商业伦理 ... 143
    第一节 践行企业社会责任、建设伦理型企业 ... 143
    第二节 "新零售"创新中的消费者权益保护问题 ... 147
    第三节 "新零售"创新中的劳资关系问题 ... 151

第三篇 实践篇

实践任务一：日常生活用品消费体验升级企划 ... 156

实践任务二："新零售"企业消费体验营造策略调研 ... 167

实践任务三："新零售"消费体验升级企划大赛 ... 177

第一篇 理论篇

第一章 "新零售"的本质

章节导言

2016年11月11日,国务院办公厅印发《关于推动实体零售创新转型的意见》(国办发〔2016〕78号),明确了推动我国实体零售创新转型的指导思想和基本原则。同时,在调整商业结构、创新发展方式、促进跨界融合、优化发展环境、强化政策支持等方面作出具体部署。在中央政策鼓励以及阿里巴巴、京东等零售业领军企业的带头推动下,以线上与线下融合发展为特征的"新零售"成为中国零售业商业模式改革的核心路线。在本章中,我们将向同学们介绍"新零售"兴起的背景,解析"新零售"的概念及其与传统零售之间的业态差异,并从"人—货—场"范式框架下解析"新零售"业态创新的具体特征。

本章"微案例""拓展阅读"内容请扫码阅读→

第一节 "新零售"的兴起

一、"新零售"概念的提出

进入21世纪后的二十年间,我国城镇房地产价格和劳动力成本的快速上涨,实体商业街、综合购物商场、社区零售门市等实体零售业态逐渐丧失竞争力,日渐凋敝;淘宝、京东、拼多多、美团、网易考拉、得物、抖音直播电商等新兴电子商务业态在此期间却借助互联网、移动互联网、高速交通运输网快速普及的东风,实现了飞跃式发展。然而,"线上"零售真的能够取代"线下"吗?从我国目前的零售业发展格局来看,答案显然是否定的。

如图1-1所示,尽管经历了近二十年的爆发式增长,线上(网络)零售业在中国零售业总销售额中所占的比重也仅为30%左右,"线下"仍然是中国零售业的核心阵地。

虽然"线上"零售业拥有成本低、效率高、覆盖广、变化灵活等竞争优势,但"线下"零售业亦有其不可取代之处,线下零售业看得见、摸得着、听得真、闻得到,并且商品销售、服务提供和体验营造可以实现"三位一体",能够给顾客带来真实的、有生活气的消费体验。此外,对于老年人、边远地区居民、受教育水平较低的居民等互联网边缘用户而言,"线上"零售业争取这些用户的获客成本并不一定比"线下"零售业低,再加之这类消费者常年累月养成的"线

图1-1 2014—2021年中国网上零售额及其在社会消费品零售额中占比趋势图

数据来源：国家统计局、艾媒数据中心(data.iimedia.cn)。

下"消费路径依赖，互联网电商巨头想要从"线下"抢夺这一部分用户的零售流量，恐怕不得不采取一些新举措。

传统互联网电商的业绩增速放缓，引发了我国"线上"零售业发展可能已经临近市场份额"天花板"的担忧。于是，2016年10月13日，雷军在中国电子商务发展峰会上提出希望用互联网思维做线上线下融合的"零售新业态"；同日，马云在阿里巴巴云栖大会的开幕式上也提出了"新零售"的概念，他认为"线上、线下和物流必须结合在一起才能诞生真正的'新零售'"。在阿里巴巴、小米等头部企业和明星企业家的带领之下，"新零售"很快就成为中国零售业商业模式创新的追捧热点。

二、中国零售业界对"新零售"的解读

什么是"新零售"？中国零售业界的知名企业家对其内涵各有独到的解读。

1. 阿里巴巴集团CEO张勇的观点

"新零售"包括供应链的重构、销售全通路的重构、品牌营销与用户连接的重构以及线上线下商业生态的打通和重构。"供应链的重构"是指从客户、物流、支付等环节实现数字化与及时响应，使传统零售烦琐的供应链变得高效，对客户的精准识别、配送链距离识别、限时送达等定制化需求的解决，将带来全新的商业体验；"销售全通路的重构"是指"阿里巴巴"通过天猫超市、零售通、村淘、速卖通、天猫国际等旗下产品，可以触达一、二线城市到农村乃至海外城市的各个层级的市场；"品牌营销与用户连接的重构"是指利用"阿里巴巴"海量的用户和品牌数据，凭借大数据和云计算等技术手段，实现高效的智能营销；"线上线下的打通和重构"既包括一些品牌与天猫合作，把线上与线下渠道的会员系统打通，也包括"阿里巴巴"通过投资布局某些线下渠道，与线上进行融合。

2. 小米科技董事长兼CEO雷军的观点

"新零售"的本质就是线上零售与线下零售相融合，以电商的模式和技术来帮助线下零售业改善用户体验，提高效率，让更多质优价廉的产品走进千家万户。

3. 天虹商场总经理高书林的观点

"新零售"就是零售企业根据社会发展、消费需求变化去创造相适应的新的零售价值：一方面是从零售的方式上，要在互联网环境下，让零售方式变得更加有效率、更加便利，客户的

体验感更好。另一方面是在内容提供方面,要改变实体门店里百货品牌的简单集成、超市里按照品类规划的货架集成,要在此基础上创造一种新的零售价值,更进一步贴近顾客,为顾客提供生活解决方案。"天虹"的"新零售"价值创造来自顾客的情绪共鸣、精神分享和生活之美,具体做法是:一是体验化;二是互联网化;三是生活方式主题编辑化。

尽管各位商界领袖对"新零售"的认识各不相同,但他们对"新零售"内涵的认识还是有很多共同之处的。通过总结不同观点的共性,我们可以对"新零售"做一个模糊的概念界定:"新零售"是区别于传统零售的一种新型零售业态,是应用互联网先进思想和技术,对传统零售方式加以改良和创新,以优化消费体验和提升零售效率为指导,将货物和服务出售给最终消费者的所有活动。"新零售"并不仅仅是线上线下(O2O)与物流的简单融合,同时还可以融入云计算、大数据等创新技术。它包括全渠道却又超越全渠道,打破了过去所有的边界,以一种全新的面貌与消费者接触。

从本书的定义来看,阿里巴巴、京东、美团等电商巨头打造的线上线下融合的零售业态属于"新零售",大商、新世界百货、五星电器、锦辉超市等线下知名零售企业采用线上网店资源拓客的业态也属于"新零售",在淘宝、拼多多、抖音等电商平台和线下商业综合体同步开展品牌直营零售业务的产品或服务生产企业亦属于"新零售"企业,甚至是在美团和饿了么平台接单的街边小餐馆、在滴滴和快滴等平台接单的出租车司机也都属于"新零售"主体,他们之间的区别仅是"新"的程度不同而已。大企业的"新零售"模式对消费体验和零售效率的提升幅度通常更大,也更引人关注;小微企业受限于资金和技术实力,其较为基础的"新零售"尝试虽不能引领行业前沿趋势,但也值得重视和鼓励。我们在研究"新零售"创新问题时,不能仅关注霸占媒体头条的行业巨头的商业创新实践,毕竟处于金字塔底端的"小商小贩"才是中国零售业的绝对主力军。

三、"新零售"与"传统零售"的区别

"新零售"与"传统零售"有何区别?通过对比"新零售"与"传统零售"在价值主张、渠道路径、客户服务模式等方面的系统性差异,可以更好地帮助我们理解"新零售"的内涵(如表1-1所示)。

表1-1 传统零售与"新零售"的差异对比

属性	传统零售	新零售
价值主张	以企业为中心	以消费者体验为中心
渠道路径	单渠道、单场景	全渠道、多场景融合
零售商与供应商关系	竞争、博弈	长期的合作共赢
产出的内容	单一商品或服务	"商品+服务+体验"一站式解决方案
客户服务模式	商品或服务交易关系	持续互动社群关系
盈利模式	价差盈利	提供个性化增值服务盈利
运营模式	上游推动下游	下游逆向驱动上游
服务对象	下游的消费者	供应链的全部节点

首先，传统零售多以企业为中心，以实现企业价值最大化作为目标，产品生产决策、营销决策等均由企业凭经验决定，产品同质化严重，"价格战"成为吸引客户的主要手段；而"新零售"以消费者体验为中心，以实现消费者价值最大化为目标，通过智能决策或用户共创与消费需求的高效协同，输出"商品＋服务＋体验"的一站式解决方案，同时，"新零售"丰富了消费者购买商品和接受服务的渠道路径，由传统零售的单渠道、单场景转变为全渠道、多场景相融合的购买路径。

微案例1 ——→ 阅读请扫第1页二维码

其次，传统零售中，零售商与供应商通过商品销售的价差来盈利，两者之间存在利益冲突和持续的竞争与博弈，同时零售商与消费者之间形成的是简单商品或服务交易关系，整条供应链是由上游生产端层层推压至下游销售端的"推式"供应链；而"新零售"下，零售商与供应商通过相互提供增值服务、相互赋能来盈利，两者之间形成长期合作共赢关系，同时零售商与消费者之间形成基于信任的人与人之间的持续互动的社群关系，即以消费者为主导的C2B商业形态。此时，零售商与消费者由单向价值传递过渡为双向价值协同，整条供应链转变为基于数据驱动的以消费者需求为导向的"拉式"供应链。

微案例2 ——→ 阅读请扫第1页二维码

最后，传统零售的产出仅针对下游消费者，而"新零售"的产出则是针对供应链上的全部参与者。在"新零售"下，通过零售终端与消费者的高效链接与互动，消费者的特征、行为数据被完整收集和分析，并实时共享给供应链上游的各节点企业，供应链的参与者可透过数据掌握消费者的真实需求，实现基于消费者需求的柔性定制、精准营销和个性化服务的提供。

第二节 "新零售"的"人—货—场"范式革新

如果想要尽可能简单地定义"零售"，那么可以把零售概括为连接"人"与"货"的"场"。在研究"新零售"的"人—货—场"范式特征之前，我们有必要先对"传统零售业"的"人—货—场"范式进行介绍，作为对比分析的基础。

一、传统零售的"人—货—场"范式

"零售"是什么？概括地说，零售是一系列商业活动的统称，是通过某种交易结构让消费者和商品（服务）之间产生连接。用"阿里巴巴"常用的"人—货—场"范式来解释，零售就是把最终付钱的"人"（消费者）和"货"（商品和服务）连接到一起的"场"。这个"场"可能是有具体物理形态的商场、购物中心、街边门店、食堂窗口等，也有可能是个虚拟的电子网页、App、呼叫中心、直播场景等，还有可能是销售人员拜访客户的行为，等等。从功能角度来看，"零售"是整个商品（服务）价值形成过程的最后一站，它的"左手"是所有为商品（服务）增值服务的产业链参与者，"右手"是消费者。零售是一个连接场景，既可以把它理解为帮助消费者找

到商品(服务)的过程,也可以把它理解为帮助商品(服务)找到消费者的过程。

从"零售"的发展历史来看,早在"以物易物"的原始社会就诞生了最早的零售"场"——集市。早期的集市是临时性的[①],随着城镇的规模逐渐变大,专业化的零售商铺和坊市开始出现;到了"工业经济"时代,商业文明的高度发达带来了零售业的新业态——百货商场和超级市场,零售业主不再专业化地卖一种或几种品类的东西,而是为消费者尽可能地提供生活所需的一切商品和服务,提供"一站化"购物体验;"网络经济"时代的到来使得零售迎来了虚拟的"场",淘宝、京东、朋友圈微商、拼多多、直播电商、社区团购、外卖和跑腿App等都成为最新潮的零售"场",消费者可以获得足不出户就能购买到几乎一切商品和服务的消费体验。

从零售"场"的发展历程可以看出,零售业总的发展趋势是由"人找货"向"货找人"演进,这主要归功于社会生产力的不断进步使得物资供应愈发充裕,消费者不再担忧有钱买不到商品或服务,反而是企业在普遍担忧自己的商品或服务找不到消费者愿意购买。因此,未来的零售"场"的发展方向必然是进一步提升"货找人"的效率,零售企业会竭尽所能地打造更能吸引消费者光临和驻足的"场",帮助企业的商品和服务创造更多被看到和被购买的机会。

图1-2概括性地总结了现代零售业典型的"人—货—场"范式特征,接下来我们将逐一解读"人""货""场"的概念。

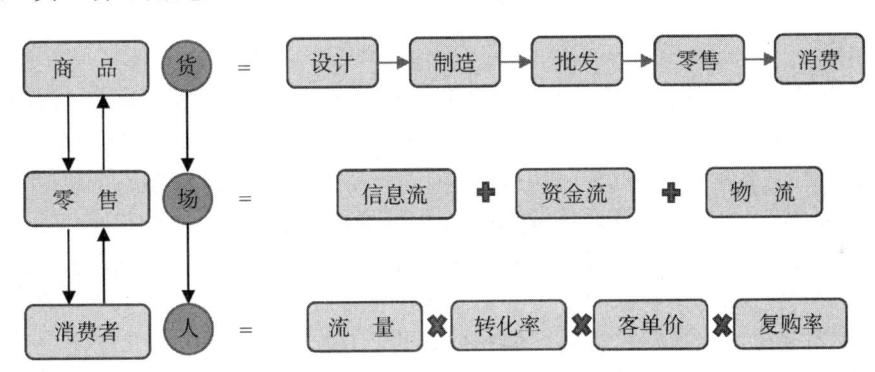

图1-2 传统零售业的"人—货—场"范式示意图

1. 传统零售中的"人":流量×转化率×客单价×复购率

不管是线下零售中的"店铺"还是线上零售中的"网站",都需要零售商向商场(或其他商业地产所有者)支付店租或向电商平台支付某种其他名义的租金(如技术服务费、销售抽成、推广服务费等),那么商场或者电商平台的租金是如何定价的?

在线下,商业地产的租金在人流量越大的地方往往就越贵;在线上,网站或购物App上排序越靠前的展示位置租金也越高。所以,传统零售业地产商和网商平台的商业逻辑就是吸引尽可能多的人光顾或访问,并向零售商销售这些"人流量"。因此,线下商业中心在规划选址时就会选择市中心、居民社区聚集地、地铁线交汇点等人流量大的地区,并在装饰装潢、引流项目[②]招商、活动策划、广告宣传等方面下足力气;线上电商平台则会通过策划一系列的购物节、发放大额新用户补贴和活动补贴、投入大量广告等吸引人流量。

---

① 当前我国许多农村地区的市集仍然具有这种临时性特征,比如在每逢1、4、7结尾的日期在固定场所开办市集,买卖农副产品和基本生活生产用品。
② 一般大型超市、知名连锁餐饮店、一线潮牌、电影院、儿童游乐项目等属于商业中心的引流项目。

微案例3 —▶ 阅读请扫第1页二维码

对于零售商而言,其支付线下租金或线上技术服务费购买了"人流量"之后,能否收回成本或实现盈利呢?这取决于零售商的三种核心能力:

(1) 顾客转化能力。假如一家综合购物中心的临街门店租金为20万元/月,一个月大约会有20万人经过这家门店,但并不是所有顾客都会进店,绝大部分人都只是路过而已。假设平均每个月会有2 000人进店,那么承租这家门店的零售商获取每一个顾客的"流量成本"就是100元/人。所有进店的顾客都会消费吗?显然不是,假设每100名顾客中只有20%会下单交易,那么零售商获取的"有效流量"仅有400人/月,"有效流量"的成本价格就是500元/人。显然,这样的流量成本过高。所以,一般只有知名时装品牌、珠宝首饰等高毛利润的零售店才有能力承租综合购物中心的临街门店。零售门店的顾客转化率越高,其获得"有效流量"的成本就越低,利润率也就会越高。提高顾客转化率的方法一般包括策划营销活动、培训销售技巧、升级门店环境、优化商品陈列等。

微案例4 —▶ 阅读请扫第1页二维码

(2) 客单价营销能力。如果零售商不能有效提高自己的顾客转化率,那么就只能在提高"客单价"上下功夫,尽可能让每一位下单的顾客都给自己带来超出其流量成本(500元/人)的利润。提高"客单价"的方法有两类:一是提高单件商品的价格加成率,比如成本100元的商品定价800元,这样顾客即使仅购买这一件商品,就能给零售商带来300元的毛利润。但是,零售商一般没有随意提高商品价格加成率的能力,如果零售商不是独家销售渠道,消费者可能会选择其他更具性价比的渠道购买商品,比如海外代购;即便零售商是独家销售渠道,消费者也可以选择其他品牌的相似替代品消费。二是在无法提高商品价格加成率的情况下,零售商可以增加单个顾客的商品购买数量,比如成本100元的商品定价300元,这样顾客只要一次购买4件商品,依然能给零售商带来300元的毛利润。显然,与提高单件商品的价格加成率相比,增加单个顾客商品购买数量的策略更为可行。常见的技巧有销售商品套装组合、提供一站式购物解决方案、为顾客提供商品搭配咨询服务、推出消费满减和满送活动、开设会员积分兑礼,等等。

微案例5 —▶ 阅读请扫第1页二维码

(3) 顾客复购率的能力。如果零售商既没有能力提高顾客转化率,也没有能力提升客单价营销能力,比如药店,既没有能力增加周边病人的数量,也没有能力随意提高药品价格或向消费者过量推销其不需要的药物。那么,零售商还有最后一项收回流量成本的法宝——提高"复购率"。仍以药店为例,零售商虽然没有能力让消费者一次买很多药物,但可以通过提供贴心优质的服务(比如24小时医生坐诊、家庭医生上门问诊、免费送药上门等),让消费者每次生病的时候都来自己的药店买药。药店还可以推出"储蓄式会员卡"服务提高复购率,比如消费者只要在会员卡中预存500元,即可享受在医保报销部分以外的购药费用

8折优惠等。这样,只要会员卡中还有余额,消费者通常就会选择复购消费,零售商还能充裕自己的现金流,可谓一举双赢。

微案例6 —— 阅读请扫第1页二维码

综上所述,对于传统零售业而言,"人"即"流量",流量经济的基本道理可以用最简单的"销售漏斗公式"概括:

$$销售额 = 流量 \times 转化率 \times 客单价 \times 复购率$$

无论是线下门店、上门推销、电话销售、网络商城还是街边摆摊,其关于"人"的商业逻辑都可以用这个公式来表达。

2. 传统零售中的"货":设计→制造→批发→零售→消费

从价值链的角度来看,零售是商品价值形成的最后一环,它的上游是商品增值过程的所有参与方,下游是最终消费者。以一件最简单的商品——"瓶装饮用水"为例,它在到达最终消费者手上之前,一般要经过设计、制造、批发和零售四大价值增值环节。

(1) 设计。对于瓶装饮用水而言,其设计环节一般由品牌方负责,具体包括企业架构设计、产品定位设计、品牌及营销方案设计、生产流程设计四大环节。企业架构设计是指生产水之前首先要组建企业主体,这涉及工商注册登记、筹融资、选址、招聘等一系列复杂事项。产品定位设计是指企业在生产具体产品之前,必须要进行充分的市场调研,发现有盈利空间的利基市场,并为其设计相应的产品方案,比如是生产纯净水、天然矿泉水还是气泡水?定位是高端、中端还是低端?品牌及营销方案设计是指在确定产品方案之后,要为其设计品牌形象和铺设市场营销渠道,比如品牌宣发是走科技路线、天然健康路线、时尚路线亦或是异域风情路线?营销渠道是依靠线下超市铺货还是线上直播零售?生产流程设计是指产品方案确定后,要具体安排其取水、制造、运输的具体方案,比如是单一水源地取水还是多水源地?是单一工厂生产还是多工厂布局?

(2) 制造。对于瓶装饮用水而言,制造过程相对简单,主要就是取水、过滤消毒、辅料(二氧化碳、甜味剂)添加、灌装等工序。由于饮用水卫生标准较高,这一制造过程一般高度自动化、无菌化,需要的资本投入规模一般较大。

(3) 批发。对于瓶装水生产企业而言,其不可能雇佣足够多的销售人员直接对接全国乃至全世界无数个规模各异的零售商进行供货,因此,企业通常会设置区域代理(比如在中国境内按照省级行政区设置省级代理),由区域代理负责辖区内的销售网络运营,区域代理一般会选择将产品批发给当地的大型批发商,再由批发商依托其在当地的物流和销售体系配货到各个街头巷尾的零售商。批发商可能存在多级批发商的现象,比如一级批发商在区域代理处进货,加价10%卖给二级批发商;二级批发商将商品运到各地级市,再加价10%卖给三级批发商;三级批发商将商品运到各区县,再加价10%卖给四级批发商……最终到街边小超市这种零售商手中,商品可能已经转手N次,价格也自然增加了很多。

(4) 零售。对于直接面向最终消费者的零售商而言,其销售业绩直接取决于自身产品的性价比。显然,零售商最有降低商品供应链增值环节的动机,如果零售商能够越过所有批发商,直接从生产商处获得批发价进货的资格,或者越过底层批发商从一级批发商处进货,那么其商品零售价格必将大幅下降,利润空间就会增大。

综上所述,从"货"的视角来看,传统零售业的发展趋势就是批发层级逐渐减少的过程。特别是电子商务平台出现以后,即使是小型零售商,也可以通过与周边同行组团批发的方法,通过阿里巴巴等B2B电商平台直接从生产商或一级供货商处进货,大大降低采购成本。当然,面临被取代的危机,不少批发商也开始依托电商平台拓展零售业务,依托成本优势直接面向终端消费者抢占市场。此外,随着直播电商的愈发火热,现在也有不少生产商越过批发和零售商开通品牌直销直播间,直接面向消费者开展零售。总的来看,零售业内生产商、批发商与零售商的混业竞争正在愈演愈烈。

微案例7 —— 阅读请扫第1页二维码

3. 传统零售中的"场":"信息流"+"资金流"+"物流"

在了解了传统零售中的"人"和"货"以后,我们共同分析一下连接"人"和"货"的"场"。具象的来说,"场"就是零售商和"人"交易"货"的场所,其可以是实体的场,比如超市,也可以是虚拟的场,比如淘宝网。如果从更深层次的商业逻辑角度来解读"场",那么它实质上是"信息流""资金流"和"物流"的各种组合,我们将以典型的"线下零售"和"线上零售"案例,分别分析"信息流""资金流"和"物流"的典型组合方式。

(1)线下零售。例如,一名女大学生走进一家校园超市想买一瓶饮用水,面对琳琅满目的货架,她在最显眼的位置发现了一个新产品,拿起了这个包装很卡通的新产品,仔细阅读其标签广告,发现其产品特征为气泡水,零糖、零脂、零卡,葡萄口味,好喝不胖,于是就开心地拿去柜台结了账,打开瓶盖享用了起来。在这一过程中,"信息流""资金流"和"物流"都在小超市内部发生了流动:第一,信息流。女大学生在走进这家超市之前,对这个新品牌气泡水没有任何了解,直到她从货架上拿起商品并阅读其标签,才获得关于产品的信息;另一方面,消费者也通过自己的购买行为,向零售商传达了这款新饮品恰好迎合了自己这样的女大学生既想减肥又想喝甜味气泡水的消费需求。于是,零售商心里想着下次要多进些货。第二,资金流。女大学生去柜台结账的过程就是资金从消费者流向零售商的过程。第三,物流。女大学生从超市拿走气泡水,就完成了商品从零售商流向消费者的物流过程。

由上述案例可知,典型的线下零售模式一般都有"三流合一"的特征,"信息流""资金流"和"物流"全部在零售商的"场"内几乎同时完成流动。但也有例外情况,比如"物流"可以分离,零售商缺货时,消费者可能提前支付货款向零售商预定货物;消费者不方便取货时,零售商也可能会与消费者约定事后送货上门。"信息流"也可分离,比如零售商可以提前投放关于产品的广告,消费者在"场"外可能就已经通过广告了解了关于产品的信息。"资金流"也可以分离,比如熟人社会下消费者可能会在零售商处赊账,直接拿走商品,等等。

(2)线上零售。我们以在抖音平台购物为例。一名男大学生在刷抖音短视频的过程中突然刷到一个健身博主介绍一款新跑鞋的软广告,这名博主本身阳光帅气,拥有八块腹肌,也一直是这名男孩的健身偶像。男孩平时经常跟着他的短视频做器材训练,而且博主对这款跑鞋的点评也是条理清晰、细致入微。男大学生想了想,感觉价格也划算,反正在哪里买都是买,还不如让自己的偶像赚点钱,也算是自己对偶像的支持,于是就点击小黄车,下单购买了这款跑鞋。三天之后,男大学生在学校的菜鸟驿站领到了新鞋。当晚他便穿上新鞋去操场跑了十圈,感觉非常舒适。于是他打开抖音,确认收货,给出了好评,并在他的偶像博主视频下留言"跑鞋很棒,穿着非常舒服,兄弟们赶紧冲!"

在这个案例中,"信息流""资金流"和"物流"的组合方式就是相互分离的。首先,男学生是在观看短视频的过程中获取关于商品的信息,又是在收货后的抖音订单评价和主播视频留言中向零售商反馈了信息;其次,消费者在抖音下单的时候付了款,但该款项是打给抖音平台(第三方交易中介),在其确认收货之后,该笔货款才会由抖音平台在扣除平台抽成以后转给零售商(平台还有可能存在一定周期的押款现象);最后,消费者在抖音平台下单后,零售商就委托物流公司将商品寄送给消费者,消费者签收后完成物流交割。总的来看,该笔交易按照时间顺序先后发生:"信息流"(零售商向消费者)→"资金流"(消费者向平台)→"物流"(零售商向消费者)→"信息流"(消费者向零售商)→"资金流"(平台向零售商)。

二、"新零售"的"人—货—场"范式特征

我们已经了解了"传统零售"的"人—货—场"范式特征,那么"新零售"的"人—货—场"范式又是什么呢?

阿里巴巴集团CEO张勇对此做出了如下解读:"围绕着'人—货—场'中所有商业元素的重构是走向"新零售"非常重要的标志,而其核心就是商业元素的重构是不是有效,能不能真正提高效率。"小米创始人雷军和盒马鲜生创始人侯毅也都表示过"新零售,就是更高效率的零售"。那么,怎样才能提高"新零售"的效率呢?结合目前"新零售"领域的商业创新实践来看,答案可能有三个方面:依靠"数据赋能",提升"场"的效率;依靠"坪效革命",提升"人"的效率;依靠"短路经济",提升"货"的效率。

1. "新零售""场"的革新:数据赋能

我们已经解析了传统零售的"场"就是"信息流""资金流"和"物流"的各种组合,那么"新零售"对"场"的革新,就分别体现在其对"信息流""资金流"和"物流"的革新上,如图1-3所示(本章结束页),"新零售"通过使用互联网大数据工具,可以为零售的"场"提供数据赋能,通过线上与线下的融合,保障"信息流"兼具高效性和体验性,保障资金流兼具便捷性和可信性,保障物流兼具跨度性和即得性,从而给消费者和零售商都带来效率和体验上的双重改进。

(1)"信息流":高效性+体验性

传统零售业"场"的信息流为什么需要革新?这主要是因为传统的线下零售"场"可以提供体验性,但不具备高效性;传统的线上零售"场"具备高效性,却不具备体验性,只有依靠"新零售"的数据赋能,才能实现二者兼顾。

例如,在传统的线下零售"场",消费者在判断一件商品是否值得入手时,需要"货比三家"或"价比三家",这就需要消费者支付相当多的时间成本前往多家门店进行对比,这种获取信息的效率显然过低。传统的线上零售"场"解决了信息获取的便利性问题,消费者登录淘宝只需要搜索商品信息码,瞬间就能获取全网所有商家的报价,通过简单排序,就能选出最具性价比的商家。但是,线上零售"场"让消费者失去了真实接触商品的机会,消费者往往只能等收到货物才能判断自己是否真的喜欢。如果不喜欢的话,退运既需要支付时间成本,又需要承担一定比例的运费。在网上店家普遍美化商品展示图的商业环境下,消费者网购"踩雷"的概率可谓非常高,相信很多读者都有过类似的经历。

那么,"新零售"会如何做到兼顾信息流的"高效性"与"体验性"呢?

小米公司在这方面做出了较好的示范。众所周知,小米是一个以网络销售起家的手机

图 1-3 "新零售"的范式革新示意图

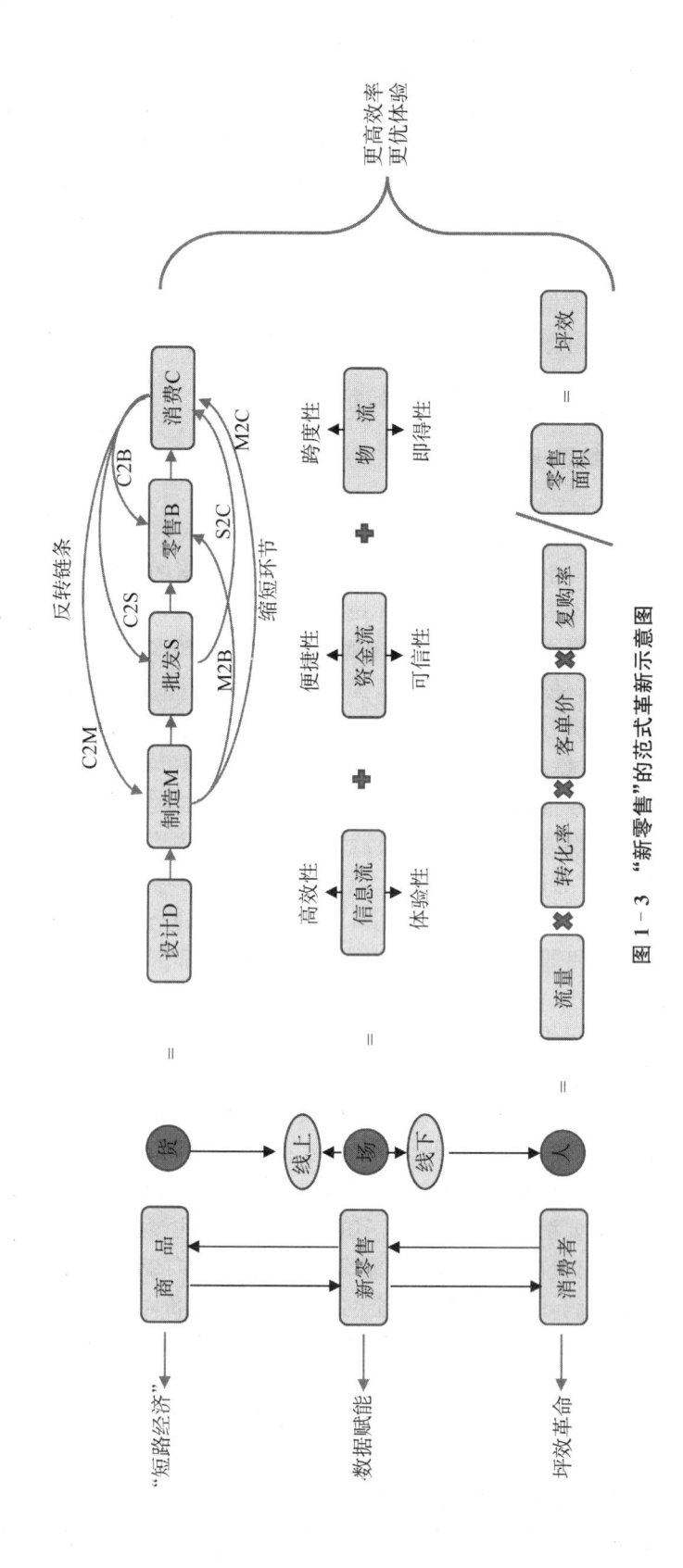

制造商,而 2015 年 9 月 12 日,第一个"小米之家"线下体验店在北京海淀的当代商城开业了。小米之家的设计非常强调体验性。在业态模式上,小米之家的定位并不是一个手机零售店,而是一个小米生态体验店。小米手机、笔记本、电饭锅、电视、净水器、空气净化器、平衡车、移动电源等小米生态链的产品都陈列在小米之家体验店,并且能够保证每周上新一款新产品的更新速度。原本很多人对小米的了解就是一个手机厂商,去过小米之家后才发现,小米在生态链企业的支持下,已经能给消费者提供小米风格的家居生活解决方案了。

"小米之家"的很多新产品其实在网上也有销售,但有一些电子产品消费者习惯于真实上手体验。如果在网上购买,那么很多小米电子产品一旦试用就不算新机了,不能享受七天无理由退换服务,这让很多消费者在是否选择小米产品上犹豫不决。线下"小米之家"的出现,让消费者有了免费体验小米产品的场所和机会。当原本怀疑自己掌握不了小米平衡车骑行技巧的消费者在"小米之家"学会了驾驭平衡车,顾虑被彻底打消;消费者在网上一比价,又发现小米公司做到了线上和线下价格完全相同,就大概率会当场下单。可见,"小米之家"给顾客带来的真实产品"体验性",大大提高了小米的成交率。

在门店信息流的效率性方面,"小米之家"依托线上商城的技术"革"掉了门店收银台的"命",消费者在线下门店挑选完商品后可以自助扫描买单。如果需要发票的话,扫描小票上的发票码就可以申请电子发票。此外,移动支付结算的另一个好处是方便了小米线下和线上销售数据的合并分析,依托网络和各门店的销售数据预测,小米能够依据各地的消费趋势更加智能地在全国备货,大大降低了库存成本。这就是用互联网数据给线下赋能所带来的效率革新。

(2)"资金流":便捷性+可信性

在资金流方面,互联网的优势是前所未有的便捷性,消费者选择线下交易不可避免地面临假钞的担忧、找零的麻烦、现金丢失的风险等,线上的电子交易完全避免了这类问题。消费者只要带着手机,一扫码即可完成支付。互联网虽好,但很多消费者,特别是对互联网不甚了解的老年人或受教育水平没那么高的消费者,对于网络付款的安全性仍有疑虑,在他们相对朴素的世界观里,一手交钱一手交货才是最让人安心的交易模式。特别是当货物价值较高时,他们普遍会担忧,如果付了钱,对方不发货或者发一个比较差的货物,怎么办?所以,他们坚信先验货、再交钱才是足够安全的零售交易模式。

"新零售"的出现可以通过数据赋能的方法让资金流兼顾"便捷性"和"可信性"的特点,解决方案就是"花呗""京东白条""微粒贷"等平台型中介提供的"先收货后付钱"服务。为什么阿里和京东可以为消费者垫付资金呢?秘密在于它们掌握了消费者之前的消费记录数据。他们基于消费者的消费记录数据,可以大致判断消费者的身份特质,比如消费者是一位居住在上海市浦东区的 30 岁女性,使用的手机是苹果最新一代机型,上一个年度的平台消费超过了 10 万元,购买的商品大多是时装和化妆品,其中还有不少是国际一线大牌,收货地址是一个中高档住宅区,这个小区的房屋均价 10 万元/平方米。那么,平台的信用算法可能会判断给这个消费者提供一份 5 万元的一个月免息信贷风险可控。

事实上,网络支付平台可以获取的用户信息数据维度非常高,比如支付宝为了更好地评估用户信用,推出了"芝麻信用"分功能,鼓励用户上传教育、工作、房产、车辆、社交关系等信息。新冠疫情期间,支付宝作为防疫"基础设施"又有了监控全民出行记录的权限,再加之用户的所有支付宝交易记录和支付宝理财与保险信息,如果支付宝愿意支付信息分析的成本,那么它完全可以成为世界上最了解用户的"人"。

综上,互联网平台企业借力数据赋能,完全可以让"新零售"的"资金流"兼顾"便捷性"和"可信性"。

(3)"物流":跨度性+即得性

物流在线上和线下有区别吗?当然有。线上零售物流的"跨度性"和线下零售物流的"即得性"既激烈对抗,又相互融合。

线上零售物流的"跨度性"是指网络零售商可以向消费者提供几乎世界上任何一个角落生产的商品。坐在中国的家中,我们可以通过手机 App 买到美国的书籍、日本的化妆品、欧洲的红酒、东南亚的水果、俄罗斯的鱼子酱、拉丁美洲的车厘子、非洲的咖啡豆、澳洲的大龙虾……可以说,全世界的货物都可以通过互联网电商铺设的全球快速物流体系向你飞奔而来,这样的物流跨度是线下零售商望尘莫及的,即便是规模最大的线下超级市场,也不可能备齐全球货物任君挑选。

线下零售物流的"即得性"是指线下零售商可以在消费者急需某件商品的时候,让消费者轻易快速地找到货物。与线上零售的"货物飞奔向人"相比,线下零售需要"人飞奔向货物",虽然对消费者来说好像是需要付出额外的交通成本,但当消费者做菜急需食盐,擦伤急需碘酒和纱布包扎伤口时,没有消费者会傻傻地在淘宝或京东下单,等待这些物资向他奔来,因为这可能会需要 24 小时以上的物流等待过程。他们会利用线下零售商的"即得性"便利,在社区小超市和药店购买急需物资。

显然,线上零售物流的"跨度性"和线下零售物流的"即得性"都很重要,那么如何让消费者可以兼得?"新零售"的解决方案依旧是数据赋能,建设智慧物流仓储体系。

互联网电商企业在这方面已经有非常成功的尝试。例如每年"双十一"购物节电商平台和物流企业都会面临巨大的订单激增压力,因此,阿里巴巴和京东等电商企业选择在"双十一"开始之前的两三个月就调动全国乃至全球的物流仓储系统开始备货。电商企业有历年消费者的消费数据,他们可以基于此预测每个地区消费者在"双十一"期间的抢购需求,提前将这些货物储存在消费者所在地的物流仓储基地。当然,这个数据预测并不会十分准确,不过,电商平台还有方法对备货预测数据进行校准,那就是在"双十一"开始之前提前引导消费者将想购买的商品加入"购物车",甚至是预付定金。消费者完成这些举动实际上就是在帮助物流系统修订智慧仓储体系的备货计划,并给他们留出充足的备货和运输时间。

在智慧物流和仓储体系的加持下,菜鸟物流"双十一"派送效率屡次刷新记录。从派送 1 亿件包裹所需的时间来看,2013 年需要耗时 9 天,2015 年提速到 4 天,2017 年提速到 2.8 天,2019 年仅需 2.4 天。

拓展阅读 1 ── 阅读请扫第 1 页二维码

2."新零售""人"的革新:"坪效革命"

在前文中介绍传统零售业的"人"时,我们就用"销售漏斗公式"进行了概括,即:

$$销售额=流量×转化率×客单价×复购率$$

这个公式虽然能够解释零售中"人"的作用,但不能用来评价零售的效率,因为同样是获得 100 万的销售额,零售商用了 100 人还是 1 000 人的团队?用了 100 平方米还是 1 000 平方米的店面?这其中的零售效率有 10 倍的差距。那么,如何衡量零售的效率呢?对于线上

零售业和线下零售业而言,我们分别可以用"人效"和"坪效"来测度:

线上零售业:人效＝(流量×转化率×客单价×复购率)/零售商雇员数
线下零售业:坪效＝(流量×转化率×客单价×复购率)/零售场所面积

传统的线下或线上零售都容易遇到坪效或人效"天花板",即零售商已经用遍各种促销手段,人效或坪效都不能进一步提升。这种情况一般是受到线下地段限制和线上平台流量的限制。"新零售"可以依靠高效率工具在流量、转化率、客单价和复购率四个维度尝试突破坪效"天花板",帮助传统零售商进一步获取业绩增长。

(1)流量:寻找一切与消费者联动的触点

任何一种零售都必须有与消费者的触点。这个触点可能是顾客主动走进零售店的门,可能是小商贩推着车沿街吆喝,可能是用户点击抖音短视频小黄车访问了网店,可能是销售人员上门拜访客户,走到其楼下打电话说:"王哥,我昨天路过阳澄湖,顺路给您带了点刚上市的大闸蟹,方便给您送上来吗? 好久不见,怪想您的。"所有这些都是"触点",有了触点,人就可能被转化为"有效流量"。所以,"新零售"企业要善于借助新兴的高效率工具,主动去发现和创造新触点,扩大有效流量转化的人口基数。

在此方面,共享充电宝项目就是一个很好的"新零售"案例。在移动互联时代,手机没电大概率会让消费者手足无措、坐立难安、寸步难行。因此,随着共享经济概念的出现,部分先锋企业提出了"共享充电宝"模式,即在商场、医院、餐厅、火车站等人流聚集的营业场所与业主合作,在其门店放置共享充电宝机器,收入与业主分成或支付租金。消费者如需充电服务,则可以手机扫码借用充电宝,用完之后将充电宝插回机器即可以自动完成扣费结算。

想一想,是哪些高效率工具的出现支撑了共享充电宝这一"新零售"业务模式? 显然,共享充电宝企业必须具备大数据分析能力和移动支付结算能力:一方面,企业需要通过人流量和每台设备的租借量等数据,定期动态优化机器投放布局方案,尽可能提高每台机器的充电宝出租率;另一方面,企业必须有足够安全的移动支付结算能力,否则没人监管的机器一旦被盗取、破坏或消费者采用技术手段绕开支付环节,那么企业将会难以避免遭受损失。

(2)转化率:利用好社群经济很重要

想尽办法获取更多与消费者接触的触点,收获了一批基础流量之后,"新零售"企业下一步应该怎么办? 在将"流量"转化为"有效流量"方面,"新零售"企业的商业逻辑与传统零售企业基本一致,无外乎培训销售人员的销售技巧、美化店面装饰、策划促销活动等。如果说"新零售"一定要有什么新的地方,那可能是互联网思维给"新零售"企业带来了"社群营销"这一新思路。

什么是"社群"? 在互联网时代,哪怕是再小众的兴趣和爱好,也能在网上很容易找到兴趣相投的同道中人。他们以共同爱好作为连接,聚集在一起进行交流、协作、强化共同认真的行为,就是"社群"。"新零售"企业如果能将自己的产品或服务在相关联的特定社群里推销,其转化率必然会大幅提高。

典型的例子就是短视频主播"小黄车"带货。在抖音平台上,短视频博主的类型不计其数。我们以养猫的宠物博主为例,其关注者基本都是爱猫人士,甚至是养猫人士,那么,这一博主与粉丝共同形成的社群就是"猫粮"企业的最佳营销场所。而且,养猫博主内部还可以进一步细分,进行更加精准的软广告投放。比如 A 猫粮是主打性价比的低端粮,那么可以投放给投喂和关爱流量猫的宠物博主,因为其粉丝更有可能会购买这款粮投喂流浪猫;如果 B

猫粮是高端鲜肉粮,那么可以投放给饲养赛级品种猫的宠物博主或宠物医生博主,因为关注这类博主的粉丝大多会更加注重养猫的技术细节,在猫粮品质的选择上更加挑剔。

(3)客单价:更透析数据、更洞察用户

有了流量和转化率,"新零售"要革新的下一步就是提高客单价。提高客单价的传统方法是"连带率",即客户买了上衣,就向其推荐搭配的内搭、裙装、鞋子、皮包、口红、发饰……"新零售"在提高客单价方面有自己的秘密武器,那就是"大数据"。

相信大家在网络消费的过程中都已经体验过了大数据的魔力,那就是"猜你喜欢""购买了该商品的人95%都喜欢＊＊＊""90%以上的用户给出了5星好评",等等。"新零售"企业可以依托大数据分析工具,更加精准地通过"连带"的技巧,向顾客精准地推销更多其喜欢的商品。显然,"新零售"企业掌握的顾客消费数据越丰富,对顾客消费心理和习惯的分析越透彻,其"连带式"推销的精准度也就会越高,消费者的客单价自然而然就会增加。

拓展阅读2 —— 阅读请扫第1页二维码

(4)复购率:体现"忠诚度"

我们以一个例子来展示"新零售"如何提高消费者的复购率。

李女士长期在A健身房健身锻炼,并且买了张教练的瑜伽课程。因为张教练阳光帅气,瑜伽技术教授非常专业,为人态度谦和,李女士就在自己的微信朋友圈分享了一篇瑜伽学习心得,并附上了与张教练的合影。李女士的好姐妹王女士看到朋友圈后,马上联系李女士说:"你在哪里找到的这么帅的教练?带我一个呗,我也要去练瑜伽。"于是,李女士介绍王女士办理了会员,并购买了瑜伽课程。根据健身房会员的奖励政策,由于李女士为健身房吸引了新会员,将额外赠送李女士一个月的健身房会员会费和2节免费私教课。这种好事完全超出李女士的预期,当天晚上,她回到家之后,发挥出了自己200%的文字功力,又发了一条朋友圈,将健身房和张教练吹嘘了一遍,希望能为健身房拉到更多会员。

在这个案例中,健身房将本应投入到广告营销中的宣发费用,划拨一部分用在用户社群传播拉新奖励上,这会一举两得的效果:一是拿到拉新奖励的老顾客会对健身房更加"忠诚",他会在一定程度上认为自己和健身房成了利益共同体,其续会费和课程的概率就会变得更高;二是现有会员通过自己的社群网络在熟人圈子里拉新的效率,要远高于健身房面向随机公众做广告宣发的效率,因为消费者会对陌生人的广告宣发产生天然的抵触和防范情绪,而对熟人介绍则会更加信任。

从提高复购率的方法上来看,"新零售"与传统零售没有太大的区别,"新零售"可能受互联网思想的影响,在用户裂变、粉丝忠诚度培养等方面更具技巧性,但透过现象看本质,"新零售"提高复购率的本质仍是通过向用户让利的方式提高其忠诚度。

微案例8 —— 阅读请扫第1页二维码

3. "新零售""货"的革新:"短路经济"

从"货"的角度来看,"新零售"的革新主要表现在"短路经济"上,即利用新科技,优化和缩短商品的供应链环节。从商业实践创新经验来看,"短路经济"有两个可行方向(如图1-3

所示)：

一是缩短环节,提高"货"的性价比。比如大型超市集团,其进货量较大,市场谈判能力较强,可以跳过制造商和零售商之间的层层批发供应链,形成制造商直接对接大型零售商的"短路经济"模式。类似的,传统批发商也可以直接利用网络团购平台和快递物流网络,直接越过零售商环节,直接对接消费者,这种商业模式非常适合特别关注性价比,但对消费环境和体验需求一般的消费群体。制造商也可以越过批发商和零售商直接面向消费者,比如格力集团由CEO董明珠直接开办官方网店"格力董明珠店"和抖音格力直播间,面向终端消费者直接零售空调。

二是反转链条,提高"货"的适用性。比如把从大型零售商到消费者的供应链,反转为从消费者到大型零售商的供应链,即消费者的需求先汇总至大型零售商,再由大型零售商进行采购,可以避免零售商错误采购消费者没有需求的商品,造成库存积压和浪费。或者更进一步,直接跳过所有批发零售环节,由消费者主导反转整条供应链,直接向制造商订购货物。

在下面的微案例中,我们将分别以Costco和红领西服为例,介绍上述两种典型的"短路经济"。

微案例9 —— 阅读请扫第1页二维码

微案例10 —— 阅读请扫第1页二维码

本章重点

1. "新零售"是区别于传统零售的一种新型零售业态,是应用互联网先进思想和技术,对传统零售方式加以改良和创新,以优化消费体验和提升零售效率为指导,将货物和服务出售给最终消费者的所有活动。"新零售"并不仅仅是线上线下(O2O)与物流的简单融合,同时还要融入云计算、大数据等创新技术,它包括全渠道却又超越全渠道,它打破了过去所有的边界,以一种全新的面貌与消费者接触。

2. 零售的本质是连接"人"与"货"的"场"："场"是"信息流""资金流""物流"的万千组合；"人"会通过"流量×转化率×客单价×复购率"的层层过滤,接触到"货"；"货"经过"设计—制造—批发—零售"的价值增值过程,最终抵达"人"。

3. "新零售"对传统零售的范式颠覆体现在三方面：一是用数据赋能颠覆"场",优化"信息流""资金流""物流"的组合；二是用坪效革命颠覆"人",提升流量、转化率、客单价、复购率的效率；三是用"短路经济"颠覆"货",缩短非必要价值增值环节或反转供应链条提高效率。

思考题

1. 梳理本章知识体系,绘制一张包含本章全部知识点的思维导图。提示：使用MindMaster等专业思维导图绘制软件会让你更加得心应手。

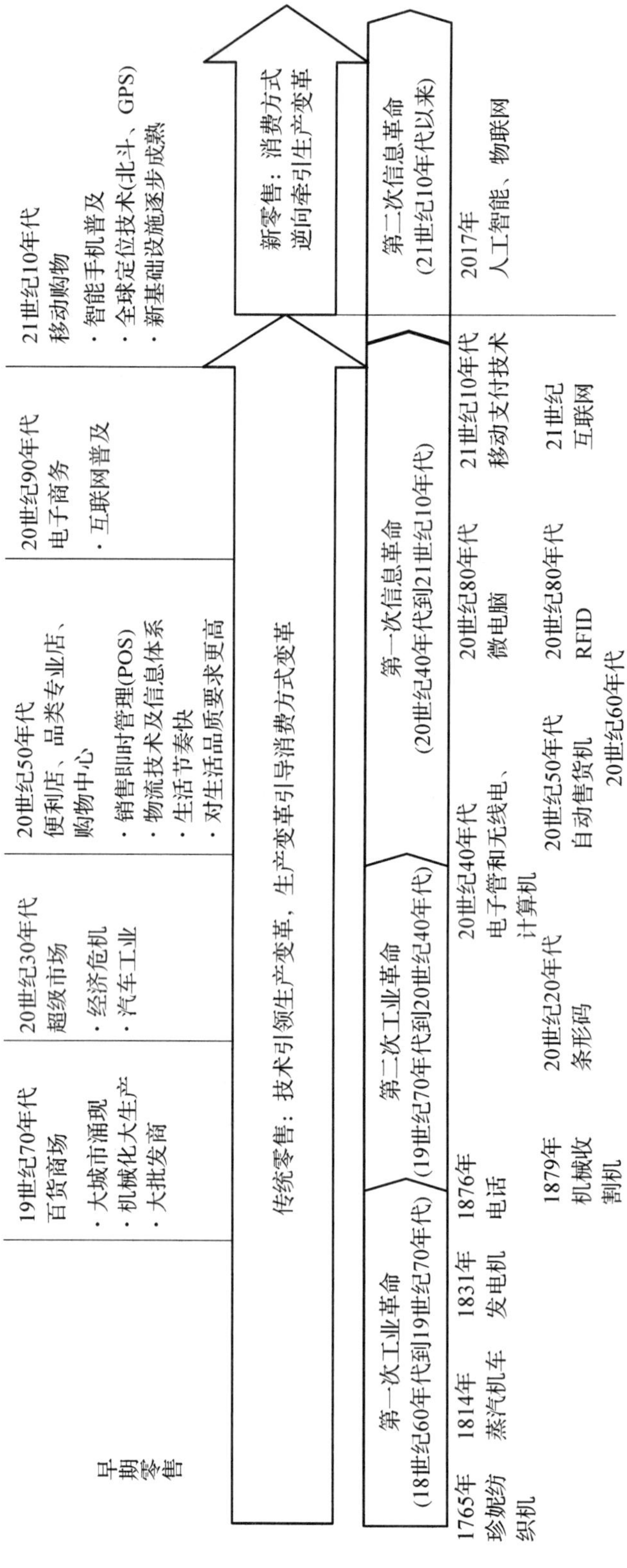

图 1-4 技术进步与零售业态变迁

资料来源：阿里研究院《"新零售"研究报告》。

2. 请查阅世界主要国家的网上零售额数据,分析中国为何能成为网上零售强国?在网上零售业发展方面,中国相对于美国、欧盟、日本、东盟、印度而言的突出优势有哪些?

3. 随着技术、环境的变化,传统零售行业经历了百货商场、超级市场、便利店与购物中心、电子商务、移动购物等业态,每一种业态都是与其所处时代的生产力水平相适应的(如图1-4所示)。"新零售"所表达的是交易与分配环节的生产关系,它的出现必然是适应生产力发展需要的。请查阅资料,总结中国有哪些生产力进步可以支撑"新零售"发展?又有哪些生产力短板制约了"新零售"发展?

4. 你周边有哪些"新零售"门店?选择一家你感兴趣的门店,实地调研其经营模式特点,对比分析其与同行业传统零售业门店的主要区别,并探讨其进行这种差异化创新的目的是什么?随机采访门店的顾客,分析门店的差异化创新是否真的给用户带来了消费体验改善?

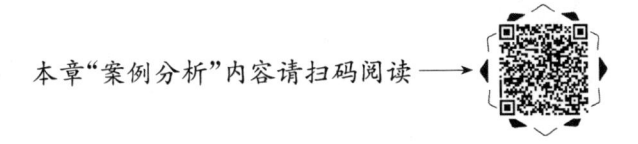

本章"案例分析"内容请扫码阅读

参考资料

[1] 丁俊发.以零售业为突破口的中国流通变革——关于"新零售"的几点看法[J].中国流通经济,2017(9):3-7.

[2] 杜睿云,蒋侃."新零售":内涵、发展动因与关键问题[J].价格理论与实践,2017(2):139-141.

[3] 13位CEO观点:一文看尽中国"新零售"蓝图和样本[EB/OL].http://www.linkshop.com.cn/z/thirteen/? SubId=1321

[4] 刘润.新零售:低价高效的数据赋能之路[M].北京:中信出版集团,2018.

[5] 罗珉,李亮宇.互联网时代的商业模式创新:价值创造视角[J].中国工业经济,2015(1):95-107.

[6] 彭剑锋,宋跃三,吴满鑫.供应链改变中国[M].北京:中信出版集团,2017.

[7] 王坤,相峰."新零售"的理论架构与研究范式[J].中国流通经济,2018(1):3-11.

[8] 鄢章华,刘蕾."新零售"的概念、研究框架与发展趋势[J].中国流通经济,2017(10):12-19.

[9] 张建军,赵启兰."新零售"驱动下流通供应链商业模式转型升级研究[J].商业经济与管理,2018(11):5-15.

[10] Dhruvg, Annel, Roggeveen J. The future of retailing[J]. *Journal of Retailing*, 2017(1):1-6.

第二章 "新零售"时代的消费体验

章节导言

在物资匮乏时代,消费者关心的是能够买到心仪的商品或服务;在解决了基本温饱问题后,消费者关心的是能够以更高的"性价比"买到心仪的商品或服务;而在全面进入小康社会后,中高收入的消费者关心的是消费的过程是否让自己足够愉悦、刺激、惊喜……消费者的收入水平越高,对"消费体验"的重视程度就越高,甚至有可能超过对购买的商品和服务本身品质的重视。在本章中,我们将向同学们介绍"新零售"时代的消费体验主要类型和零售商可以营造消费体验的主要维度。

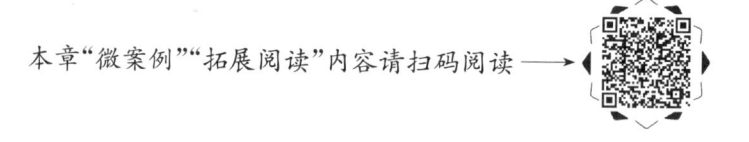

本章"微案例""拓展阅读"内容请扫码阅读

第一节 "新零售"时代的消费体验类型

通过第一章的学习,我们知道了"新零售"区别于"传统零售"的一个重要特征是"新零售"企业更重视消费体验的优化。那么,"新零售"企业能够提供给消费者哪些体验?我们有必要对消费者能够感受到的消费体验类型进行系统划分,然后在此基础上进一步探讨"新零售"企业如何向消费者提供各种具体类型的消费体验。

如图2-1所示,约瑟夫·派恩和詹姆斯·吉尔摩在其著作《体验经济》中将消费体验按照"消费者参与水平"和"消费者与背景环境的关联度"两个标准划分为四种类型:娱乐性体验、教育性体验、审美性体验和逃避性体验。

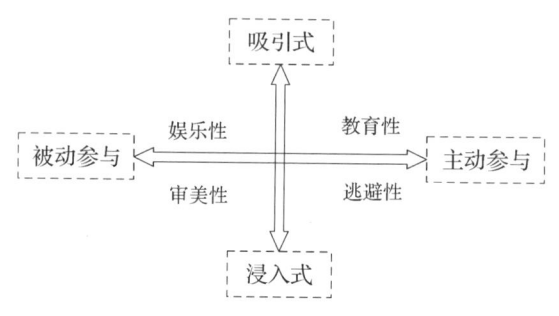

图2-1 消费体验的四种类型

根据"消费者参与水平"这一维度可将消费者获取体验的方式划分为"主动参与"和"被

动参与"两种。"主动参与"是指消费者本身是创造体验所不可获取的重要元素,比如大多数服务类的休闲娱乐项目(健身、SPA、滑雪、美容等)离开消费者的参与根本无法开展;"被动参与"则是指消费者本身只是作为众人中的一位"看客",置身于体验提供的过程之外,例如大众传媒或娱乐类服务项目(电视、电影、音乐会、演唱会、游览等)都不需要消费者直接参与体验提供过程,消费者也无法对体验提供过程施加影响。

根据"消费者与背景环境的关联度"这一维度可将消费者获取体验的方式划分为"吸引式"和"浸入式"两种。"吸引式"是指体验活动远距离吸引消费者的注意力,消费者本身和体验提供的背景环境无关,如观看电视节目、学生听课等;"浸入式"是指消费者完全融入体验活动的背景环境,如玩电子游戏(特别是VR游戏)、游览名山大川等。

根据"消费者参与水平"和"消费者与背景环境的关联度"两个标准,我们可将消费者可获得的消费体验划分为四种类型:娱乐性消费体验(吸引式+被动参与)、教育性消费体验(吸引式+主动参与)、逃避性消费体验(浸入式+主动参与)、审美性消费体验(浸入式+被动参与)。那么,对于"新零售"企业而言,如果想在消费体验上进行创新,就要结合自身的业务情况以及行业发展趋势,考虑自身能够为消费者提供哪一类同业竞争对手尚未提供(或已提供但质量和新鲜感较差)的消费体验,以助力企业在激烈的市场竞争中杀出重围。

一、娱乐性消费体验

娱乐性消费体验是我国零售企业当前向消费者提供的惯常体验,其共同点在于零售企业将文艺娱乐元素穿插进消费者的购物过程中,让消费者在购物的过程中能顺便获得感官上的愉悦。例如,很多购物中心会在春节、新年、情人节等节假日对商场的大厅进行节日装饰、播放相应主题的音乐,甚至是搭建舞台组织文艺表演,以烘托节日氛围,在消费者逛街购物的过程中为其提供额外的娱乐体验;高档餐厅、咖啡店等零售场所则习惯于利用轻音乐来丰富消费者的体验层次,烘托出静谧、优雅的氛围感;新兴的直播电商更是将娱乐元素与零售过程高度融合。很多消费者即使不买东西,也愿意看一些主播的卖货直播,甚至有大量消费者认为有趣的直播卖货其实与综艺节目差不多,都具有某种"下饭"功能。

零售商营造娱乐性消费体验的功能主要体现在两个维度:一是丰富消费体验层次,利用文艺元素烘托气氛,填补消费者购物过程中的注意力空缺(例如,没发现喜欢的衣服款式时也能跟着背景音乐哼哼歌),保持消费者在购物过程中的愉悦心情,会大大提高成交几率。但这也要求零售商能够深入、及时、准确地了解目标客户群体喜欢哪些潮流文艺元素,否则可能会适得其反。例如,如果一家专营街头潮流服饰的零售商在门店播放数年前的流行音乐,那就可能会被其目标客户认为该品牌的潮流性不强;而一家以CBD商务人士为主要消费群体的咖啡店,如果播放一些流行元素过强的网络神曲,也可能被消费者认为格调不够雅致。二是利用特色突出的娱乐性消费体验作为"噱头",向消费者提供一个走出家门、莅临本店的理由,这在居家网购愈发便利的当前,对销售非生活必需品的线下零售商来说尤为重要。例如,越来越多的餐厅开始流行"表演式"厨房的设计风格,即将厨师有观赏性的备餐环节布局在临街窗口,向消费者大秀精湛厨艺,展示自己干净卫生的备餐环境,这就明显比仅派几名门童在餐厅门口向路人发传单要更能吸引消费者进店消费。

对于"新零售"企业而言,在娱乐性消费体验上创新的方向和思路应该更加发散,可以尝试在娱乐性消费体验的内容、营造方式等维度颠覆传统零售商的老旧模式。例如，传统零售商基本仅将音乐、语言艺术、体育等文艺娱乐元素作为娱乐性消费体验营造的核心元素，其看重的是这些元素的大众接受度高；"新零售"商可以根据自身业务特色，尝试结合一些新技术和新兴艺术元素为消费者提供更加新奇、值得其发社交平台炫耀的娱乐性消费体验，有的餐厅（例如"Le Petit Chef 小厨师"①）已经开始尝试使用裸眼 3D 投影技术将卡通人物备餐的动画投影到顾客面前的餐盘上，在顾客等餐的时间为其提供一场视觉盛宴。

微案例 1 ——▶ 阅读请扫第 18 页二维码

二、教育性消费体验

所谓"教育性消费体验"并非仅是指消费者消费了某种具体的教育服务，更是指消费者在与零售商的互动过程中享受到了某种程度的消息、知识、情感、技能、经验等的输入，并能从中获得满足。与"娱乐性消费体验"中消费者只需要做一个看客相比，"教育性消费体验"要求消费者主动参与，即这种体验要求零售商与消费者共同创造。最典型的"教育性消费体验"提供者就是"手工坊"或"用户共创类私人订制"类零售商，消费者通过与零售商的互动学到了相关知识和技能，并在自己参与制作的商品或服务中灌注了奇思妙想与私人情感，获得了一段美好的记忆。这种消费过程在"冷冰冰"的机器大规模生产经济模式中显然更有乐趣。

在商品销售类零售商中，开放用户共创已经被 NIKE、优衣库等越来越多的零售企业采纳，并作为丰富用户体验的重要手段，其共创模式一般是零售商提供基础的商品原型或多种类的商品零件，邀请用户在零售商工作人员的帮助下共同对其进行美化装饰或个性化组装。在服务销售类零售商中，开放用户共创一般表现为让消费者自助服务，类似于"寓教于乐"。比如风靡全国的"剧本杀"零售项目其实就是把传统的电影剧本重新开发，让消费者自己参与到故事的情节推动中去，即"自助演戏"。旅游类零售项目也早已开始了类似的探索，比如大量农家乐已经放弃了传统的"农家饭馆"模式，纷纷转型为自助民宿，让消费者自己采摘蔬果，体验田间劳动，自己动手做饭等，消费者在自己付出劳动的过程中也体验到了乡村生活的辛苦和乐趣，体验维度的丰富性远胜于直接吃一顿农家土菜。

未来，随着"Z 世代"②逐渐成为我国的消费市场主力军，"新零售"企业必须要能够为其提供足以彰显其个性和创意的产品和服务。因此，提升用户共创在各个产业链环节中的比重（例如由外观图案设计共创逐步发展到外形、功能、材质等环节的共创），并为消费者参与共创提供多元、细致、便捷的帮助与指导，不断提高营造"教育性消费体验"的能力，是"新零售"企业从激烈的市场竞争中获取独到竞争优势的重要方法。

---

① 案例网址：https://www.163.com/dy/article/DFJCGQSJ0511OTA3.html
② "Z 世代"指的是 1995 年以后出生的人群，类似的，"Y 世代"指出生于 1981 年～1994 年的人群，1981 年以前出生的人群叫"X 世代"。

> 微案例 2 —— 阅读请扫第 18 页二维码

三、审美性消费体验

与"娱乐性消费体验"相比,"审美性消费体验"要求消费者"浸入式"地融入体验活动的背景环境。二者的相似之处是都不要求消费者主动参与,即消费者仅作为旁观者就能享受到这两种体验;二者的不同之处在于"娱乐性消费体验"需要的投入门槛较低,比如零售商只需要购买简单的音响设备和音乐版权即可以为消费者在听觉上营造"娱乐性消费体验",而"审美性消费体验"要求零售商至少要在现实或虚拟场景营造上大量投入,才能做到让消费者融入体验活动的背景,感受"置身其中"的妙处。

"审美性消费体验"对零售商投入门槛的高要求也限制了其使用的场景,通常仅有中高端零售场所才会重视"审美性消费体验"的营造。例如,高端商场喜欢在大厅或长廊的空间举办各种艺术展,并利用现代化的光电技术营造相应主题的艺术氛围,而中低端商场在装饰装潢上尚且投入能力不足,就更不可能为消费者提供"审美性消费体验"了。不过,VR 和 3D 全息投影等新技术的快速发展也给普通零售商提供了新机遇,普通零售商可以结合自己的业务特色,利用现代光影技术打造宏大的虚拟场景,让消费者获取置身其中的沉浸式审美体验。

对于线上零售商而言,虽然没有实体店面和消费场景,但 App 界面与动画设计、企业 logo 设计、网页设计、背景色设计等细节也在处处体现零售商营造"审美性消费体验"的能力。我国的主流线上零售商也都非常重视这些审美细节的设计,例如,2021 年小米公司斥资 200 万元邀请日本知名设计师原研哉为其设计新 LOGO 事件就引发过全网大讨论。不过对于线上零售商而言,如果其呈现"美"的场景只局限于小小的电脑或手机屏幕内,很难给消费者带来真正的"浸入式"审美性消费体验,未来随着消费级 VR 技术的成熟和普及,类似于"淘宝 VR 购物"的审美性消费体验营造模式可能会是线上零售商体验创新的新方向。

> 微案例 3 —— 阅读请扫第 18 页二维码

四、逃避性消费体验

与"审美性消费体验"相似,"逃避性消费体验"也要求零售商在体验背景的营造上做大量投入,给消费者创造一个抽离于现实世界的特殊环境,让消费者完全沉浸其中。与"审美性消费体验"不同的是,"逃避性消费体验"要求消费者"主动参与"才能获取,这种参与要求消费者不能仅仅作为一个看客,消费者需要通过与零售商工作人员之间的互动、与体验场景和内容的互动,以及与其他消费者之间的互动等来主动创造和获取独特的"逃避性消费体验"。

最典型的"逃避性消费体验"营造者就是游戏产业,无论是线下的角色扮演类剧本杀,还是线上的虚拟游戏人物操控类游戏王者荣耀、绝地求生、原神等,都是游戏零售商通过编造一个区别于现实世界的虚拟场景,让玩家得以在疲惫的现实世界中短暂脱身,在虚拟世界中创造一番成就。这种"逃避性消费体验"极具成瘾性,特别是对于身心发育尚不健全的未成年人，电子游戏虚拟世界中的即时性成就激励（排名、荣誉称号等）能够迅速刺激多巴胺分泌，这显然比需要长期的艰苦投入并在遥远的将来才会获得回报的读书学习更具吸引力。

对于线下实体零售商而言，模仿游戏产业的"逃避性消费体验"营造思路也能收获独特的竞争优势。例如，香奈儿就在日本东京结合其本地的电子游戏街机文化，开设了彩妆街机快闪店，消费者要想在这里买到口红等产品，需要凭借自己打街机游戏的真本领，比如在抓娃娃机中去抓自己想要的产品。通过将彩妆门店与街机游戏厅合二为一，香奈儿为消费者创造了独特且难忘的消费体验，在逛彩妆店的时候还能体验一把经典街机游戏，满满的童年回忆杀，谁能抗拒？另一个典型的案例是有部分时装零售商开始将自身的门店打造成"网红拍照打卡地"，门店为消费达到一定金额的顾客提供化妆、造型、拍照和修图等全套服务。有的时装零售商甚至是把时装周的T台布置在门店里，让每一位莅临的顾客都能沉浸式地体验一把T台名模拍摄时尚大片的感觉。这种独特的逛店体验对喜欢在社交平台上晒自拍的潮男潮女们极具吸引力。

微案例4 —— 阅读请扫第18页二维码

最后需要强调的是，零售商既可以选择仅向消费者提供某一类消费体验（例如教育性消费体验），并在单个体验类型的营造上做到极致，从而给消费者留下深刻的印象；也可以选择向消费者同时提供几种综合性的消费体验（例如审美性＋逃避性消费体验），利用多类型体验在短时间内的密集刺激强化消费者对零售商的记忆。总之，零售商需要充分结合自身的业务特点、投资能力、行业竞争环境、消费者兴趣趋势、宏观经济状况、潮流文化与前沿科技等多种因素，制定最适合自身的、新鲜独特的消费体验营造方案。

第二节 "新零售"时代的消费体验维度

在第一节中，我们分析了零售商可以营造的四种主要消费体验类型，在本节中我们将进一步探讨"新零售"企业可以尝试的消费体验营造维度，即在哪些商业环节上设计和布局各种营造消费体验的场景、员工和道具，等等。

从消费体验的营造过程来看，消费体验是消费者和零售商双方在零售"交互过程"中共同创造的结果。如图2-2所示，首先，消费者通过消费行为接触零售商，并通过自己的"买或不买""多买或少买"以及"买方评价"等行为明示或暗示地向零售商传达自己的体验需求；其次，零售商通过对消费者消费行为的长期观察，在体验场景、内容、用户和品牌等维度对自身提供的消费体验进行优化改造；最后，消费者会通过再次消费的行为，感受零售商提供的各种类型消费体验，并再次做出反馈。由此，消费者与零售商之间形成了完整的交互闭环。

在本节中，我们将一起探讨零售商应该如何在零售场景、内容、用户以及品牌四个主要维度设计与消费者进行交互的方案，进而实现特定类型消费体验的营造目标。当然，零售商也可以在本节所探讨的四个维度以外的其他维度上进行体验设计创新，我们无法通过列举的方式穷尽无限的商业创新可能性。

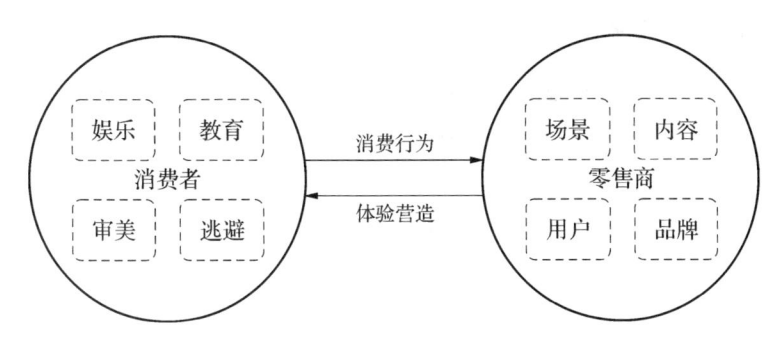

图 2-2 消费体验营造过程中的消费者与零售商交互过程

一、消费者与场景的交互

"场景"是指零售商向消费者提供商品或服务零售服务的一个真实或虚拟空间环境,比如线下零售门店的室内外装饰与布景,线上购物 App 的开启动画、网页布局与装饰,等等。传统零售商在做场景设计时,大多着重考虑经济性、安全性、品牌调性、消费者审美潮流、同行流行趋势、与周边环境的契合度(有的地方政府会对外景装饰有统一要求)等因素,这就导致消费者在逛商场时除了门头的商标外很难直观区分不同品牌的门店有何差异。例如,我国当前几乎所有品牌的电子产品零售店都是与苹果零售店类似的现代极简风格,且装修档次和门店规模又没有苹果零售店的高规格,这导致消费者从高度类似的消费场景中只能感受到审美疲倦,并给这些品牌打上一个苹果风格"追随者"的烙印。在其他品类的零售行业也存在类似的问题,你是否也去过很多消费场景高度雷同的超市、便利店、运动品牌专卖店、书店、快餐店、健身房、电影院……甚至是标榜"地方特色"的城市步行街? 这些消费场景虽然在规范化或者标准化上能够给消费者提供一定的便利(比如超市货架布局结构的相似性让我们走进任何一家新超市都能快速找到目标商品),但也完全抹杀了消费者在消费过程中获得新奇体验的可能性。

未来,零售商可以通过零售场景的差异化设计创新在激烈的同业竞争中杀出重围,特别是对于那些想要向消费者提供"浸入式"的审美性或逃避性消费体验的零售商而言,零售场景的设计是其整个消费体验营造模式的基石。零售商需要结合自身的业务特点、品牌形象、企业文化、地域特征等元素,赋予零售场景地方特色(江南水乡、塞北风情、少数民族特色等)、小众文化特色(宠物、电竞、动漫等)、品牌特色(科技、健康、潮流等)、功能特色(社群空间、共创空间等[①]),等等,以便让消费者能够与零售场景进行充分的物理与心理层面的交互,并在这种交互过程中潜移默化地给消费者留下独特、深刻、正面的记忆。

微案例 5 —— 阅读请扫第 18 页二维码

[①] 例如,苹果的 Apple Store 零售店就非常重视社群空间和共创空间的开发,这主要是通过在零售门店内设置新的功能区来实现的。在常规的产品体验区之外,苹果店内增设了"The Avenue"(长廊)、"Genius Grove"(天才园)、"The Forum"(互动坊)以及"The Boardroom"(商谈室)这四个主要分区。在这些新功能区中,顾客既可以使用门店的苹果产品进行创作,也可以参加一些苹果举办的小型演唱会、新书签售会等活动,甚至还可以把苹果的零售店当成休闲地点,约朋友见面聊天,等等。苹果相信消费者在门店场景中停留的时间越长,其对苹果产品和文化的了解越深,促成交易的可能性也就越大。

二、消费者与内容的交互

"内容"是指零售商在其场所内向消费者提供的一切设施、工具、商品、服务、信息、活动和工作人员等,零售商向消费者提供这些"内容"的目的既可能是为了直接促成当下的交易(例如让消费者了解零售商品或服务),也可能是为了间接地培育更大、更长远的消费潜力(例如增加购物乐趣、打开知名度、吸引更多的客流)。站在消费者的立场,在物质资源已经极为丰富的时代,消费的乐趣可能并不主要来自买到的商品和服务本身所带来的使用价值,而是来自消费过程中所体验到的乐趣。例如,一部分老年人非常热衷于在超市早上开门前集合在门口,在卷帘门开启的瞬间冲进去抢购鸡蛋和蔬菜,此时购买的商品可能会更新鲜,而在某种程度上这种集体行为其实也给很多老年人的退休生活带来了娱乐性甚至略带竞技性的心理刺激。在年轻消费者中也不乏类似的例子,连夜排队抢购新款手机、球鞋、网红奶茶等现象屡见不鲜。年轻消费者在排队的过程中自己的心理期待不断被强化,这其实也会大大增强其拿到新产品时的满足感和幸福感(自己辛苦排队买到的奶茶喝起来会比外卖小哥送上门的同款奶茶感觉更好)。所以,很多零售商已经非常熟悉这类消费者的心理,并经常主动策划类似的营销活动,甚至有零售商花钱找"演员"排队抢购,营造一种热烈的抢购氛围感,这其实就是充分实现了消费者与内容的交互。

另一类典型的消费者与内容交互类的营销活动就是"奖励类"活动。零售商通过随机抽奖、比赛获奖、满足条件得奖、社交平台转发集赞、刮奖卡、积分卡(会员体系)、设置隐藏福利款等方法,激发消费者的消费欲望。不过这类营销活动大多过于"套路化",已经被越来越多的消费者厌恶,包括电商平台"11·11""6·18"等购物节策划的类似活动也在被越来越多的网友吐槽,认为消费者的中奖率与其付出的时间和精力成本不成比例,商家活动没有诚意等。

在线下零售中,一类新兴的消费者与内容交互方式是"围绕核心产品或服务策划消费者可参与的共创活动",这类活动可以让消费者在购物的过程中充分与商品、服务、设施、工具和零售商的工作人员等进行交互,让其充分体验到商品或服务的价值以及零售商的诚意。例如,香氛、糕点、陶艺、鲜花、饮品等零售店都可以通过开放DIY服务的方式,让消费者在零售商工作人员的指导下参与商品或服务的共创过程。愉快的共创过程既可以赋予商品或服务更高的价值,提高客单价和利润率,又可以紧密消费者与零售商工作人员的情感纽带,提升客户忠诚度。

在线上零售中,近年来促进消费者与内容交互体验的主要趋势则表现为"兴趣电商"这一新玩法。所谓"兴趣电商",是通过内容激发消费者的购物兴趣,整个购物的路径是"兴趣-需求-购买"的模式。传统电商App打开就是琳琅满目的商品信息,而以抖音、快手、小红书等为代表的"兴趣电商"看起来并不完全是电商,其在兴趣内容中穿插电商直播间、商品小黄车、广告推送等电商内容,用"兴趣"作为电商的"流量入口"。首先,兴趣电商平台通过内容推荐机制来识别用户的兴趣,通过场景的内容找到精准的目标客户。然后,再通过用户对内容的持续关注,利用内容激发用户对产品的使用期待以及情感共鸣,从而激发出客户的需求。最后,完成交易。例如,你坐在车里休息,打算刷一会儿抖音打发无聊的时间,系统推荐给你一个视频,视频里的美女在用一款超级炫酷的车载手机支架。你忽然想到,每次开车导航,手机都没有办法很好地固定,非常影响开车安全。这位小姐姐用的这款产品好像挺实用,又炫酷,要不买来试试。今天好像还有活动,你就决定买来试试,于是下单了,这就是"兴趣电商"。与传统电商被动等待有购物需求的消费者找上门（主动打开购物 App）相比，"兴趣电商"主动培养消费者的购物需求，而其秘诀就是利用消费者的兴趣，通过源源不断的内容创作与消费者进行充分交互，例如诱导本来都不知道有车载手机支架这种商品的你突然有了购物需求。

微案例6 ——▶ 阅读请扫第 18 页二维码

三、消费者之间的交互

经典的贸易经济理论会把零售行为仅定义为零售企业与消费者之间的双边交易行为，该交易是否能够实现取决于双方是否都认为该笔交易能够改进自己的福利，即实现双赢。但是，现实社会中的交易决策要远比抽象的经济学理论更加复杂。例如，你是否会买某品牌的新款口红或者新款球鞋，是仅取决于你自己对该商品和自身支付能力的权衡，还是在一定程度上取决于你的好朋友、你不喜欢的某个人、你的偶像等是不是也买了这款商品？如果你的好朋友买了这款商品，那么你也购买的话，无疑会进一步提升你们之间的"同步性"，让你们保持更相似的审美并有更多话题，你们甚至还有可能会积极地向身边的更多好友"种草"，让自己成为小团体中的时尚引领者；但如果你不喜欢的某个人买了这款商品，或者你不喜欢的某个艺人代言了该品牌，你可能就不会购买该商品，因为你会认为该商品的消费群体配不上自己。

在经济学术语中，我们把这种效应称为个体消费决策对他人具有一定的正向或负向"外部性"影响；在营销学中，这种现象被称为"用户圈子"。对零售商而言，经营好自己的"用户圈子"，让消费者在"圈子内部"形成良性互动，比如分享自己的使用体验和心得、开发产品的新用法、互相肯定对方的消费决策等，无疑会强化消费者对该品牌的忠诚度；但如果自己的"用户圈子"运营得不好，用户之间不是惺惺相惜，而是相互鄙夷，那么消费者就会急于逃离零售商的"用户圈子"，以防被拉低身价，社会形象受损。

在消费者之间的交互体验营造上最成功的零售业品类就是汽车和电子竞技类游戏。汽车用户之间的"车友会"主要围绕车友郊游露营、车友相亲聚会、新车信息、汽车故障维修等主题展开长期互动，特别是"自驾郊游"类活动深受消费者喜爱。车友会一般由汽车经销商组织发起和运营维护，作为维系良好用户关系的重要纽带。电子竞技类游戏的"玩家群"更多属于用户自发组织建立和运营的群体，这类游戏通常需要多人组团配合参与才能收获更多游戏乐趣，而用户群就是寻找同好的最佳渠道。此外，难度越大的游戏也越需要头部玩家通过短视频、游戏直播等方式传播玩法技巧和经验等信息，而"游戏大神"们通过组织运营自己的粉丝群也能获得不菲的收入。汽车和电子竞技类游戏企业往往能够通过"用户圈子"运营高效地捕获相当一部分"死忠粉"，这些消费者有可能是喜欢汽车和游戏本身，也有可能是沉醉于其"用户圈子"的愉悦社交体验，一般不会轻易退圈转投竞争对手阵营。因此，营造消费者之间良好的交互体验可以帮助零售商稳定客户群，在一定程度上树立竞争壁垒。

对于其他行业的零售商而言，汽车和电子竞技游戏产业的消费者之间交互体验营造方式非常值得借鉴，不过具体方式仍需要充分结合自身业务特色，不宜生搬硬套。例如，手机企业也模仿汽车行业的"车友会"模式建立了各自品牌的"粉丝俱乐部"，但由于缺少类似于车友郊游露营类的核心引流活动,导致用户吸引力极低,大量消费者甚至都没打开过自己手机上的"粉丝俱乐部"App。

微案例 7 —— 阅读请扫第 18 页二维码

四、消费者与品牌的交互

消费者在购买零售商的产品时,既是在为商品和零售服务本身付费,也是在为零售商的品牌形象付费。如果零售商的品牌形象崩塌,消费者的效用必然会受损。零售商的品牌形象一方面取决于自身的商业活动行为及广告宣传效果,另一方面则是由其主要消费群体的社会形象在支撑。特别是对于服装、首饰、汽车、皮包等常常印有明显 logo 的个人消费品而言,只要提起这些品牌,大家心中基本都会对其有一个先入为主的社会形象认知(比如提某品牌手包的都是富太太,开某品牌超跑的都是富二代等)。因此,新的消费者在选择是否购买某品牌商品时,也在判断自己是否愿意被他人贴上该品牌的"社会形象标签"。如果消费者认为自己不属于零售商被公认的"社会形象标签"人群,那么消费者大概率不会选择进店消费。例如,我们既不会看到一线明星身着廉价快时尚品牌服装参加时尚晚宴,也不会看到政府公务人员开着超级跑车上下班。因此,对于零售商而言,运营和管理好自身品牌的"社会形象标签"至关重要。

然而对零售商而言,由于其众多消费者的行为并不可控,一旦某个消费者的负面行为引起全社会高度关注,那么品牌就可能被连带遭受大量负面曝光,这又会给消费该品牌的其他普通消费者带来负面影响,最终导致消费者集体抛弃该品牌。因此,零售商在营造消费者与品牌的交互体验时,最重要的就是增加品牌形象的正面曝光,比如管理好代言人的社会形象、积极参与慈善募捐等正面的社会活动等,并对负面事件进行及时、妥善处理,尽力挽回受损的品牌形象。

微案例 8 —— 阅读请扫第 18 页二维码

本章重点

1. 约瑟夫·派恩和詹姆斯·吉尔摩在其著作《体验经济》中将消费体验按照"消费者参与水平"和"消费者与背景环境的关联度"两个标准划分为四种类型:娱乐性体验、教育性体验、审美性体验和逃避性体验。根据"消费者参与水平"和"消费者与背景环境的关联度"两个标准,我们可将消费者可获得的消费体验划分为四种类型:娱乐性消费体验(吸引式+被动参与)、教育性消费体验(吸引式+主动参与)、逃避性消费体验(浸入式+主动参与)、审美性消费体验(浸入式+被动参与)。

2. 消费体验是消费者和零售商双方在零售"交互过程"中共同创造的结果。首先,消费者通过消费行为接触零售商,并通过自己的"买或不买""多买或少买"以及"买方评价"等行为明示或暗示地向零售商传达自己的体验需求;其次,零售商通过对消费者消费行为的长期观察,在体验场景、内容、用户和品牌等维度对自身提供的消费体验进行优化改造;最后,消费者会通过再次消费的行为,感受零售商提供的各种类型消费体验,并再次做出反馈。由此,消费者与零售商之间形成了完整的交互闭环。

3. 从我国零售业界的商业实践来看,零售商通常会在零售场景、内容、用户以及品牌四个主要维度设计与消费者进行交互的方案,进而实现特定类型消费体验的营造目标。

思考题

1. 梳理本章知识体系,绘制一张包含本章全部知识点的思维导图。提示:使用MindMaster等专业思维导图绘制软件会让你更加得心应手。

2. 思考零售商除了可以在零售场景、内容、用户以及品牌四个主要维度设计与消费者进行交互的方案之外,还可以在哪些新的维度与消费者进行交互,以优化消费体验?

3. 在新冠疫情和全球经济下行背景下,我国普通消费者的消费决策也开始转向保守。在此背景下,"消费降级"一词又被很多专家和媒体重提,甚至有人认为"极致性价比"才是零售商唯一应该追求的发展方向(例如拼多多、社区团购等),而重视"消费体验"的"新零售"项目华而不实,并不适应当前中国的现实国情。对此观点,你有何看法?

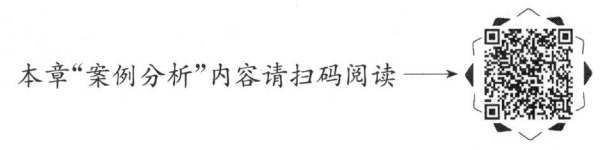

本章"案例分析"内容请扫码阅读

参考资料

[1] 蔡霞."新零售"视野下零售业"无界营销"发展前瞻[J].商业经济研究,2019(6):63-66.
[2] 黄永林.数字经济时代文化消费的特征与升级[J].人民论坛,2022(09):116-121.
[3] 李颖.电商多种新服务提升消费体验[J].中国质量万里行,2022(07):51-52.
[4] 沈琦,陈婧."Z世代"盲盒消费体验偏好研究[J].当代青年研究,2022(03):50-58.
[5] 殳利华.商业模式场景化创新与营销策略探讨[J].商展经济,2022(11):113-115.
[6] 汪旭晖,徐微笑,王新.智能购物体验对消费者购买意愿的影响研究[J].消费经济,2022,38(03):87-96.
[7] 约瑟夫·派恩,詹姆斯·吉尔摩.体验经济[M].北京:机械工业出版社,2021.
[8] 赵俊帅.社区"新零售"人货场重构对消费体验的影响[J].中国商论,2022(10):10-12.

第三章 "新零售"消费体验创新趋势

> **章节导言**
>
> 在物资匮乏时代,消费者一直处于需求饥渴状态,传统零售企业只需关注如何将商品或服务以更高的效率卖给更多的人;而在生活富足的当下,消费者的普通消费需求早已得到满足,"新零售"企业必须在培育和激发消费者的新需求上下功夫。从我国的"新零售"行业发展实践来看,大多数"新零售"企业选择了优化消费者在零售过程中的消费体验这一竞争思路。在本章中,我们将向同学们介绍"新零售"企业优化消费者在零售过程中消费体验的三种新趋势:立场定位创新、情感创新和无界化创新。

本章"微案例""拓展阅读"内容请扫码阅读 →

第一节 "新零售"企业的立场定位创新

在第一章中,我们已经介绍了零售就是连接"人"与"货"的"场",即"左手"是经过一系列价值增值过程的商品或服务,"右手"是购买商品或服务的消费者,零售业的实质功能就是将"左手"的商品或服务卖给"右手"的消费者。零售业的这一功能性定位很容易理解,但是,绝大多数对零售业没有深入思考的人都忽略了另一个问题,即零售业除了功能性定位,还有立场定位,零售业既可以代表厂商利益,将厂商生产的产品和服务以尽可能高的价格卖给尽可能多的消费者;也可以代表消费者的利益,仅向消费者销售其有真实需求的商品和服务,并且集合消费者的真实需求与体验反馈意见,向厂商进行集体议价,甚至是反转供应链,要求厂商向消费者提供更迎合其需求的定制化产品和服务供给。以上两种截然不同的立场定位也大致可以作为区分传统零售商与"新零售"商的一个典型区别。一般而言,传统零售商会选择代表厂商利益,而"新零售"商倾向于选择代表消费者利益,当然,这并不绝对。

一、传统零售商的立场定位:厂商利益的代表

在销售界,有一个非常经典且有趣的例子,虽然不同版本的故事存在一定差异,且例子的真实性也存疑,但恰好能够启发我们关于零售商立场定位问题的思考。这个例子就是"如何把梳子卖给和尚"。

面对这个问题,"憨直"的销售人员可能会说:"和尚连头发都没有,不可能需要梳子,这个任务完不成";"机灵"的销售人员可能会说:"虽然和尚没有头发,但是前往寺院烧香的香

客有头发呀,我可以让和尚买一批梳子,给梳子做开光法事,然后卖给那些有脱发苦恼的香客,让和尚告诉香客用了这把开过光的梳子可以防脱发。"

从商业逻辑上看,在个案例中"机灵"的销售人员可能更受大家认可,因为他依靠自己的销售技巧创造了本不存在的新需求,帮助企业的商品打开了新市场,也帮助自己的老板(零售商)赚到了更多利润,这样的销售人员和销售技巧普遍受到传统零售商的推崇。但是如果我们站到社会全局利益的角度来观察,就不难发现,这个销售人员所谓的"机灵"其实与"诈骗"无异,通过利用部分消费者掌握的信息有限(在这个案例中表现为封建迷信行为)来创造虚假的消费需求,短期内可能是赚到了一定的利润,但在长期,消费者终究会幡然醒悟,销售人员和其所在的零售企业的商业信誉和形象都必然会因此受损。

上述例子可能略显极端,但当我们审视生活中接触到的零售企业时其实不难发现类似的现象,例如有的零售企业肆无忌惮地帮助生产企业做虚假广告宣传,对自己所销售商品的真实功能完全不做审核;有的销售人员在向顾客推销商品时,只推销销售提成高的,不推荐顾客真正需要的;有的零售企业主动帮助上游厂家推脱本该承担的三包服务等售后责任;有的零售企业将"旁门左道"的销售技巧运用到极致,在厂商产品说明和广告文案的基础上进一步夸大宣传,引诱消费者做出非理性的消费决策;有的零售商为了维系与上游厂商的友好合作关系,主动将残次品、临期品甚至是过期品销售给顾客,等等。这些零售乱象从本质上看其实都属于零售企业的立场定位问题,他们仅代表厂商利益,将自己摆在消费者的对立面,目标仅是千方百计地从消费者的口袋里"掏"钱。

微案例 1 ——▶ 阅读请扫第 28 页二维码

1. 传统零售商选择代表厂商利益立场定位的原因

(1) 零售商在与上游厂商的合作中居于被动地位。上游厂商比下游消费者更具市场操控能力,小的零售企业不得不被大的上游厂商"绑架"。例如,对那些品牌专营的加盟零售商来说,零售商一旦完不成今年的销售目标,可能就拿不到下一年的商品销售代理权;对于普通零售商而言,搞好与上游厂商的关系也有利于争取到更大力度的进货折扣价或更多的销售渠道费。因此,零售商宁愿得罪下游的某些消费者,也不敢惹怒上游的供货厂商。

(2) 激烈的零售渠道竞争压力。零售业的渠道竞争非常激烈,消费者购买某一种商品的可选途径非常多,导致零售商与消费者之间的合作关系并不稳固,大多数消费者可能都属于一次性顾客,零售商站在消费者立场维护消费者利益的努力不一定会得到充分的回报(比如稳定的回头客源)激励。附近新开了一家大型连锁超市在搞促销活动,另一家竞品网店开通了淘宝直通车服务或投放了更多短视频博主软广告等渠道竞争,都可能会导致消费者投奔他人怀抱。因此,很多零售企业在被消费者"伤害"后,就会选择投靠更加稳定可靠的上游厂商。

(3) 不确定性风险的助推。零售企业面临的不确定性风险非常多,例如疫情导致的停业风险、房地产泡沫导致的租金上涨风险、通货膨胀导致的物价和人工费用上涨风险、电商和直播零售等新渠道带来的同业竞争风险、出生率下降和城镇化进入尾声的消费萎缩风险,等等。当前,摆在绝大多数中小型零售企业面前的问题并不是选择站在厂商利益一方还是站在消费者利益一方,而是站在消费者利益一方积累用户口碑的回报周期过长且不一定稳妥,因此,为了维持企业生存,很多零售商不得不聚焦于短期销售目标,与上游厂商合谋尽可能掏空消费者的钱包,甚至不惜自毁商誉,竭泽而渔,饮鸩止渴。

2. 传统零售商选择代表厂商利益的立场定位对消费者体验的影响

零售商选择与厂商的利益绑定,可能会损害消费者以下消费体验:

(1) 效率损失。大量零售商选择与厂商利益捆绑导致零售业界充斥着各种销售套路与陷阱,消费者在屡次上当后必然会选择在购物消费时保持谨慎态度,比如货比三家、线上线下综合比价、查阅网络 KOL 的测评意见和其他消费者购物评价、在网上搜集购物秘籍和避坑指南、研究商品和服务技术细节和行业标准、查阅企业的商业信用和司法纠纷记录,等等。当然也会有消费者直接选择用脚投票,前往其认为消费环境更好的海外市场"海淘"或委托国外亲朋好友代购。无论消费者做出上述哪些规避消费陷阱的行为,都会导致其遭受购物效率损失,在购物决策上花费的额外时间和精力本来可以用来投入社会生产或休养生息,而恶劣的零售业消费环境却剥夺了消费者"享受"安心、便捷消费的权利。

(2) 成本损失。零售商选择站在维护厂商利益的立场会给消费者带来两方面的成本损失:一是零售商与厂商合谋攫取更多利益的过程必然伴随着消费者购物成本的增加,比如零售商可能与厂商合谋,通过夸大宣传向消费者销售其本身并不需要的产品和服务等;二是消费者在积累了一定的消费经验之后,势必会开始筛选值得信赖的消费渠道,而在试错过程中,消费者其实也支付了高昂的时间、金钱,甚至是健康成本。例如,药店如果向消费者推荐销售提成更高的保健品来替代药品,那么消费者不仅花了冤枉钱,还有可能延误了治疗疾病的关键时机。

(3) 心理损失。零售商在厂商与消费者的交易过程中站在厂商利益一方的行为,会让消费者产生心理损失,这种心理损失可能来自于被孤立、歧视、欺诈、不公平对待等负面情绪。例如,在奢侈品零售业,"配货"销售已经成为许多零售商"背地里"的标准操作,即将奢侈品厂商的畅销货与滞销货捆绑销售,比如消费者想买一个某品牌的一款畅销包,如果进店直接告诉店员要购买这款包,店员就会告诉她该款包缺货,除非顾客进店之后能够"自觉地"[1]先购买一定金额的品牌滞销货,帮助店员完成一定金额的滞销货销售业绩,店员才有可能会把顾客的名字写到这款包的等候名单里,当然,配货越多的"VIP"客户在等候名单里的顺序也就会越靠前。在这种情况下,一个普通消费者会产生哪些心理活动呢? 因自己不愿意接受配货而被销售人员瞧不起的伤心? 对零售商不合理搭售行为的愤怒? 对品牌方滞销品设计师品味的嘲讽? 这些负面情绪都构成了消费者的心理损失。

二、"新零售"商的立场定位:消费者利益的代表

一个好的现象是,近年来立场定位站在消费者利益一方的"新零售"企业正越来越多,这些企业懂得反问自己:"为什么非要把梳子卖给和尚呢? 世界上难道就没有有头发的人了

---

[1] 《中华人民共和国消费者权益保护法(2013 修订版)》第九条"选择权"规定:消费者享有自主选择商品或者服务的权利。消费者有权自主选择提供商品或者服务的经营者,自主选择商品品种或者服务方式,自主决定购买或者不购买任何一种商品,接受或者不接受任何一项服务。因此,如果零售商直接表明消费者想要购买 A 商品,必须要同时购买 B、C、D、E 等商品或服务,就存在涉嫌侵犯消费者选择权的行为。如果零售商有一定的市场垄断地位,还有可能涉嫌违反《反垄断法》的相关规定。因此,零售商一般会采用各种销售话术暗示消费者需要购买滞销配货,而不是直接要求顾客接受配货规定。

吗？就算有头发的人都已经有了梳子，我也可以把梳子的功能、材质、外观和品牌形象进行差异化升级，不是吗？"

1. "新零售"商选择代表消费者利益立场定位的原因

"新零售"商与传统零售商的区别在于其懂得销售的价值是将商品和服务卖给真正需要它们的消费者，而不是随便卖给哪个愿意买单的消费者。从经济学语言来表述，就是"新零售"商更加重视商品（和服务）供给与消费者需求之间的资源配置效率。当然，"新零售"商之所以选择与消费者利益站在一起，绝对不仅仅是因为其良心发现那么简单，其立场定位由"代表厂商利益"转变为"代表消费者利益"受多种因素共同驱动：

（1）买方市场的竞争压力。买方市场是指在商品供过于求的条件下，买方掌握着市场交易主动权的一种市场形态。在我国，随着社会生产力的高速发展，消费品市场当前已全面进入供给过剩的买方市场，这导致在上游生产厂商与下游消费者的交易关系中，消费者逐渐掌握了优势地位。激烈的同业竞争导致生产厂商普遍陷入价格战的泥潭，产品价格加成率持续下降，生产厂商能够提供给零售商的渠道费用、销售提成或奖励等也逐渐减少，这显然会导致零售商缺乏维护上游生产厂商利益的激励。此外，在生产厂商与零售商的关系中，零售商亦是扮演强势买方角色，几乎任何一个生产商对零售商来说都不再是唯一的、不可获取的供货来源，而对生产厂商来说，下游所有的零售商都是随时可能转投竞争对手怀抱的重要渠道资产。因此，零售商在面对上游厂商时的谈判和议价势力也正在快速攀升，这是零售商能够代表消费者利益与上游厂商谈判的基础前提。

（2）法律法规体系的日益完善。近年来，我国在法治国家建设方面成绩突出。党的十八届四中全会和中央全面依法治国工作会议专题研究全面依法治国问题，统筹推进中国特色社会主义法治体系建设。在消费相关的法治建设方面，我国目前已经建立起相对完整的消费者权益保护法律法规体系，如《消费者权益保护法》《食品安全法》《产品质量法》《旅游法》《广告法》《商标法》《反不正当竞争法》《反垄断法》等。在互联网新兴零售模式法律规制方面，《网络交易监督管理办法》《关于平台经济领域的反垄断指南》《最高人民法院关于审理网络消费纠纷案件适用法律若干问题的规定（一）》等法规条例和司法解释相继出台，《互联网广告管理办法》《禁止网络不正当竞争行为规定》《互联网平台分类分级指南》《互联网平台落实主体责任指南》等法规文件也正在紧锣密鼓的拟定过程中。总的来看，我国消费市场的法制化环境正在快速改善，这迫使零售商必须在保护消费者合法权益方面坚守法律底线，逐步由维护上游厂商利益的立场过渡到维护消费者利益的立场。

微案例 2 —— 阅读请扫第 28 页二维码

（3）消费者维权意识的觉醒和维权成本的降低。随着官方消费者维权渠道运行效率的快速提升以及互联网社群媒体监督力量的日益壮大，广大消费者日常接触到的消费陷阱信息以及消费者维权方法、渠道、案例等知识的机会越来越多，消费者维权的意识越来越强。消费者除了耗时较久的司法途径以外，可以选择拨打 12315 投诉、媒体曝光、仲裁调解等效率更高和成本更低的纠纷解决方式。消费者维权意识的觉醒和维权成本的下降，迫使零售商不得不在经营过程中更加尊重和维护消费者合法权益，以规避自身被卷入法律纠纷的风险。而且零售商一旦被卷入消费者维权纠纷，事件非常容易在社群媒体上引发本地其他消费者的关注①,且本地其他消费者大多会天然地选择维护消费者利益的立场,"店大欺客""无商不奸"等潜意识甚至可能会支配本地其他消费者忽略事件本身的是非曲直,直接在社交媒体上留言批评、攻击甚至是谩骂零售商,这显然会严重损害零售商的商誉和口碑。因此,一旦发生消费者维权事件,零售商在上游厂商和下游消费者之间选择维护消费者利益就显得更加明智。

微案例 3 ── 阅读请扫第 28 页二维码

(4) 新技术的支持。生产力进步是驱使社会生产关系发生变革的根本性力量。互联网、大数据和智能硬件设备技术的快速进步,使得零售商高效率获取和管理用户信息的成本大幅下降。一旦零售商能够高效率地在消费者中完成 VIP 用户识别与筛选,那么零售商就可以通过面向 VIP 用户精准优化服务质量来提高门店客单价和复购率,大幅提升坪效和毛利率。忠实的 VIP 用户能够源源不断地为零售商带来利润,理性的零售商自然会选择与 VIP 用户进行利益捆绑,帮助 VIP 用户向上游生产厂商争取更多让利。传统零售商极难搜集一个消费者的消费需求、购买力、个人信誉、消费习惯、审美倾向等各种维度的信息,最多就是引导会员主动登记个人信息,或通过店员观察消费者的外观、举止、穿着等间接推测其个人信息。然而 AI 监测和大数据分析技术的快速发展,使得线下零售门店可以轻松实现记录每一个客户消费数据、识别反复光临的 VIP 用户、生产用户消费报表、商品销售报表等功能。这些信息可以帮助零售商大幅提升用户服务效率和质量,将 VIP 用户培养成忠诚的粉丝。对于线上零售商而言,其获取消费者多维信息的能力更强、成本更低,消费者的个人信息、平台信用、浏览记录、收藏记录、购物记录、评价反馈信息等都可以被线上零售商用来筛选和识别 VIP 用户。

微案例 4 ── 阅读请扫第 28 页二维码

2."代理经销商"和"消费经纪人"的差异对比

表 3-1 零售商作为"代理经销商"和"消费经纪人"的区别

零售商定位	代理经销商	消费经纪人
服务对象	上游厂商	下游消费者
核心价值	帮助厂商销售商品(服务)	帮助消费者选购商品(服务)
业务模式	搜集市场需求→进货→卖货	搜集供需双方信息→促成交易
经营范围	通常只经销一种或少数几种品牌的商品或服务,具有特定性	整合多类商品的多元供货渠道,具有广泛性
供应链方向	M→B→C	C→B→M
盈利模式	消费者买的越多,利润越高	消费者越满意,利润越高

---

① 社群媒体的智能推送功能会优先向消费者推送其本地信息,例如抖音 App 的视频分类就是本地、关注和推荐三类。

"新零售"企业应该如何维护消费者利益呢？由于"新零售"企业的业态模式差异很大且迭代更新速度极快，不同企业的具体策略可能会有较大差异。不过究其本质而言，选择维护消费者利益的立场定位就是将自己由"上游厂商产品的'代理经销商'"转变为"下游消费者的'消费经纪人'"。这两个身份之间的区别如表 3-1 所示，当然这种区别并不绝对，我们仅对一般情况做出如下总结。

（1）在服务对象上：作为"代理经销商"的零售商服务的重点对象是上游厂商，其目标是维系与上游厂商之间相对稳定的合作关系，以争取到更大的进货折扣或更高级别的代理销售权等；作为"消费经纪人"的零售商服务的重点对象是下游消费者，其目标是获取消费者的高满意度，进而提高消费者的客单价和复购率，甚至通过消费者之间的口碑传播来提高门店的客流量和顾客转化率。

（2）在核心价值上：作为"代理经销商"的零售商，核心价值是帮助上游厂商完成商品（服务）销售的业绩目标，零售商的主要价值在于增加消费者接触商品（服务）信息的机会（多开门店、多做广告等），并降低其获取商品（服务）的交易成本（交通成本、支付成本、售后服务成本等）；作为"消费经纪人"的零售商，核心价值是帮助消费者选购最适合其需求的商品（服务），零售商的主要价值在于为消费者提供充足且多样的信息流、物流、资金流组合选项。比如消费者想要购买一个剃须刀，作为"消费经纪人"的零售商应该向消费者提供尽可能多的产品信息选项、物流方案选项和支付方式选项，并帮助消费者在无穷多的选项组合中高效率的筛选出最优购物决策方案（比如提供各种标签化筛选项和项内智能排序推荐工具等）。

（3）在业务模式上：作为"代理经销商"的零售商虽然可能会基于本地市场需求情况进行调查，并根据市场需求制定进货方案（如社区超市等），但也有可能根本就没有自由进货的决策权，仅是被动接受上游厂商提供的进货方案（如品牌专营店、加盟零售店等），在进货方面的被动地位迫使零售商必须在卖货上更加努力，导致违法违规夸大宣传、售卖残次品和过期品、强制搭售等零售乱象屡禁不止；作为"消费经纪人"的零售商可以仅向消费者提供市场上关于商品（服务）的供给信息（如电商平台），待消费者制定购买决策后，再组织物流环节（可以自建物流，也可以依赖外部物流）按消费者需求交付商品，即作为"消费经纪人"的零售商可以完全摆脱货物滞销的风险。

（4）在经营范围上：作为"代理经销商"的零售商一般在同一个商品品类中不会同时合作太多个上游厂商，因为上架的同一品类商品种类太多会导致每一种商品的销量都不高，零售商在上游厂商处可获得的批量采购优惠就会减少，平时运营管理成本也会增加；作为"消费经纪人"的零售商为了尽可能满足消费者的个性化需求，会整合多类商品的多元供货渠道，尽可能做到只要消费者需要，零售商可以提供任何商品和服务的综合性、一站式采购解决方案。

（5）在供应链方向上：作为"代理经销商"的零售商（B）是传统正向供应链中连接厂商与消费者的中间环节，其先从上游厂商（M）处进货，再转卖给下游消费者（C），例如社区超市就是这类"代理经销商"型零售商的典型代表；作为"消费经纪人"的零售商是新型反向供应链中沟通消费者需求与厂商供给的中间环节，其先获取下游消费者的需求信息，再向上游厂商下单定制或采购，例如社区团购运营商就是这类"消费经纪人"型零售商的典型代表。

（6）在盈利模式上：作为"代理经销商"的零售商其获取利润的源泉是进货价与售货价

之间的差价,显然销售总额越高或者价格加成率越高,其利润就越高;作为"消费经纪人"的零售商可以采用"代理经销商"的盈利模式,即依据消费者的消费额收取抽成服务费,也可以采用一些新的模式,例如向消费者收取渠道服务费、向上游供货商收取渠道广告费等。这种模式下,消费者买不买或买多少与零售商的盈利能力关联不大,消费者的满意度才是影响零售商利润的关键。

拓展阅读1 → 阅读请扫第28页二维码

3. "新零售"商选择代表消费者利益的立场定位对消费者体验的影响

(1)消费效率和性价比的提升。零售商选择维护消费者利益的立场定位意味着:一方面,零售商会尽可能帮助消费者向上游厂家争取更多的价格优惠,零售商通过将众多消费者类似的需求集合起来跟上游厂家进行议价,必然能够争取到更大幅度的优惠,这是社区团购等新型零售业态的基本玩法;另一方面,零售商为了增强自己对上游厂商的议价能力以及保障满足消费者的个性需求,会尽可能地搜集和整合多元化供货渠道,消费者基本可以实现在一个门店或者一个App内解决该类别几乎所有商品和服务的消费需求,实现"一站式"购物,大大提升消费者的购物效率。

(2)心理层面的安全感和被尊重感。零售商选择维护消费者利益的立场定位意味着消费者在遇到产品和服务质量问题纠纷时,可以由零售商代表消费者与上游厂商进行交涉,甚至是由零售商先向消费者垫付赔偿,再向上游厂商索偿,这显然会大大增强消费者消费的安全感。只要零售商的信誉够好,消费者就不必再担心所购买商品和服务的安全性问题。此外,零售商选择维护消费者利益的立场定位一般还意味着零售商会向消费者提供贴心的定制化服务[①],这种服务一般包含:消费前的商品(服务)信息咨询和推荐服务、消费中的物流和支付方案设计服务、消费后的客户追踪维护和售后维保服务等,这些贴心的定制化服务会让普通消费者也享受到VIP待遇,满足被尊重的心理需求。

第二节 "新零售"的情感化创新

在零售业1.0时代,物资短缺是核心的时代特征,此时零售商只要将商品摆在货架上,消费者就会跋山涉水前来"求购",而零售商的主要任务是保障货品供应稳定和货品质量的可靠,而在门店选址、货品摆放、促销策划甚至是服务态度和质量上都没有必要做过多投入。典型的例子是新中国计划经济时代的乡镇供销社。

在零售业2.0时代,性价比竞争是零售商的核心竞争方式,此时社会上的物资供应已经极大丰富,消费者面临的零售渠道选择非常多元,线下商超、社区门店、线上电商平台、微商等都在竞相抢夺消费者。大多数消费者关心的是购买同一件商品,哪一个零售渠道的性价比最高,服务态度和商业信誉最好,并且最好能送货上门。因此,线上的"11·11""12·12""6·18"等各种购物节应运而生,线下的各大商超也是促销活动不断。然而困扰零售商的问

---

① 这种服务不一定依靠人工,有可能是依据平台算法或人工智能客服自动实现,比如购物App的猜你喜欢功能、人工智能客服功能等。

题是:在性价比竞争中,虽然自己可以靠优惠活动冲击短暂的高销量,但消费者的零售渠道忠诚度却极难维持。促销活动一停,消费者立刻会改选其他渠道,消费者已经非常习惯周转于不同零售渠道的促销活动中"薅羊毛"。在这种情况下,零售商一般会采取提高服务质量和商业信誉、建立长期会员制度、优化店面或网页装潢设计、赠送附加增值服务(送货上门、延长三包等)等手段作为性价比竞争的补充。

在零售业3.0时代(即"新零售"时代),消费者只要有足够的购买力,就已经可以实现"所想即所得"的购物体验,随时随地打开手机App就可以让全球市场的商品跨越山海奔你而来。那么,零售商还可以采取哪些新的竞争策略让消费者选择自己呢?目前来看,一个可行的方向是选择情感化创新的路径,即"新零售"企业可以赋予零售行为某种情感价值,促使消费者对自己的零售渠道形成某种特殊的情感依赖,在激烈的同业竞争中另辟蹊径,降低消费者对商品性价比的敏感度。

当前,支持"新零售"企业走情感化创新道路的另一个时代背景是:"宅文化"正在成为中国青年一代越来越主流的生活方式,高强度的工作压力、快节奏的城市生活以及移民潮带来的传统家族式社群关系解体等,使得城市年轻人的社交圈子愈发狭小,不少人被迫或主动地过上了"宅男""宅女"的生活。下班就回家,休假只想躺倒,成为越来越多年轻人的生活方式。"宅男""宅女"们虽然可以通过电商平台足不出户地解决购物需求,但不出门的生活方式却满足不了社交情感的需求,这为"新零售"企业重新俘获消费者提供了一个契机。

"新零售"企业应该如何向消费者提供情感价值呢?在本节中,我们将从流量入口、场景营造和服务表现三个角度剖析零售商情感化创新的主要趋势,其他更多的情感化创新角度则留给读者自己探索。

一、流量入口情感化

"流量入口"对于零售商的重要性不言而喻,那么零售商应该如何获取流量入口呢?传统零售商想到的第一个方法可能就是投资线上和线下广告,将广告信息以狂轰乱炸的方式推送到消费者眼前,尽情地展示自己的存在。在信息匮乏的年代,消费者对这类广告信息的容忍度较高,部分制作精良的广告作品甚至会得到消费者的喜爱,引发消费者社群内部的自传播。但在信息爆炸的移动互联网时代,消费者(特别是年轻消费者)的大脑基本一直处于"信息过载"的疲劳状态[①],其对有用信息(例如万字以上的网络长文、时长3小时的电影、大部头实体书籍、50集以上的电视剧等)的持续关注能力都在快速衰退,对无用(至少暂时无用)的广告信息容忍度就更低了。在线上,年轻一代消费者中愈发流行使用浏览器插件和小工具拦截网站广告推送、开通视频网站会员免除广告、开通电话和短信垃圾信息智能拦截功能等,以获取没有广告叨扰的清净。与线上广告相比,传统媒体的广告处境更惨,很多年轻消费者已经彻底抛弃了电视、报纸和杂志等传统媒体,从根源上斩断了传统媒体广告打扰自己的途径。

在传统广告的流量获取效果式微背景下,零售商可以通过流量入口情感化的策略,变换广告的表现形式,在向消费者提供某种情感价值的同时顺便介绍自己想要宣传的信息,这种

[①] 知名咨询公司埃森哲在《Fjord趋势2019》报告中就指出"信息过载令用户不堪重负,消费者渴望在纷扰不堪的世界中获得清静和价值"。

广告方式常被称为"软广告"①。虽然普通的消费者均能清楚地意识到"软广告"也是一种广告,但只要零售商在软广告中提供的情感价值足够吸引人,消费者很可能愿意花费时间和精力去体验甚至享受这种广告。

就具体方法而言,目前零售商较成功的流量入口情感化方式主要有两类:

(1)"制造型零售商"②可以选择举办迎合目标消费群体价值观的主题活动。例如,运动品牌可以举办城市马拉松比赛、街头篮球赛、健美比赛等,在活动参与者(目标消费群体)心中将自身品牌形象与积极向上、坚韧不屈、乐观生活等正面情感建立起联系,最好在活动中再安插一些有话题讨论度的小桥段。例如,马拉松比赛可以邀请残疾人、老年人、社会名人甚至是网红宠物参赛,这既可以塑造独特的品牌情感形象,又可以引发目标消费群体对这些活动及品牌的广泛关注和讨论,从而实现获取流量的目标。

微案例5 —— 阅读请扫第28页二维码

(2)"专业型零售商"③可以选择将流量入口嵌入目标消费群体聚集的社交平台KOL作品中。例如,经销宠物用品的零售商可以寻找抖音平台的养宠达人合作,将自己的商品植入到其短视频作品中,植入形式既可以是简单的产品露出,也可以是产品推广介绍,甚至是直接挂上"小黄车(购物车)"链接。这样做的好处是消费者可以在娱乐消遣的过程中"猝不及防"地接收到广告信息,如果该产品正是他(她)需要的,那么消费者被KOL成功"种草"的概率会比被零售商传统广告高得多。因为"人间清醒"的当代年轻消费者会认为,反正都是要被零售渠道商赚钱,与其让自己并不认识的超市、电商平台老板赚钱,还不如支持自家KOL的事业,自己的购买行为会激励KOL不断创作更优质的作品愉悦自己,何乐而不为呢?这种"新零售"模式也被抖音称为"兴趣电商"。

需要强调的是,专业型零售商在社交平台KOL作品中嵌入广告与制造型零售商冠名综艺节目等大众文艺作品的行为并不相同。前者的投资门槛和对零售商的资金压力明显低于后者,且零售商可以用非常低的成本"广撒网、多敛鱼",即使规模非常小的专业零售商也可以参与其中。例如,抖音平台的KOL"小黄车"带货付款机制是销售额佣金抽成,一般在10%~30%,零售商需支付的KOL带货成本直接从其创造的销售额中分成,不会给零售商带来资金投入压力,属于低风险的代销模式;而后者需要的资金投入少则几百万,多则上亿元,且该笔宣传费用属于不保障销量增长的风险投资,除了资金实力雄厚的制造型零售商外,其他零售商不会有充足的动机做这种投资。

微案例6 —— 阅读请扫第28页二维码

---

① "软广告"是指不直接介绍商品或服务,而是通过在各种宣传载体上插入带有主观指导倾向性的文章(特定的新闻报道、深度文章、付费短文广告、案例分析等)、画面、短片,或通过赞助社会活动、公益事业等方式来达到提升广告主企业品牌形象和知名度,或促进广告主企业销售的一种广告形式。软广告和硬广告的差别在于:软广告并不直接表明是广告,它向消费者提供很多广告信息以外的其他信息,具有一定的隐藏性;硬广告也就是纯广告,它一般不涉及广告信息以外的内容,表达形式上直接表明自己就是一则广告。

② 制造型零售商是指既负责产品生产,又负责产品销售和品牌运营的产销一体化零售商,当前绝大多数面向最终消费者且拥有自主品牌的制造业企业都属于这类零售商。当然,制造型零售商一般也不会拒绝其他零售商代销其产品。

③ 专业型零售商是指不负责产品生产和品牌运营,只负责零售渠道运营的零售商,比如绝大多数超市、便利店等。

二、场景营造情感化

对于线下也有实体门店的零售商而言,另一个可以吸引消费者关注的方式就是消费场景营造的情感化。相信每一个读者都光临过成百上千个零售门店,有的在宽敞明亮的百货中心,有的在灯光昏暗的街边小巷,有的在人流如织的热门商圈,有的在门可罗雀的荒郊野外……从门店选址、外观装饰、内部设计等角度来看,你光顾过的每家零售门店可能各具特色,但如果现在问你这样一个问题:哪家零售门店给你留下的印象最深刻?为什么?可能很多读者经过一番搜肠刮肚的思考之后,会觉得好像每家都差不多,没有哪家给自己留下了深刻印象。这主要是因为传统的零售门店对场景营造的重视不足,他们虽然也在选址、装潢等方面下功夫,不过目的一般只是想让路过的消费者发现自己并在进店后高效率地找到想要买的东西,而不是给消费者带来某种情感的强刺激,缺少这种强刺激就很难让消费者留下长期记忆。

场景营造情感化的思路对零售门店来说并不算一个全新的概念。事实上,早期的零售门店播放流行音乐(玩具店播放欢快的儿歌、美妆店播放潮流音乐、咖啡厅播放舒缓的钢琴曲等),雇佣销售人员穿着玩偶套装与顾客互动拍照或派发传单,大型商场中央大厅举办明星粉丝见面会或儿童才艺展演等活动,使用气球、彩虹门、红灯笼、圣诞树等元素装饰出相应的节日气氛,等等,都属于初级的消费场景情感化营造手法。只不过随着消费者的眼界越来越高,如今这种简单、原始的小技巧已经难以继续给消费者带来情感上的强刺激,"新零售"时代的消费者期待零售商在营造零售场景时向其提供风格独特、情感浓烈、主题相符、方式新奇的高级体验。

就场景营造情感化的具体方式而言,零售商可以通过门店装修设计改造、工作人员的角色化演出、商品或服务本身设计细节上的巧思等,营造出与品牌格调相符的特殊时代、地域、文化气氛等,以实现在顾客进门的第一个瞬间就充分调动起某种情感记忆的目标,这种情感可以是爱情的甜蜜、青春的追忆、故乡的乡愁、节日的喜悦……例如,卖旗袍的零售店可以通过门店内部装潢设计、音乐灯光烘托、店员角色扮演等方式,还原"老上海"的生活场景,并为顾客提供老上海风格的化妆造型、时装大片拍摄等一系列增值体验。连锁餐饮零售店可以通过与知名娱乐明星合作,将餐厅打造成粉丝追忆青葱岁月的必到之地。例如,厦门曾经的网红餐厅"J大侠中华料理"就将周杰伦元素全面融入餐厅装饰、菜品和包间命名等各个环节,不仅推出的"半岛铁盒(水果拼盘)""牛仔很忙(牛仔骨)""告白气球(液氮吹出大气泡的甜点)"等创意菜广受周杰伦粉丝喜爱,就连餐巾纸上都印有"等你下课一起走好吗?"的字样,化用歌曲"等你下课"的梗,可以说是将周杰伦元素融入餐厅的每一个角落[①]。

需要特别补充的是,对于在商业综合体内部的零售门店而言,如果其能够在商业综合体物业管理方的协调下进行各具特色或主题和谐的场景情感化营造,那么就可以实现口碑上的"外溢"效应,从而使整个商业综合体发展成为周边消费者假日逛街、旅游打卡的好去处,进而让商业综合体中每一个商家都收获更高的人流量。

---

① 该家门店因其加盟主体与周杰伦方的合作过期等原因,已被周杰伦起诉侵犯其肖像权、姓名权。因此,这种合作方式需要零售商特别重视合作方授权方面的法律风险。

微案例 7 —— 阅读请扫第 28 页二维码

三、服务表现情感化

传统零售商向消费者提供的服务基本可以归类为售前咨询(商品介绍等)、售中服务(试穿试用、个性定制、交付收款等)和售后服务(送货上门、三包服务等),这些服务已经逐渐成为所有零售商的标配。如果零售商仍在这些服务中继续"内卷",比如,对服务员服务用语、穿衣打扮、面部表情、肢体动作等方面的规范性提出更高标准,可能只会过度消耗拿着微薄薪水的员工的热情与耐心,消费者不一定会愿意为这些"特色"买单。例如,作为消费者,你会仅仅因为某家零售商的服务员鞠躬角度更接近 90 度而选择光顾吗?绝大多数消费者的时间和精力都非常宝贵,购买力也没有升级到顶级奢侈品消费的层级,这些细节能够给消费者带来的额外价值增值(比如被尊重感)非常有限,甚至很多消费者不会关注到这些细节,愿意为其买单的消费者可能并不会太多(仅局限在少数奢侈品消费群体中)。因此,对于绝大多数普通零售商而言,其在服务过程中可以进一步改进的方向是向消费者提供更有价值和记忆点的服务,从而丰富消费者在购物过程中的情感收获,让其"买得开心,买得痛快,买得值得,买得心甘情愿"。

就服务表现情感化的方法而言,近年来在网络平台上能够成功收获大批流量的"新零售"模式主要分为以下三类:

(1) 零售服务过程的娱乐化,向消费者提供开心、感动等情感价值。传统零售业的买卖行为是不加任何包装与掩饰的,一般表现为卖家与买家之间"一手交钱、一手交货",这势必会在消费者内心产生与零售商之间的"对立、对抗甚至抵触、厌烦情绪"。如果零售商能够将买卖过程进行娱乐化包装,那么消费者就会沉浸在娱乐过程给其带来的情感之中,在结算支付时就不会将注意力全部集中在付钱所带来的效用损失上。例如,在 BAB 案例中,消费者之所以为一个小熊玩偶支付数十美元甚至上百美元,就是因为 BAB 巧妙地把玩偶制作过程娱乐化,丰富了消费者的情感体验。当消费者仍沉浸在陪伴孩子的开心与幸福感之中时,对大额账单的接受能力也会随之提升。毕竟钱花出去还可以再赚,作为父母真的忍心拒绝结账,让孩子把他(她)亲手做的玩偶遗弃在 BAB 的货架上吗?对比来看,相信很多读者都有在淘宝网、亚马逊、沃尔玛、苏果等零售渠道买玩偶的经历,在那些纯"买卖"的场景中,你当时的关注点是什么呢?除了玩偶好不好看之外,可能就是这个价格是不是太贵了?去其他渠道是不是能买到更便宜的?此时,零售商被消费者彻底置于不同渠道的性价比竞争泥潭之中,那零售商还能有多大空间可以提高盈利能力呢?

(2) 零售服务过程的游戏化,向消费者提供刺激、喜悦等情感价值。对于一些销售非生活必需品的专业型零售商而言,其应该清醒地认识到消费者并不一定是或者大多不是出于获取某种"使用价值"才来购买自己商品或服务的,消费者买的其实是商品或服务中所蕴含的某种情感价值。比如鲜花零售商,消费者买的一定是鲜花的什么使用价值(装饰、香味等)吗?更多的消费者可能只是在购买鲜花所代表的某种情感价值,比如,鲜花可以作为爱情、亲情、友情的象征,可以烘托特定节日的气氛,可以表达对精致生活的热爱,等等。既然如此,那么零售商就应该在零售服务过程中向消费者提供更丰富、更浓烈、更具特色、更有记忆点的情感价值,以获取用户的青睐。例如,不少鲜花零售商已经开始面向消费者提供包月、包年等个性化鲜花定制服务套餐,零售商会每天派送不同的鲜花至消费者指定地点,并附赠祝福卡片,让消费者每天都体验"开盲盒"的小惊喜,深受青年爱侣与精致女白领群体的喜爱。鲜花零售商还可以在附赠卡片上印刷二维码视频链接,视频内容可以是教消费者插花和鲜花养护的小技巧,或赠送鲜花的人的视频留言等。

再比如,近年来"盲盒经济"越来越火,香水和化妆品、玩偶手办摆件、文艺类图书、零食等商品的零售商都可以采用类似盲盒游戏的模式丰富消费者的购物体验。例如,香奈儿就在东京结合日本的游戏机文化开设了一家彩妆品游戏机快闪店,消费者可以在游戏厅的"THE BUBBLE GAME"免费试玩夹娃娃机和各种经典街机游戏,前提是需要一个日版的line账号,类似于我们微信扫码参与活动,通过扫码登录Chanel COCO Game Center主页就可以试玩了,不过每人只有一次机会。赢不到奖品也无所谓,消费者可以在二楼正常购买想要的商品。

图 3-1 香奈儿东京快闪店外观(左)与抓娃娃机(右)

图片来自:修罗陛下.《鸟侃|香奈儿在东京开了家游戏厅,还可以用娃娃机夹口红》[EB/OL].候鸟旅行CEO,2018-04-09. https://baijiahao.baidu.com/s? id=15972488655758197948&wfr=spider&for=pc

(3)零售服务过程的表演化,向消费者提供新奇、惊喜等情感价值。在零售过程中穿插表演已经是很多零售商吸引用户关注的常用手法,比如餐厅里的乐队表演,这种表演虽然能取悦消费者,但这种表演与餐饮零售有关系吗?如果只是毫无关系地生硬嫁接,那可能也难以给消费者留下深刻的记忆,眼界越来越高的消费者可能也很难被一般水平的乐队表演所吸引或打动,更不要提收获什么独特的情感价值。所以,新形势下的零售商需要结合自己的核心业务特色,向消费者提供独具特色、足够新奇且迎合消费者爱好的高质量表演,以提供可以打动消费者的独特情感价值。例如,美国知名电子产品零售商百思买(Best Buy)的技术服务部门——奇客小分队(Geek Squad)就对服务零售过程进行了充分的表演化改造(图3-2)。奇客小分队对百思买售出的电脑、电器等产品的故障提供上门维修服务,由于这一服务本身具有一定的"技术性"和"神秘性",他们将员工装扮成"特工"的

图 3-2 Geek Squad 宣传图

图片来自:百思买(Best Buy)官网。

样子,还为其配备了类似警车的上门服务专用车辆,员工在提供服务过程中也是尽可能模仿电影等文艺作品中 FBI 特工的神态与语气,营造一种神秘、紧张、刺激的氛围与情绪,深受消费者喜爱。

微案例 8 —— 阅读请扫第 28 页二维码

第三节 "新零售"的无界化创新

近年来,我国"新零售"行业的另一个消费体验创新趋势就是"无界化",即把"零售"从消费者生活中的一个特点环节或特定场景,拓展延伸成消费者生活的整个背景,实现"无时不零售、无处不零售、无人不零售"。"新零售"的"无界化"一词来源于"无界零售"这一概念,而"无界零售"最早由我国的线上零售巨头京东集团提出。2017 年 7 月 10 日,京东集团董事局主席 CEO 刘强东在《第四次零售革命》一文中谈到,下一个 10 年到 20 年,零售业将迎来第四次零售革命,京东正推动"无界零售"时代的到来。"无界零售"也被业界解读为京东版的"新零售"。

拓展阅读 2 —— 阅读请扫第 28 页二维码

一、传统零售业的"边界"

(1) 零售业与其他行业间的边界。例如,品牌方只负责设计开发与品牌运营,制造商只负责生产,批发商只负责批发,零售商只负责零售,媒体平台只负责广告宣传,运输方只负责物流运输……各方基于专业分工优势开展合作,基本不存在跨业竞争。

(2) 不同零售渠道之间的边界。例如,线上零售渠道与线下零售渠道各自为战,甚至互为竞争对手,不择手段相互打压。即便是同时在线上和线下经营的零售商,也会通过推出"电商专供"款商品的方式,将线上与线下渠道进行切割。

(3) 零售场所与其他场所之间的边界。例如,线下商场和淘宝等购物 App 是零售场所,微信原本就是一个社交通讯工具,二者之间没有交集。

(4) 零售商的营销信息与内容载体之间的边界。例如,广告就是广告,电视剧就是电视剧,电视剧会插播广告但不会植入广告。

(5) 买方和卖方之间的边界。买方和卖方之间存在清晰的职业身份边界,普通消费者通过出卖自身劳动力、智力成果或出租资产获得收入,用以在各个职业卖家处购买生活所需。职业卖家大多只专营一小部分门类商品或服务,比如服装专卖、日用品专卖、家具专卖、汽车专卖等,所以卖方也需要用经营利润去其他卖家处购买自己的生活所需。

二、"新零售"的"无界化"

与传统零售相比,"新零售"正在从各个方向打破上述"边界",试图创造一种"无处不零售、无时不零售、无人不零售"的新时代,颠覆消费者的零售消费体验。

（1）打破零售业与其他行业间的边界。例如,零售商可以凭借掌握一手消费信息的优势创办自有品牌,利用制造业代工产业链外包生产,借助第三方物流服务实现全球采购和配送……同理,品牌方、制造方、物流方、传媒方等也都可以各凭优势介入零售环节,绕开专业零售商渠道直接对接消费者需求,即"新零售"时代人人都可以成为零售从业者,零售业的行业壁垒已然荡然无存。例如,作为物流方顺丰和中国邮政已经涉足零售业务,开设了自己的电商事业部门,而无论是电视台等传统媒体还是基于互联网的知乎、今日头条等新兴媒体,也都在利用自己的流量入口优势试水零售业务,增加流量变现渠道。

微案例 9 —— 阅读请扫第 28 页二维码

（2）打破不同零售渠道之间的边界。线上零售渠道与线下零售渠道可以融合发展、互为助力,例如京东投资永辉超市、沃尔玛投资京东、沃尔玛投资新达达等线上、线下零售商之间的股权交叉投资合作,就正在促成不同零售渠道之间的深度融合,线上线下渠道的商品库存和运输渠道等都可以互为支撑,大大提高零售物流配送效率。

微案例 10 —— 阅读请扫第 28 页二维码

（3）打破零售场所与其他场所之间的边界。例如,当前很多原本与零售无关的场所都已被"新零售"技术和设备改造成为某种新形态的零售"场"。最典型的例子是手机端各种 App 基本都被开发出了零售功能,各种零售广告铺天盖地,只要用户动动手指点击链接,就可以轻松跳转到支付页面。在线下,居民社区、家庭、办公室、健身房、博物馆等各种场所都可以安装智能零售终端设备,比如无人零售货柜、配有智慧显示屏的冰箱、智能健身魔镜等,可以让消费者无论身在何处,都能非常便捷地获取零售终端接口。

微案例 11 —— 阅读请扫第 28 页二维码

（4）打破零售商的营销信息与内容载体之间的边界。例如,视频、音乐、绘画、小说等传统文艺作品可以围绕营销信息进行定制化创作,即作品本身就是广告,从而让消费者在不知不觉中,或者猝不及防地接收到零售商的营销信息,如海尔集团打造的经典动画片《海尔兄弟》就是这种模式的经典案例。此外,中文互联网"造梗"文化的盛行还给零售商提供了一种新的"出圈"方式,比如小米雷军的"Are you OK?"、"溜溜梅"代言人杨幂的广告词"你没事吧?"等,都因为被炒成网络热梗而实现了极佳的大众传播效果。这也属于零售商的营销信息本身被互联网"二创"后转变为大众娱乐内容载体的典型案例。

微案例 12 —— 阅读请扫第 28 页二维码

（5）打破买方和卖方之间的边界。例如,制造型零售商可以通过将消费者培养成粉丝的方式,让其深度参与商品的设计、品牌运营、社群传播、品质监控、意见反馈等多个环节,赋予消费者部分"卖方"的身份和职责,提升消费者的参与感和品牌忠诚度;反之,社交电商的兴起也让普通消费者有机会成为"卖方",只要消费者在抖音、小红书等社交平台上有一定量的粉丝,就能依托平台供应链(抖音商城等)自己"带货",甚至是依托供应链外包打造自己的品牌,从而成为"卖方"。

微案例 13 —— 阅读请扫第 28 页二维码

本章重点

1. 零售商在立场定位上,既可以代表厂商利益,将厂商生产的产品和服务以尽可能高的价格卖给尽可能多的消费者;也可以代表消费者的利益,仅向消费者销售其有真实需求的商品和服务,并且集合消费者的真实需求与体验反馈意见,向厂商进行集体议价,甚至是反转供应链,要求厂商向消费者提供更迎合其需求的定制化产品和服务供给。"新零售"时代,零售商由代表厂商利益向代表消费者利益转型是大势所趋。

2. "新零售"企业可以赋予零售行为某种情感价值,促使消费者对自己的零售渠道形成某种特殊的情感依赖,在激烈的同业竞争中另辟蹊径。例如,零售商可以通过流量入口情感化、场景营造情感化和服务表现情感化等策略实现这一目标。

3. 传统零售业存在明显的"边界":零售业与其他行业间的边界、不同零售渠道之间的边界、零售场所与其他场所之间的边界、零售商的营销信息与内容载体之间的边界、买方和卖方之间的边界等。"新零售"正在从各个方向打破上述"边界",试图创造一种"无处不零售、无时不零售、无人不零售"的新时代,颠覆消费者的零售消费体验。

思考题

1. 梳理本章知识体系,绘制一张包含本章全部知识点的思维导图。提示:使用 MindMaster 等专业思维导图绘制软件会让你更加得心应手。

2. 你生活中接触到的哪些零售商是站在维护上游厂商利益立场的?哪些零售商是站在维护消费者利益立场的?结合你的生活经历举一两个例子进行说明,并分析其选择这种立场定位的原因,以及选择维护消费者利益立场需要零售商具备哪些条件。

3. 分组调查对比淘宝 88vip 与京东 plus 会员服务的异同,如果只能开通一家的会员服务,你会更倾向于选择哪家?为什么?试分析淘宝和京东推出收费会员服务对平台本身、平台商家、竞争对手(假设淘宝、京东互为竞争对手)和会员用户四方而言,各有什么好处和坏处?

4. 你认为零售商除了在流量入口、场景营造和服务表现上可以使用情感化策略提升消费体验以外,还有哪些其他环节可以使用情感化策略?比如在品牌形象塑造上零售商如何使用情感化策略?请结合具体的案例进行阐述。

5. 你知道"猩便利"这家企业吗?请查阅公开资料,分析该企业的核心商业模式是什么?

在哪些方向打破了传统零售的边界？该企业为何没能成功？

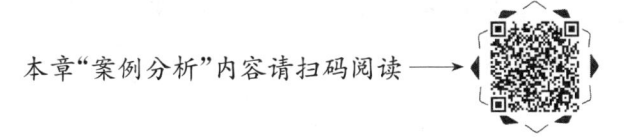

本章"案例分析"内容请扫码阅读 →

参考资料

[1] 蔡霞."新零售"视野下零售业"无界营销"发展前瞻[J].商业经济研究,2019(6):63-66.

[2] 曹艳."新零售"背景下消费者互动、品牌情感与购买行为研究[J].商业经济研究,2021(19):80-82.

[3] 丁耀飞,马英.无界零售：第四次零售革命的战略与执行[M].新华出版社,2018.

[4] 刘润.新零售：低价高效的数据赋能之路[M].中信出版集团,2018.

[5] 谭蓓.零售企业的形象战略和情感战略[J].商业研究,2005(21):6-9.

[6] 陶利刚.零售企业规模无界论实证分析——苏宁、国美电器的验证[J].中国市场,2007(40):36-38.

第二篇　方法篇

第四章　消费体验主题设计

章节导言

随着经济社会和科技的快速发展,产品和服务消费模式已悄然发生巨大变化:在很多情况下,顾客消费过程变得比产品和服务本身更重要,顾客更愿意从产品和服务消费中获得精神或情感体验价值,甚至可以说消费体验的重要性可能已经超越产品和服务本身,因此,营造独特的消费体验已经成为商家赢得顾客的关键手段。本章将介绍消费体验主题的设计与构建方法,重点分析体验场景的搭建及其功能,以及零售商应该如何做好体验细节和营销策略的制定与实施。

本章"微案例""拓展阅读"内容请扫码阅读 →

第一节　体验主题

优秀的体验主题可以充分刺激消费者的情感,满足消费者的个性化情感诉求,强化消费者对产品(服务)和企业品牌的记忆,激发消费者的消费欲望。例如,迪士尼乐园的主题是"发现快乐和知识的地方",凭借从白雪公主、米老鼠等20世纪上半叶就红透全球的经典IP,到最近才爆红全网的玲娜贝儿和菠萝噗噗,迪士尼强大且持续的IP孵化、引进和娱乐化改造能力,使得每个人都能在迪士尼找回自己童年的纯真与美好回忆,感受专属迪士尼的独有魅力。相比之下,虽然与迪士尼类似的游乐园不计其数,但由于主题不够鲜明,或者不能做到让各个年龄段和文化背景的顾客都能在其主题中找寻到与自己相关的美好回忆,使得"迪士尼"至今仍是游乐园领域的绝对"顶流",地位难以撼动。总之,确立体验主题以及打造实现体验主题的场景是一项挑战性极强的工作,需要企业充分挖掘产品价值,设计体验主题,精准定位场景并最终通过体验主题营销实现产品变现。

一、消费体验主题设计

1. 体验主题的含义

随着体验经济的到来,企业在确定营销目标后,必须为满足这些目标需求而精心设计提供物——体验。体验设计的第一个环节是体验主题的设计。所谓体验主题,是指企业向用户提供体验时最核心、最能引起用户共鸣的部分,整个体验营销策略都要紧紧围绕体验主题展开。常见的体验主题可以设定为节日、情感(爱情、亲情、友情等)、文化元素、地域特色、经典IP、强刺激情绪(恐怖、惊险等),等等。

2. 体验主题设计原则

设计精炼的主题是经营体验的第一步,也是主题设计成功的关键一步。设计体验营销的主题应该遵循以下几个原则。

(1) 具有诱惑力。具有诱惑力是体验主题设计的首要原则。在体验营销模式下,通过创设体验场景,促进消费者亲身体验,能够更好地增强消费者对产品和服务功能或属性的直观感受,满足消费者的个性化心理欲求。主题体验是消费者为了放松自己或者寻求平常生活中缺乏的特殊体验,因此,体验主题的设计必须能够提供或是强化消费者所欠缺的现实感受。每个好的主题都应能改变人们某方面的体验,从生活、学习、工作、娱乐等多方面创造不同于平常的崭新感受,从而产生心灵愉悦或刺激的感觉。例如,城市小学在策划六一儿童节主题活动时,可以组织学生去郊区参加农家乐主题活动,体验耕种和养殖生活;乡村小学在策划六一儿童节主题活动时,可以组织学生去城市参观科技馆、博物馆、历史古迹,开拓学生的眼界。如果把两个活动反过来,让农村孩子参加农家乐,让城市孩子参观科技馆,那这项活动设置的场景就与孩子平时的生活场景出现了高度重复,缺乏新鲜感,学生参与的热情和可能的收获势必就会降低。

(2) 具有丰富的体验场景。为了实现体验主题,增强消费者的现实感受,在进行体验主题设计时,一方面需要丰富体验主题场景,即通过影响人们对空间、时间和事物的体验,彻底改变人们对现实的感觉;另一方面,需要强化对体验主题的构建,使其成为集空间、时间和事物于一体的相互协调的现实整体。同时还需要考虑多景点响应,即在同一体验主题下,要注意不同体验场景在时间、空间等方面的响应,从而可以深化主题。例如,知名导演张艺谋领衔打造的《印象·刘三姐》《印象·丽江》《印象·西湖》《印象·太极》等系列演出就充分地将自然山水、风俗文化、人文景观、历史与现代元素交相融合,通过丰富多元的场景设计和精妙绝伦的文艺演出,给观众营造出一种穿越时空、置身幻境、如诗如梦的震撼感官体验。如今"印象"系列演出已经蜚声国际,成为当地观光旅游产业的重要名片。

(3) 设计元素与体验事件风格相统一。在设计体验主题时还需要注意设计的元素能够与体验事件风格相统一,这样才能将期望向消费者传达的主题理念与体验活动朝着一致的故事情节发展,从而能够吸引消费者。例如,星巴克提出"第三空间"的概念以来,每一家星巴克的门店都被设计师打造成为一个别致的场景艺术。在广州的一家门店,星巴克的设计师在门店前院的墙上用彩色碎瓷砖拼成咖啡豆果实图,与洋楼的彩窗遥相呼应成景;后院水池上方的平台上错落有致地摆放着咖啡色的座椅,用户手捧一杯咖啡的同时可将眼前美景尽收眼底。通过将体验场景与设计元素巧妙地融合起来,吸引了大量消费者,并且人与人在此相聚,通过连接、交流,"第三空间"里浸润了独特的情感体验。

(4) 具备一定的商业性。企业开展体验营销的最终目的在于实现产品销售或变现,因此,体验主题设计还需要考虑主题与商业特征是否相吻合以及体验场景设计与活动开展是否具有可行性和商业价值。体验主题设计需要适应消费者观赏、体验产品和服务特色的需求,包括主题的构建、要素的设计、体验场景的创设以及后续的活动开展都要服务于其商业目的。体验主题应与企业的商业性质和经营宗旨相一致,与企业的商业性质和产品特性不相符的体验主题往往会使用户感到不伦不类,很难产生感召力。例如,NIKE公司用于展销运动鞋的芝加哥耐克城,处处展示了运动的主题;销售化妆品的日本资生堂公司专卖店,处处以女性的美为主题,等等。这些都与企业的经营性质极为契合。

微案例 1 —— 阅读请扫第 44 页二维码

二、消费体验主题的构建思路

1. 注重挖掘消费者内心的情感及心理需求

注重挖掘消费者内心的情感及心理需求是体验主题构建的出发点。在当前的商业环境下,企业都知道以消费者需求为中心开展产品营销,然而,传统营销主要强调消费者对产品功能和性价比的需求,忽视了消费者的情感与心理感受。在体验营销模式下,企业不仅为用户提供高质量的产品和服务,还需要以消费者的心理特征、生活方式以及行为模式等为依据,设计消费体验场景和营销推广方案,即给消费者提供一个"充分且迫切"的消费理由,从而更好地激发消费者的购买冲动,创造市场佳绩。

例如,菲律宾附近的海里有一种小虾"俪虾",既不好吃,也不好看,在菲律宾人眼里是一种毫无价值的东西。但是,"俪虾"有一种独特的生活习性,在很小的时候,它们常一雌一雄从海底的一种"海绵"的小孔中钻入,生活在里面既安全又能得到食物。随着小虾长大,它们在海绵体内再也出不来,成对相伴生活,直至寿终。精明的日本商人在听了菲律宾人的介绍后,认为"俪虾"的故事赋予了其寄居的海绵一种"爱情信物"的价值,于是大量收购运回日本,加工成高雅的结婚礼品,并取了一个极富情感的产品名称——"偕老同穴",赋予了该产品象征夫妻之间"恩爱终生"的主题。该产品问世后十分畅销,已经成为日本婚礼必不可少的礼物之一。产品本身没有生命,没有情感,但商家可以设法赋予其感情色彩,并在特定的场景下让它们引起消费者的遐想和共鸣。

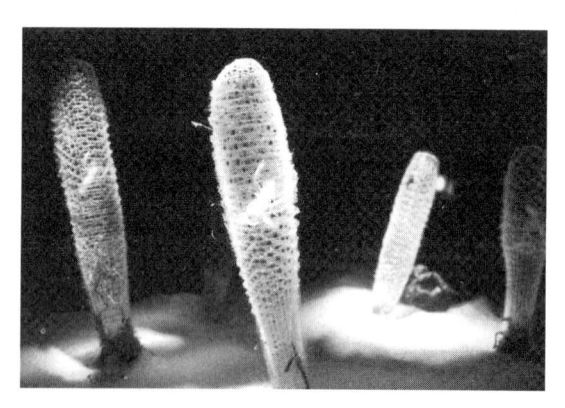

图 4-1 "偕老同穴"海绵与俪虾

2. 消费体验主题要有创造力且打动心弦

无论是产品的设计还是企业的营销传播,体验主题的构思和筛选都必须充分发挥经营者的想象和创造力。一个优秀的体验主题首先应该简洁动人且符合消费心理,这样才能打动消费者情感,激发消费者的欲望。例如,特斯拉汽车的营销主题一直围绕"科技和环保"展开,积极迎合了当代中高收入阶层的主流消费价值观,虽然销量不及售价更低的比亚迪,但在新能源汽车领域的品牌知名度和影响力上却独占鳌头。

确立体验主题是一项挑战性极强的工作,一般可以从地位身份、古典文明、乡情乡愁、都市情调、流行时尚、自然生态、风俗习惯、生活方式、科学幻想等不同角度去筛选所要表现的主题,通过精巧的构思,与消费者的心理需求充分结合起来,就能打动消费者,激发消费者的消费欲望。

3. 精心研究强化主题的关键要素,增强体验的魅力

体验的本质是企业(产品、服务、场景等)给消费者留下的印象的集合。为了延长这种印象在消费者脑海中存储的时间,凝练出清晰明确的印象"主题"非常必要。理想的主题应该是让绝大多数消费者在踏足消费场景的那一刻就能凝练出来的记忆要素,比如摩登、科技、古典、异域风情、典雅、潮流……例如,美国的热带雨林连锁餐厅围绕"热带雨林"主题开发了一些令人难以忘怀的活动项目。进入热带雨林餐厅后,消费者会看到各式各样的雨林绿植和动物模型,听到昆虫和飞鸟鸣叫的悦耳声,隔一段时间还会听到雨林里雷鸣降雨的声音,雨声过后还会看到林雾从餐厅植被的各个角落缓缓升起,闻到雨林独有的清新气味,等等。餐厅运营者通过这一系列的场景构建,让消费者能够沉浸在商家所创造的体验场景中,消费者在享受新奇的用餐体验时往往会拿出手机拍下"精彩一刻"并上传社交媒体,而餐厅则通过消费者在社交媒体上的"晒图"收获了免费的社群口碑营销。

对企业而言,无论根据哪一类主题进行创造,主题化体验成功的关键在于领悟什么是真正引人瞩目和动人心魄的。为顺应体验营销时代的要求,经营者需要发挥极大的想象力和艺术探索精神,并且深入调查消费者的情感体验及消费心理过程,洞悉社会文化和风土人情。

第二节 体验场景

随着移动互联网技术的普及与发展,"场景思维"越来越受到营销学界的关注,并且已经被运用于广告营销、新媒体传播等诸多领域。零售企业通过建立体验场景,能够较好地从用户所在场景的角度了解和解读用户需求,并精准配适服务与信息,通过塑造较好的服务体验和服务转化率,从而帮助企业获得口碑和实现商品销售变现。因此,在互联网经济下,零售企业要转变营销策略,借助场景营销实现线下零售变革,促进企业经营方式转型。

一、体验场景的构建

(一)体验场景的概念与特点

1. 体验场景的概念

体验场景其实包含了两个方面的含义:"场"是时间和空间的概念,一个场就是时间加空间,用户可以在这个空间里停留和消费,如果一个人不能在某个空间去停留、消费,这个场就是不存在的;"景"是情景和情绪,当用户停留在这个空间的时间里,要有情景和互动让用户的情绪触发,并且裹挟用户的意见。

假如让你列举一下自己一般会在一天当中的哪些时间段打开微信,此时的你就是用户,你可能会列举出如下一些时间段,并且每个用户在不同的时间段使用微信的场所一般是不同的,例如:

(1) A1 上班路上;A2 中午吃饭休息时;A3 晚上睡觉前。

(2) B1 在洗手间;B2 在公交车或者地铁上;B3 在办公位上或公共休息区。

同时,每个用户在不同时间段、不同地点打开微信所做的事情也不尽相同,例如:

(3) C1 刷朋友圈;C2 查看订阅号的最新内容;C3 看看各个群有没有感兴趣的内容。

以上的列举中,把数字相同的三条信息串在一起,就构成了一个完整的用户场景。例如,A1+B2+C1 表示某人上班路上在地铁上刷微信朋友圈,A2+B3+C3 表示某人中午吃饭休息时间在办公位上看各个群感兴趣的内容。

通过上面的举例不难看出,场景其实就是 Who+When+Where+What,即什么人什么时间在什么地点做什么事情。

2. 体验场景的特点

一般来说,体验场景具有以下特征:

(1) 功能性。不仅用户会选择自己喜欢的体验场景,体验场景也会对用户进行筛选。例如,同样都是综合性购物中心,通常位于市中心最繁华地段的高端购物中心会选择现代、潮流、艺术、科技等体验主题对自己的商场外立面和内景陈设进行装饰,比如定期举办艺术展、时尚新品发布会等,这类体验主题会为商场筛选出购买能力更高的消费者。但位于城郊的小型购物中心则会选择更具性价比的主题进行装饰,例如将节假日大促销的广告牌挂在最显眼的位置,让所有路过的消费者都能看到打折信息。这类主题则会为商场吸引追求性价比的消费者。

(2) 周期性。场景会因为时点的不同而呈现周期性的变化,并且在不同时间的作用下,场景对用户的吸引力也会有差异。例如,水上世界乐园制造出的营销场景在炎热的夏季对消费者有很强的吸引力,但这个夏季一结束,此场景的再次出现通常只能等到下一个夏季。

(3) 群体性。一部分体验场景是由一些群体在某个时点制造的。例如,快闪活动、节庆期间群体某种统一的行为(周围社区群众自发的秧歌、舞龙表演等),都是参与者利用场景功能自发形成的,通常具有群体性特点。

(4) 变动性。体验场景可能会随着消费者的行为发生变动,并且这种变动通常不可预估。例如,商家正在进行某种产品的线下体验营销活动,但当消费者发现网上同种产品的价格要比线下便宜,这时消费者会转而到网店进行购买,从而会引起体验场景的变化。

(二) 体验场景的搭建

1. 做好用户市场细分

场景营销的根本目的在于利用新颖的营销方式来发掘潜在的用户,同时通过场景构建增强消费者体验,从而留住用户,提高用户的忠诚度。因此,体验场景的搭建要以用户为出发点,对用户进行深层次分析。

(1) 做好用户标签。通过区分清楚用户标签深入挖掘用户需求。第一,用户的属性标签。通常可以从用户的年龄、性别、学历等方面做好用户标签管理,并根据这些属性挖掘用户的消费行为特点并提供个性化的体验场景。例如,2009 年淘宝网的买家绝大多数都是"80 后""90 后"的年轻用户,所以淘宝利用"双 11 光棍节"这一网络热梗打造"11·11 购物节",让"单身狗"在这一天疯狂扫货来安慰自己,这就是利用了年轻用户的"自嘲"心理做场景营销。第二,用户的兴趣标签。兴趣、娱乐等是用户的兴趣标签。通过充分挖掘用户的兴趣与娱乐习惯等,对用户进行人性认知分析,想方设法构建新颖的场景抓住用户的心理,从精神上打动用户,从而让用户对产品形成依赖。第三,用户的行为标签。浏览习惯、社交购物等是常见的用户行为标签。了解用户的行为就是了解用户的消费习惯以及消费特点,从而可以为用户提供更加精准化的服务,促进企业实现更高效的营销转化。因此,了解用户行为是场景构建过程中的一项重要准备工作。例如,淘宝网"千人千面"的营销场景就是基于用户消费行为的分析得出的。因为用户在淘宝网的浏览记录为营销人员搭建购物场景提供了大量素材,淘宝网通过对消费者网页浏览的店铺、搜索的商品种类、成交金额、分享的链接等数据记录进行分析,就可以构建个性化的购物场景(如首页的智能推荐),为消费者快速找到心仪商品、快速下单,达到吸引用户、扩大销售的目的。第四,用户的状态标签。居住环境、消费状况、婚恋状况、年龄性别等都是用户的状态标签。通过对用户的上述状况标签进行分析,并根据用户的不同状态搭建个性化的体验场景,有利于抓住不同状态用户的差异化消费需求,从而达到提高产品销售的目的。

(2) 提高用户黏性。可以从以下几个方面着手:第一,构建产品故事吸引用户。一个成功的场景构建需要给产品设计一个故事,通过陈述故事来打动消费者,提高消费者对产品的信任度。第二,赋予产品社交功能,提升用户活跃度。通过产品设计有社交分享的功能,促进用户在社交网络上分享,从而能够满足消费者在网络上追求认同和赞美的心理,进而吸引更多的消费者体验产品。第三,设置产品反馈,提升用户参与感。为了保护用户体验,在营销场景中探索设置产品反馈环节,引导消费者根据自己的使用感受来反馈自己的意见,从而能够给消费者带来很好的参与感,使得流量转化率提高,并且能更进一步吸引用户。

2. 利用互联网技术为场景构建打好基础

在场景营销的构建过程中,大数据、云计算、物联网等现代信息技术发挥着重要作用。这些技术手段能够有效储存和记录商业场景中的用户信息、消费行为等数据并加以精准分析,从而为场景构建提供技术基础。

(1) 利用大数据技术贯穿场景搭建。随着互联网的普及使用,人们逐渐形成了数据思维,无论是对潜在用户的挖掘还是对市场、产品定位的分析,都离不开数据的支撑,数据成了商业可行性变革的依据。在数据思维驱动下,用户数据、需求数据、购买行为数据、消费习惯数据等的收集和深度分析,成为商家进行营销决策的基础,并且贯穿于商业场景构建的各个环节。

(2) 利用云计算等新技术构建体验场景。所谓云计算技术,就是基于大量网络资源的计算模型,实现"随时取用,按需使用"。借助云计算等数字化技术,能够将网络上零散的资源进行有效整合和提升,从而将其转变为对商业有益的资源。通过云计算技术,企业可以获得大量的潜在用户流量,将其结合消费者的个性化消费特征,赋予相应的软硬件支持,从而能够为用户带来快捷、便利及全方位的服务,极大提升用户的满意度。例如,高德地图导航软件,通过云计算等技术及时整合信息,实现了从基本的路线导航到智能全景的呈现,在给用户提供精准的服务之外,还能提升用户的体验感,增强用户消费体验。

(3) 利用智能技术实现场景无缝切入。智能技术以智能工具为载体,通过借助智能工具实现有形和无形的连接,实现不同应用场景的无缝对接。同时,智能技术还能构建虚拟场景,使得场景呈现更加丰富和全面,增强用户的体验感受。智能手机就是一个非常强大的媒介,它能够根据用户的不同需求搭建和连接不同的场景,例如通过与智能手环连接,可以为用户构建运动体验场景;与多媒体电视等连接,可以为用户构建视听体验场景,等等。

3. 场景内容的设计

为提高消费者对场景的兴趣以及体验感,在场景搭建过程中要注重对场景内容要素的设计,可以从如下方面进行:

(1) 个性化产品与多样化体验形式。随着消费者综合素质的不断提升以及产品种类的日益丰富,当前更偏向于个性化和定制化的产品与多样化的体验形式,在体验场景中应更加注重个性化的产品与服务以及其带来的多样化体验感。因此,在进行场景内容设计时,需要充分挖掘产品的个性化特性或功能,从而通过搭建相应的场景以及开展别出心裁的场景营销活动来吸引潜在消费者,提高消费者对产品的购买欲望。

(2) 注重前沿技术的融入。大数据、云计算、智能科技等新技术元素不断在体验营销的诸多流程和环节当中出现,通过新技术手段来满足用户消费升级的需求。消费者在体验场景中能够深刻感受到新技术带来体验上的变化,如在物联网技术应用(RFID芯片、二维码等)、机器识别、人工智能等技术下,场景的布局、陈列、定位以及体验流程等可以全部数据化和精准化,并且大数据技术还可以对用户的消费行为等状况进行记录和挖掘分析,从而提升了体验场景的体验感,丰富了体验的内容。

(3) 建立品牌认同感。随着消费结构不断升级以及人们收入的不断提高,消费者不仅关注商品的价格,而且更加关注商品的质量及品牌价值,因此,体验场景的构建需要洞察消费者的个性化消费偏好,通过利用现代化信息技术等手段,挖掘和分析消费者的需求和喜好,根据客户线下行为和消费数据匹配标签,进行个性化场景搭建以及品牌的宣传推广,提高消费者对产品品牌的认同感和忠诚度。此外,通过体验场景还可以打造品牌社群文化,提高用户的分享意愿和情感连接。加速线上、线下渠道整合,无缝体验,通过线上种草、线上转化、线下体验等多种方式,让其对品牌产生认同感甚至依赖感,形成自己独特的品牌文化圈。

微案例2 ── 阅读请扫第 44 页二维码

二、展现产品功能

1. 产品功能的内涵

产品功能是指产品总体的功用或用途。产品功能与用户的需求息息相关,用户购买一种产品实际上是购买该种产品所具有的功能或使用性能。产品功能有物质功能和精神功能之分,物质功能包括技术功能、环境功能、实用功能等;精神功能包括产品的审美功能、象征功能、教育功能等。比如,食品具有充饥的功能,汽车有代步的功能,冰箱有保持食物新鲜的功能,空调有调节空气温度的功能等。在体验场景下,为激发消费者的购买欲望,必须要在场景构建中尽力展示产品功能,使消费者能够亲身体验产品的功能和性能,增强体验感,从而有利于消费者增加商品的购买。

2. 产品功能设计

(1) 产品功能设计的含义

产品功能设计是展现产品功能的前提。产品的功能设计是产品设计、制造以及产品价值实现的核心内容。产品功能设计是对所选择的产品对象进行系统的功能分析,并通过功能分析明确产品的功能完成工作目标。

(2) 产品功能设计的内容

企业可以从人性化、系统化、可持续化等方面进行产品功能设计。

首先,产品功能的人性化设计。人性化设计的本质是以人为本的设计理念,人性化设计的最终目的是使产品更好地为人所用,人是产品设计的根本出发点。人性化设计的中心是在人性化使用操作中,要考虑到安全性、可靠性等方面,使人们的生理与心理得到满足。在当今社会,随着文化与科技的进步,产品的人性化设计可以从两个层面来满足人的需求,第一个层面是生理和心理层面的需求,人性化设计的理念,是需要在"以人为本"的理念将重点放在如何设计更适合人类使用上。第二个层面是审美和文化层面的需求。人性化设计的观点是要求以产品设计为前提,从美的评价标准出发,通过形状、质地、颜色等方面,使人性化设计得到合理组合,给人带来审美的愉悦。

其次,产品功能的系统化设计。系统化设计要求以系统的观点为前提,以整体与部分之间的关系为出发点。系统化设计的核心是把产品设计的对象以及产品设计过程中的相关问题,如"人—机—环境"系统各个要素、产品的各项功能、设计的程序和管理等,通过对用户研究所确定的用户需求目标,从而构成了产品功能的系统化设计。

再次,产品功能的可持续发展设计。可持续发展设计的思想是提倡人与自然和谐共生、减少浪费、节约能源等设计原则。例如,通过模块化设计降低产品的维修和部件升级成本、提高废旧产品的可回收性,为产品设计在不同场景下的多功能用法(一物多用),通过产品智能化升级实现多用户共享、节能减排,等等。

3. 产品功能的展现

随着互联网的快速普及,企业越来越重视通过线上与线下相结合,采取多样化等形式全方位呈现产品功能,加深消费者对产品的了解以及产品功能的认识。产品功能的呈现主要包括线上与线下两种形式。

(1) 线下呈现方式。产品功能的线下呈现方式主要有图册、折页、图片、视频、文案和样品等,通过图册、折页、图片等呈现方式,可以将产品名称、用途、性能、外观设计、质量标准等规范地介绍给消费者,从而让消费者对产品的质量、使用方法、注意事项等有深入的了解。通过视频等形式,可以将产品的制造工艺、技术指标、性能优势等更直观地呈现给消费者。通过文案形式,产品的使用方法,产品使用注意事项,产品的操作方式,产品设计制造中的深层哲学与内在机理,更可以得到详细的叙述。通过产品的小样板或模型展示,可以令目标群体看到产品的材质选择与设计优势,看到产品的外在构造与运行方式。

(2) 线上呈现方式。相比线下呈现方式,线上呈现方式更加灵活,形式的吸引力更加丰富,表现方式更加多元化。线上呈现方式通常有网页图片、网页文案、网页动图、网页视频、直播展示等形式。因为线下通常是有具体的销售人员或导购人员向客户进行介绍说明,所以线下呈现方式在人与物的共同作用下得到较为充分的表现。而在线上,产品的呈现方式本身就要构成强大的展示力、引导力和说服力。这是因为线上的产品呈现依赖于潜在买家在浏览时产生的兴趣与购买意愿。所以,网页的图片展示、文案展示等都需要精益求精,需要站在消费者的角度去思考如何呈现才能打动人心;网页产品动图和网页视频则能够使得产品的呈现更加直观、颜值更高,也更能营造购买气氛。最后,随着近年来网上直播的兴起,消费者或潜在买家通过观看直播,可以感受到如同销售人员讲解一样的诠释价值、使用体验价值和产品优势发现价值。

4. 产品功能呈现的发展趋势

随着商品种类和供给的不断丰富,消费结构的不断升级,消费者对产品的质量和功能等方面的要求越来越高。为了尽可能直观地将产品功能展现给消费者,在移动互联网时代,产品功能呈现逐渐呈现以下特点:

(1) 活泼化。产品的呈现图文并茂,页面设计富有趣味,让人感受到活泼的气息,这样产品介绍页面就会富有生机和活力。

(2) 动感化。产品的呈现富有动感,让人在看的过程中得到不断变化的感觉,既有图片,也有文字,更有视频和动态图。各类图片也是精心挑选,给人以动感十足的感觉,这种感觉会让人感到年轻和充满热情。

(3)立体化。产品的内容呈现具有立体感和画面感,能让消费者获得多元而立体的感知。这就把产品变成了一个更具象的实体,有利于消费者建立对于产品的三维印象。

(4)可触化。可触化是通过图片和视频来展现的。通过身临其境式的产品图片演绎,通过对产品进行多角度介绍和多维视觉下的呈现,让目标消费者感到产品如同在自己眼前一样可以触摸得到。

(5)美感化。产品页面的设计具有美学价值。产品的呈现应该具有多重美感,让人感到美不胜收。当然,这种美的表现是多维的,比如,产品的鲜美是一种美,材质的细腻是一种美,色泽的漂亮是一种美,设计的精巧也是一种美,等等。

三、运用新科技打造体验场景

体验场景的实现必须有一个完备的场景,这就需要一些现代化技术手段来帮助搭建营销场景。目前,场景搭建使用最多的技术手段有移动设备、社交媒体、定位系统。

1. 移动设备对体验场景的影响

众所周知,随着移动互联网技术的快速发展,越来越多的移动电子设备进入了大众的日常生活,并且随着以各类 App 为代表的移动软件的开发和使用,这些移动设备逐步成为商家搭建体验场景的载体。具体来说,移动设备在体验场景构建过程中的作用主要表现在以下方面:

(1)移动设备逐渐成为各类信息的终端。当前,以智能手机、平板电脑等为代表的移动设备整合了文本、声音、视频、图像等多种传播媒介,融合了纸媒传播与互联网的交互功能,成为新媒体时代的信息终端。例如,在 5G 移动互联网下,人们只需要拥有一部智能手机就可以实现网上阅读、视频观看、网络购物、社交聊天、网络交流等各种活动。因此,商家在构建体验场景时,移动设备就是很好的工具。

(2)移动设备的普及使用有利于商家开展场景营销。由于当前使用移动设备的人群十分广泛,不同的传播媒介会有不同的人群接触,因此可以根据不同群体对接触媒介的不同来搭建个性化的场景。例如,年轻消费群体通常通过网络渠道观看综艺、电视剧等节目,这时商家就可以在视频网站等媒体中投放一些与相关节目密切相关的营销场景;对于非单身群体尤其是家庭群体,则可以考虑通过电视媒体投放一些居家生活类的营销场景,等等。

2. 社交媒体对体验场景的影响

体验场景构建的目的在于通过加强消费者的亲身体验感,提高消费者的购买动机,因此需要通过一定的社交媒体技术,搭建不同的体验场景,增强人与人之间的交流,对于商家扩大产品销售具有重要作用。目前,社交媒体中的代表有腾讯旗下的微信、QQ,新浪旗下的微博,字节跳动旗下的抖音等。

随着互联网技术的日臻成熟,社交媒体也逐渐为大众所接受,但这其中年轻用户居多。针对年轻用户的特点,商家可以从以下两方面着手构建体验场景:

(1)设置语言场景。为了抓住社交媒体端的年轻消费者,商家可以利用眼下热门的社交媒体工具,用更能体现年轻用户的语言来制造和传播热点话题,进而引导消费。

(2)设置时令场景。即通过利用特定的时间点,借助时令节点对用户情绪进行安抚的同时,提出自己的话题,并引发用户的关注。

当然,商家在设置好体验场景后,还要关注社交媒体用户群与企业目标用户的契合度,结合双方特点及需求点来构建场景。

第三节　体验细节

21世纪是知识信息爆炸的时代。在互联网技术普及的趋势下,商家通过互联网等新技术手段能够获取众多的用户信息。为了更加迎合消费者的个性化消费需求,促进消费者获得更多的体验细节以及精准化的体验感,需要商家对众多的用户信息数据进行分析整理,制定出合理的解决方案,来进行精准化的场景定位。通过精确定位目标用户的需求以及企业品牌的目标人群和特性,有针对性地设定体验细节,拉近与目标用户的距离,从而实现精准化定位场景,提高体验场景的营销效果,增强用户的黏性和忠诚度。

一、精准定位场景

1. 精准定位用户

精准定位用户主要包括三个方面:定位用户人群、了解用户偏好以及发掘用户价值。在体验场景定位过程中,可以通过一些技术或者平台的记录轨迹功能,来了解用户经常浏览的界面,以及这些用户在界面的驻留时间、点击的次数等,分析出用户的偏好。根据这些数据,将人群进行细分,针对不同的喜好进行个性化营销,深层次地挖掘用户需求。一方面,精准定位用户的目的在于通过对用户的浏览商品、购买记录、消费习惯等信息的收集和分析,对目标用户进行细分,从而有针对性地根据用户的消费偏好和特性搭建体验场景,赋予消费者最优的体验感;另一方面,商家可以利用移动互联网平台等媒介手段收集更为全面的用户数据,并根据收集到的用户数据对体验场景的设计、体验产品的设计、体验场景的打造等进行优化调整,尽力对体验场景进行个性化设计,从而不断提升客户的满意度。

2. 精准定位产品

精准定位场景除了对用户进行定位外,还要精准定位产品。只有对产品有清晰的认识,才能实现精准投放,减少成本和时间,以快速精准地投入市场,取得最好的体验营销效果。实现精定位产品,可以从以下几点着手:

(1)品牌形象与产品特征相结合,完善体验细节。企业在搭建任何一个体验场景时,都必须想方设法让产品给消费者留下深刻的印象,要分析产品的受众是哪些人,这些人群都有什么特征,分布在哪些区域,产品的哪些特性吸引他们,等等。除此之外,还要将产品与品牌相结合,使得消费者通过品牌认识产品,记住产品。在了解了产品的基本特性,对产品有合适的定位,从而设计产品体验细节,在细节内容中融入品牌形象和产品特性,让品牌深入人心。

(2)抓住机会,进行产品推广。企业在进行体验场景构建过程中,何时将产品信息进行推广是非常重要的,时机选择不对可能会使观众产生厌恶感,导致潜在用户群体丧失。因此,要在不影响用户兴趣和体验的前提下,在体验场景中潜移默化地进行广告植入、品牌推广等,也可以利用直播平台等新媒体手段积极引导用户参与其中,在增强消费者体验感的同时,还能进行产品信息的传播,提升信息的传播效率,甚至可以制造热点话题提高场景营销的成功率。

微案例 3 —→ 阅读请扫第 44 页二维码

二、根据用户行为三维度设计精准体验

体验是一个比较抽象的概念,很多场景中所表达的都是用户对产品的主观感受,最开始判断用户体验的指标也很抽象。之后,企业运用互联网、大数据等技术,通过数据去衡量比如页面访问次数、用户停留时间、产品加载速度等,将抽象指标定量化、数据化,从而能够更加精准地分析用户行为,实现精准营销。

1. 衡量用户体验的三个维度

在网络营销学中,学者们通常利用 HEART 模型[①]对用户体验进行度量,当前的研究在 HEART 模型的基础上进一步对用户体验指标进行优化,并从用户感受、用户行为、系统表现三个维度对用户体验进行衡量。

(1) 用户感受。它是指用户在使用产品时的主观感受,具体可以通过净推荐值、用户的满意度、忠诚度、产品使用的愉悦度等方面来衡量。

(2) 用户行为。它是指用户在完成产品目标时的对应操作行为,以及完成目标过程中的操作效率。衡量用户体验数据的主要指标有(但不局限于)首次点击时间、操作完成时间、操作完成点击数、操作完成率、操作失败率、操作出错率、停留时间、页面 PV/UV 等。

(3) 系统表现。它是指产品所表现出来的性能指标,可以通过产品的质量、技术参数、功能特征等方面来衡量。

2. 不同形态的产品体验目标各不相同

用户感受、用户行为、系统表现只是一种简单的方法。大家要有这样一个认知,不同细分类型、不同生命周期的产品,对于各个指标的偏重也有所不同。如协同办公类的产品更注重协同性,而数据产品更注重易理解性和一致性。初创期的新产品需要容易上手,对易学性要求较高,而成熟期的产品可能更需要考虑各个角色的需求满足度。

微案例 4 —→ 阅读请扫第 44 页二维码

拓展阅读 1 —→ 阅读请扫第 44 页二维码

三、对用户进行一对一营销

1. 一对一营销的含义

一对一营销(One-To-One Marketing),是一种客户关系管理(CRM)战略,是为企业和个人间的互动沟通提供具有针对性的个性化方案。在一对一营销战略的实施过程中,关键

---

① HEART 模型是在 Google 在"PULSE"评估系统基础上构建的用户体验度量框架,主要包括:愉悦度(Happiness)、参与度(Engagement)、接受度(Adoption)、留存率(Retention)、任务完成度(Task success)。

是要对客户进行分类,从而建立互动式、个性化沟通的业务流程。

2. 一对一营销的实施步骤

商家可以通过下列四个步骤来实现对自己产品或服务的一对一营销:

(1) 识别用户

"销售未动,调查先行"。"占有"每一位用户的详细资料对企业来说相当关键。可以这样认为,没有理想的用户个人资料就不可能实现一对一营销。这就意味着,营销者对用户资料要有深入细致的调查和了解。对于准备实行一对一营销的企业来讲,关键的第一步就是能直接挖掘出一定数量的企业用户,而且大部分是具有较高服务价值的企业用户,建立自己的用户库,并与用户库中的每一位用户建立良好关系,以最大限度地提高每位用户的服务价值。

首先,深入了解和整理用户的相关信息。在做好信息严格保密的前提下,商家除了收集用户的基本信息外,还必须掌握包括消费习惯、个人偏好在内的其他尽可能多的信息资料。商家甚至还可以将自己与用户发生的每一次联系都记录下来,例如用户购买的数量、价格、采购的条件、特定的需要、业余爱好、家庭成员的名字和生日等,为构建个性化场景体验提供基础数据资料。

其次,加强对用户消费行为的长期研究。仅仅对用户进行某次调查访问不是一对一营销的特征,一对一营销要求商家必须从每一个接触层面、每一条能利用的沟通渠道、每一个活动场所及公司每一个部门和非竞争性企业收集来的资料中去认识和了解每一位特定的用户。

(2) 用户差别化

一对一营销较之传统目标市场营销而言,已由注重产品差别化转向注重用户差别化。从广义上理解用户差别化主要体现在两个方面:一是不同的用户代表不同的价值水平;二是不同的用户有不同的需求。因此,在进行一对一营销时,在充分掌握用户的信息资料并考虑用户价值的前提下,合理区分用户之间的差别是重要的工作。

首先,用户差别化可以使企业一对一营销开展更加有的放矢,能够集中企业有限的资源从最有价值的用户那里获得最大的收益;其次,用户差别化能够帮助企业根据现有的用户信息,重新设计生产行为,从而对用户的价值需求做出及时反应;第三,企业对现有的用户库进行一定程度的差别化,将有助于企业在特定的经营环境下制定适当的经营战略。例如,乐高集团就是根据用户各自的特定需求来划定用户,进行个性化营销。据乐高调查,7岁男孩玩相同的乐高玩至少具有两种不同的原因:一是角色扮演,喜欢把自己装扮成他刚刚用积木建好的宇宙飞船的船长;二是建造,喜欢根据随附的参考示意图想出如何进行搭建。鉴于此,乐高对"角色扮演者"提供与其乐高玩具配套的录像带和故事书;对"建造者"提供更多的参考图,甚至单独提供一套参考图书目录,充分体现了用户的差别化营销并且也取得了成功。

(3) "企业—用户"双向沟通

当企业在对个体用户的规格或需求作进一步了解后,会发生两方面的活动:公司在学习,用户在教授。而要赢得真正的用户忠诚,关键在于这两方面活动的互动。一对一营销的关键成功之处就在于它能够和用户之间建立一种互动的学习型关系,并把这种学习型关系保持下去,以发挥最大的用户价值。一对一营销善于创造机会让用户告诉企业他需要什么,并且记住这些需求,将其反馈给用户,由此永远保住该用户的业务。

(4) 业务流程重构

一对一营销的最后一步是重新架构企业的业务流程。要实现这一步,企业可以从以下几个方面展开对生产过程进行重构：① 将生产过程划分出相对独立的子过程，进行重新组合，设计各种微型组件或微型程序，以较低的成本组装各种各样的产品以满足用户的需求；② 采用各种设计工具，根据用户的具体要求，确定如何利用自己的生产能力，满足用户的需要。一对一营销最终实现的目标是为单个用户定制一件产品，或围绕这件产品提供某些方面的定制服务，比如开具发票的方式、产品的包装式样等。一对一营销的实施是建立在定制的利润高于成本的基础上，这就要求企业的营销部门、研发部门、制造部门、采购部门和财务部门之间通力合作。营销部门要确定满足用户所要求的定制规格；研发部门要对产品进行高效率的重新设计；制造与采购部门必须保证原材料的有效供应和生产的顺利进行；财务部门要及时提供生产成本状况与财务分析。

四、优化传播渠道吸引最精准用户

为了精准吸引用户，商家首先要进行渠道识别与优化，丰富传播渠道，以最快的速度提升用户传播效率。

1. 丰富传播渠道

首先，要识别与优化渠道。渠道营销活动应用过程中，对效果进行有效评估，以确定哪些渠道导致最终转化，根据价值的不同情况，合理分配资源。

其次，要深挖渠道价值。目前，主流渠道有电商、互联网广告、搜索引擎推广等，以及微信、微博等社交细分渠道。在现实的操作中，通过分析目标受众和潜在客户，深挖各渠道的价值，正确投入资源预算，保障渠道推广效果。

再次，要注重促销手段的渠道协同。通过制定符合企业战略的促销策略，来确定如何吸引潜在客户的不断尝试，以及使用何种最有效的组合策略推动最终转化。

最后，发现目标客户的最优渠道。调研与发现目标客户的习惯，找到最优的渠道组合，将资源精准投放，以最大化地提升转化率。

2. 拓展互联网推广渠道

在体验场景构建中，移动互联网等新技术的广泛使用不仅为场景搭建提供了技术基础，而且为商家营销传播以及精准识别用户提供了渠道推广。在互联网时代，可以从以下方面丰富传播渠道。

（1）微博推广渠道。主要是利用个人微博账号进行宣传推广，也可以找一些微博大 V 帮忙转发。根据要推广的产品或活动设计好话题，并配上相关的高质量图片，可用不同账号进行转发、互粉、艾特发评论等。

（2）即时推广渠道。主要是利用一些即时通讯软件来进行推广，如常用的 QQ、微信等社交软件。那些 QQ 上淘宝刷单及微信上的推广就属于这种。这种方式推广成本较低，算是经久不衰的网络推广方式之一。

（3）搜索引擎推广渠道。目前，搜索引擎推广主要有两种：SEM（搜索引擎竞价广告）和 SEO（搜索引擎优化）。对于那些处于体验营销初期的企业来说，想要宣传快、效果立竿见影，大都会采用 SEM 这种方式，因为可以很快看到关键词排名效果，但这种方式投入成本高，需要有一定量的资金支持。相对而言，SEO 这种方式见效慢、周期长，但是 SEO 费用少，效果也持久。企业根据场景营销需要以及资金状况择机选择，也可以选择二者搭配使用。

（4）软文推广渠道。软文推广也算是互联网营销中一种经久不衰的方式，即借助文字来推广自己的产品或服务，对目标客户进行针对性的心理引导，进而锁定、吸引粉丝。一篇高质量的软文可以很好地树立个人品牌。可以将软文发布到各大图文自媒体平台,也可以转发到个人号、好友群等。

(5) 百度系列推广渠道。百度旗下产品众多,如百度知道、百度文库、百度贴吧、百度经验、百家号等,它们的权重值都很高,排名也不低。可以先选择一两个产品来做付费的推广,如百度文库的付费推广等。如果把自己的网址提交到百度搜索引擎上面,将会带来不少流量,可以起到一个很好的品牌推广效果。

(6) 广告投放。采用投放广告方式的话,要达到好的效果,需要选对地方,看目标用户常去哪里。如商场、公交站、地铁站等类似的地方,这些场所人流量都很大。不过广告的时效性较短,需要的资金也不少。

本章重点

1. 体验主题是指企业向用户提供体验时最核心、最能引起用户共鸣的部分。整个体验营销策略应紧紧围绕体验主题展开,其设计要具备诱惑力、丰富的体验场景、设计元素与体验事件风格相统一、商业性等原则。在体验主题构建时要注重挖掘消费者内心的情感及心理需求,消费体验主题要有创造力且打动心弦,同时也要精心研究强化主题的关键要素,增强体验的魅力。消费体验产品的设计主要由用户、场景、需求、产品、行为等五种要素构成,企业可以围绕上述要素设计能够赢得消费者青睐的体验产品。

2. 体验场景是实现体验主题的关键。体验场景构建具有功能性、周期性、公开性、群体性、变动性等特征,在场景内容设计时要注意满足个性化产品与多样化体验形式,注重前沿技术的融入以及建立品牌认同感。在互联网时代下,为激发消费者的购买欲望,要充分利用移动设备、社交媒体、定位系统等技术手段,在场景构建中尽力展现产品功能,使消费者能够亲身体验产品的功能和性能,增强体验感,从而有利于消费者增加商品的购买。

3. 为迎合消费者的个性化需求,促进消费者获得更多的体验细节以及精准化的体验感,需要商家对众多的用户信息数据进行分析整理,制定出合理的解决方案,来进行精准化的场景定位。通过精确定位目标用户的需求以及企业品牌的目标人群和特性,有针对性地设定体验细节,拉近与目标用户的距离,从而实现精准化定位场景,提高体验场景的营销效果,增强用户的黏性和忠诚度。

思考题

1. 梳理本章知识体系,绘制一张包含本章全部知识点的思维导图。提示:使用MindMaster等专业思维导图绘制软件会让你更加得心应手。
2. 构建消费体验主题需要注意哪些问题?试举例说明。
3. 如何消费体验产品设计?需要注意哪些要素?请查找相关案例加以说明。
4. 你认为在体验场景中如何展现产品功能?请结合你的购买体验经历进行说明。
5. 新科技在体验场景构建中的作用是什么?请查找相关资料,说明新科技的常见类型及其在体验场景中的具体运用。
6. 结合本章相关知识,试分析如何开展精准营销?需要注意哪些事项?

7. 北京一家名为"禅酷"的主题餐厅,在设计风格上颇有个性,铁栏杆做门窗,铁链子做门帘,门口有头戴钢盔的"卫兵"把守,服务员身着狱卒服饰,用餐的客人被自动放到铁栅栏内"犯人"的位置……因而又被叫做"监狱餐厅"。该餐厅主题鲜明,但这种监狱主题与其提供的饮食服务似乎大相径庭,因而招致许多人的非议。结合案例分析该餐厅在体验营销主题设计上失败的原因,谈谈您的看法。

本章"案例分析"内容请扫码阅读

参考资料

[1] 陈宏宇."新零售"背景下顾客的场景式消费体验研究[J].河北企业,2021(9):106-108.

[2] 孙在国.体验营销主题的构建[J].商场现代化,2009(2):119.

[3] 俞军.产品方法论[M].中信出版社,2019.

[4] 王亚娜.精准定位＋内容场景＋深度体验,引领营销"心"时代[J].营销新浪潮,2015(12):22-27.

[5] 赵玮,廖四成,廖波.面向用户体验的"社交＋电商"全场景营销策略分析[J].商业经济研究,2021(15):68-71.

第五章 定制化消费体验创新

章节导言

随着经济全球化的深度发展,围绕新产品的市场竞争日益激烈,同时在互联网技术的广泛运用下,为满足消费者多样化、个性化需求,越来越多的企业开始进行信息化改造,传统的营销模式也发生了巨大的变化,其中,个性化定制营销逐渐成为市场营销的主要发展趋势。在本章中,我们将向同学们介绍定制营销的基本概念及特征,分析大规模定制与供应链协同的联系及其运作机制,解析用户价值共创的个性化定制的特点与定制模式。

本章"微案例""拓展阅读"内容请扫码阅读→

第一节 定制营销基本概况

进入 21 世纪,随着信息技术的不断进步以及经济全球化的深入发展,消费者的消费需求和消费结构发生了极大的变化,尤其是在当前商品种类日益繁多的情况下,消费者拥有更多的选择,定制营销成为企业推行差异化营销的重要途径。此外,随着以互联网为核心的新经济的发展,传统的营销方式也发生了巨大的变化,越来越多的企业开始接受信息化的改造,由最初的以生产者为主导的市场营销运作模式,逐渐向以消费者为主导的个性化定制营销发展。在互联网时代下,定制营销成为当前营销的主要发展趋势,特别是移动互联网的发展加速了定制化营销推进的节奏与步伐,如何在定制营销浪潮中赢得先机成为企业取得竞争优势的关键。

一、定制营销的内涵

1. 定制营销的含义

传统的市场营销通常以"生产者为导向",从年龄、地理位置、性别进行群体分层,通过群体差异化营销,与竞争对手共生共存。但随着竞争对手的数量急剧增多,企业盈利越来越少,消费者在购买商品时有了更多的选择与对比途径,这时出现了以"消费者为导向"的定制生产和营销,并且呈现出强大的生命力,定制营销由此应运而生。定制营销的概念最早由戴维斯于 20 世纪 90 年代提出。目前,学界对于定制营销还没有统一的定义,一般认为定制营销(Customization Marketing)是指在大规模生产的基础上,将市场细分到极限程度,即把每一位顾客视为一个潜在的细分市场,并根据每一位顾客的特定要求,单独设计、生产产品并迅捷交货的营销方式。它的核心目标是以顾客愿意支付的价格并以能获得一定利润的成本高效率地进行产品定制。美国著名营销学家科特勒将定制营销誉为21世纪市场营销最新领域之一。在全新的网络环境下,兴起了一大批像Dell、Amazon、P&G等提供完全定制服务的企业。例如,通过宝洁的网站就可以订购一种定制的皮肤护理或头发护理产品以满足顾客的需要。

2. 定制营销的特点

（1）以消费者个性化需求为导向。定制化营销标志着产品生产的出发点就是满足消费者的个性化需求。现今的消费品市场是一个买方市场,消费者的体验很大程度上影响着一个企业的生存和发展。对于企业而言,消费者是真正的衣食父母,能够拥有大量的忠实消费者是企业在市场竞争中的立足之本。因此,在定制化时代下,定制营销要以消费者个性化需求为核心,按消费者的要求来设计、改进产品以及优化服务。这种方式极大地包容了消费者的个性化需求,顺应了买方市场的需求趋势,从而有利于提高产品销量以及企业竞争力。例如,2012年,宜家(IKEA)推出了一款名为(IKEA Now)的App应用软件。通过该款软件,消费者可以选择卧室、客厅、厨房或者书房,然后按照自己的兴趣爱好在App上的虚拟房间中摆放宜家的家具,从而为消费者打造一个虚拟的体验场景,极大满足消费者的个性化需求。

（2）以销定产,减少库存积压。传统的营销方式在卖方市场中很有竞争力,企业流水线作业、生产大批量同质化的商品,大大降低了生产成本;然而在供大于求的买方市场中,大量同质化的商品难以满足消费者的个性化需求,容易导致产品滞销和积压,同时,生产过剩还会造成资源的闲置和浪费。随着现代技术以及社会的发展,企业必须要转变营销理念,按照消费者需求来定制生产和提供产品。因此,在定制化营销下,企业应按照消费者的订单来安排生产,可以较好地避免库存的积压,这样带来的"零库存"不仅减少了企业库存管理费用,让企业可以集中将资金投入到其他发展领域,而且大大加快了企业资金的周转速度,提高了资金的使用效率,实现了真正意义上的"以需定产"。

（3）产品结构模块化、核心产品标准化。定制化营销为每位顾客提供一对一的生产和营销方式,满足了消费者个性化需求,这无疑会加大企业的运营成本,这就要求定制化营销在大规模生产的基础上,依靠产品结构的模块化、核心产品标准化进行柔性生产。柔性生产是依靠高度柔性的、以计算机数控机床为主的制造设备来实现多品种、小批量的生产,达到降低生产成本的目的。

（4）数据库营销。为满足顾客的个性化定制,企业必须完善数据库建设。企业和消费者之间以及企业的设计、生产、销售、服务咨询等部门通过建立管理完善的数据库系统,一方面可以及时、准确、全面地获取消费者的全部信息,来理解消费者的诉求、行为;另一方面可以和消费者保持良好的沟通,形成良性协同互动关系,增加消费者购买体验价值。因此,便捷畅通的信息渠道是进行定制化营销的必备条件。

微案例1 —— 阅读请扫第59页二维码

二、定制营销的优缺点

1. 定制营销的优点

（1）最大化满足消费者的需求。满足消费者个性化需求是定制营销区别于传统营销的显著特征,也是定制营销的一大优点。这是由定制营销本身的特点所决定的,因为定制营销就是根据顾客的实际需求进行设计、生产以及销售。所以,在这一系列的活动中,顾客的需求得到了非常合理的诠释。由于消费者个性化的、独特的需求在产品中得到了完美的体现,因此,定制化产品容易得到消费者的喜欢和推崇,从而有利于企业在激烈的市场竞争环境下拥有自己的立足之地,并且还可以获得非常可观的经济效益。

(2) 提高企业竞争能力。当定制营销贯彻在企业的实际营销过程中时,消费者的个性化需求在最大程度上得到了满足,企业本身的差异化营销也得到了实现,同时让企业能够在激烈的市场竞争中有了足够的手段与能力,大大提高了企业的竞争能力,并且也能够为企业未来的发展奠定坚实的基础。譬如,联合利华公司推出的"清扬"系列洗发水在定制营销方面有着自己独特的方式,即男士和女士的洗发水进行了区分,创意性地将洗发水按照性别区分开来,实现了男士、女士洗发水的独特定制。在此基础上,按照不同发质生产出满足不同需求的各种男女式洗发水。这样详细的市场细分使得"清扬"洗发水在基础功效之上进一步满足了不同消费者的独特需求,从而使"清扬"的定制营销取得了非常好的效果。

(3) 能够最大程度实现"零"库存。"零"库存是在合理的管理手段之下实现库存最完美的状态。在以往以"生产者为导向"的营销方式下,"零"库存是非常难以实现的,因为"零"库存对整个流通环节的管理提出相当高的要求。而定制营销则不同,定制营销是根据消费者的实际需求进行设计和生产,产品在生产出来之后会按照消费者的需求情况直接送达消费者手中,中间没有诸多的流通环节,企业在管理上的复杂程度会大大降低;同时,因为定制营销是真正的以需定产,而不是像传统营销方式一样造成产品的积压,从而为"零"库存的实现提供基础保障。

(4) 有利于企业创新和蓬勃发展。创新是企业永葆活力、持续获得竞争优势的重要因素,但创新必须与市场及顾客的需求相结合,否则将不利于企业的竞争与发展。在传统营销模式中,企业研发人员主要通过市场调查与分析来挖掘新的市场需求和研发新产品,但这很容易被错误或不准确的调查结果所误导;而在定制营销中,顾客可直接参与产品的设计,企业根据顾客的意见直接改进产品,从而达到产品、技术上的创新,并能始终与顾客的需求保持一致,促进企业不断发展。

2. 定制营销的缺点

定制营销具有很多的优点,但并非十全十美,也存在以下一些不足:

(1) 市场工作复杂化。定制营销是将市场细分到每一个消费者身上,旨在让每一位顾客的个性化需求都得到满足。这意味着企业开展市场营销活动的工作量急剧增加,营销成本也大大增加,更为严重的是企业面临的市场风险也将提高。

(2) 产品的"差异周期"缩短,企业的研发创新难度提高。定制营销的成功离不开企业为消费者持续提供独特的、满足消费者某方面需求的产品和服务,但在当前科学技术日新月异的时代,创新"垄断周期"不断缩短,产品之间的差异化程度不断减小。为了能够给消费者源源不断地提供个性化产品和服务,这就要求企业加大研发投入,不断推出新产品,这无疑会提高企业的研发投入以及创新难度,尤其对于中小企业来说,是个不小的挑战。

(3) 对企业信息系统提出了更高要求。定制营销中的每一个消费者都是一个细分市场,那么企业在生产产品之前就需要对市场的需求有所了解。然而,消费者本身的需求几乎每时每刻都在发生变化,为了更好地掌握消费者的消费心理、特征以及消费发展趋势,企业必须不断优化信息管理系统,及时捕捉外部敏感环境并能够及时地将信息反馈到企业内部。

这对企业信息系统建设提出了挑战。

（4）对生产线的要求更高。如果采取定制营销策略，为了满足市场的需求，企业生产的产品周期就会变短。如果是以往的生产线，那么就要一段转产时间，在这段时间中就会造成生产力的浪费，而且很可能转产完成之后，市场需要的产品已经发生了改变。如果要避免这种现象，企业生产线就需要更加具有"柔性"，这就要求企业加大投入，改进生产设备和生产工艺流程，这也会给企业带来较大的资金压力。

第二节 供应链协同与大规模定制

随着信息技术的不断迭代更新，市场竞争日益激烈。为满足消费者多样化、个性化的需求，企业需要从传统的大规模批量生产向大规模和个性化定制化生产模式转变。这不仅要求企业不断改进生产技术以满足定制化生产需要，而且驱使企业不断创新管理模式以促进信息流、物流等高效率运行。供应链作为一种新的管理模式，在制造业管理中得到了普遍应用。供应链（Supply Chain）的概念最早在20世纪80年代末由美国管理学者提出，随着供应链管理理论的不断丰富发展，当前供应链协同管理逐渐得到理论界和企业界的高度重视。

一、供应链协同管理

1. 供应链的内涵

供应链（Supply Chain）的思想源于流通（Logistics），原指军方的后勤补给活动。随着商业的发展，人们逐渐将其推广应用到商业活动上。供应链一词起源于彼得·德鲁克提出的"经济链"，之后，迈克尔·波特将其定义为"价值链"，认为企业的生产经营活动离不开信息流、资金流以及物流等的要素支持并最终将原材料转化为可以销售到客户手中的最终产品。随着互联网技术的成熟和广泛使用，学界和企业界都开始关注现代信息技术在企业供应链管理中的作用，供应链的概念与外延不断得到丰富发展。美国供应链管理专业协会对供应链概念提供了较为全面的解释，认为供应链是包括从供应商的供应商到顾客的顾客之间，所有对产品的生产与配销之相关活动流程。结合以上分析，本书认为供应链是指生产及流通过程中，生产商将其经过生产加工转换为半成品或成品，分销商将产品再销售到最终用户的众多企业合作完成的功能网络结构，即将产品从商家送到消费者手中的整个链条。

2. 供应链协同管理的理论演进

供应链协同管理的思想一经出现，就受到了理论界和企业界的高度重视。供应链协同的思想起源于20世纪80年代，最早由供应链管理专家Anderson和Lee于1999年提出，而后Simatupang和Sridharan进一步丰富了供应链协同的内涵，认为供应链协同是指多个成员企业联合规划、管理、运作，通过共享信息、合作决策、分享利润等方式运营的过程，以共同创造竞争优势，获得更大的收益。Foster和Sanjay将供应链协同概括为不同的经济实体通过信息与技术共享，共享运作流程和企业内部资源，促使供应链整个链条的价值发挥最大效益。根据《管理学大辞典》的定义，供应链协同是指供应链中各节点企业实现协同运作的活动。它是为实现共同目标而努力，建立公平公正的利益共享与风险分担的机制，在信任、承诺和弹性协议的基础上深入合作，搭建电子信息技术共享平台及时沟通，进行面向客户和协同运作的业务流程再造。由此可以看出，供应链协同有三层含义：一是组织层面的协同，由

"合作—博弈"转变为彼此在供应链中更加明确的分工和责任;二是业务流程层面的协同,在供应链层次打破企业界限,围绕满足终端客户需求这一核心,进行流程的整合重组;三是信息层面的协同,通过 Internet 技术实现供应链伙伴成员间信息系统的集成,实现运营数据、市场数据的实时共享和交流,从而实现更快、更好地协同响应终端客户需求。只有在这三个层次上实现了供应链协同,整条供应链才能够实现响应速度更快、更具有前向的预见性、更好地共同抵御各种风险,以最小的成本为客户提供最优的产品和服务。

供应链协同管理就是针对供应链网络内各职能成员间的合作所进行的管理。通过总结现有的文献研究,供应链协同管理经历以下三个发展阶段:

(1) 分布式管理阶段

该阶段是供应链管理的初级形式。在该阶段,供应链的成员之间都是独立的,由于企业文化以及价值观的差异,他们往往会各自为政,没有意识到集体利益的重要性,同时缺乏团队合作意识,因此,交易成本往往会很高。

(2) 集成化阶段

随着信息化技术尤其是计算机的广泛使用,企业之间的信息交流日益紧密,为了降低交易成本,企业之间开始加强供应链合作。在该阶段,参与到供应链中的所有企业将被视为一个整体,通过采取一定措施,优化供应链管理环节,确保所有企业的利益最大化。但由于不同企业的决策差异,在控制过程中很难有效实施管理,如果任何一方不配合,那势必会导致整条供应链的失败。

(3) 协同化管理阶段

随着供应链管理的不断发展与创新,为了弥补以上阶段的不足,同时提高供应链的运行效率,理论界和企业界开始探索供应链的协同化管理。在该阶段,供应链成员之间的合作程度明显增强,同时成员之间的关系也日益密切。由于沟通比较顺畅,因此,不同成员之间的决策往往会以集体利益为出发点,在决策过程中会不断调整和完善计划,从而大大提高了团队的综合竞争力。协同化管理在很大程度上改变了传统的合作形式,降低了企业之间的交易成本。

微案例 2 —— 阅读请扫第 59 页二维码

二、大规模定制下的供应链协同管理

1. 大规模定制下供应链管理的发展趋势

传统供应链模式的典型特征是企业间没有直接的联系,沟通仅限于上游企业将原材料销售给下级制造商,制造商再将已加工的产品销售给下级分销商,最终逐级销售至客户手中。信息的传递也是在不同层次、不同企业之间完成,彼此缺乏有效的沟通渠道和沟通意愿。由于信息在传递过程中可能存在失真和延迟,从而导致企业在供应链管理环节效率低下,增加企业的库存负担,减缓了企业资金的周转率,不利于企业对市场需求做出快速反应。

此外,传统的大规模生产只是一味以利润为导向,节点企业是独立的个体,整个供应链运作过程缺乏协作和协调,力量涣散。而大规模定制模式随着外部环境的变化应运而生,企业只有合作协同,以客户为中心构建战略合作联盟才能获取更多的利润,占领更大的市场份额。按单生产和定制服务模式通过有效的信息沟通及时传递,快速地整合供应链并作出响应,组织资源优化配置,生产按客户所需的产品并及时送到客户手中。该种模式完全适应目前的不确定的市场变化,增强供应链的柔性和敏捷性,因而对供应链的管理要求更高。

2. 大规模定制下供应链管理的特征

大规模定制需要与供应链管理达到匹配状态时才能发挥最大优势。面向大规模定制的供应链管理具有以下特征:

(1) 动态性。大规模定制模式的供应链系统在长期运作的过程中不是一成不变的,其生产运营方式随着客户需求特殊化、个性化的转变而发生变化,供应链需要及时调整结构,对客户需求的变化迅速反应。这就需要企业根据自身情况选择能够优势互补的新企业形成新的供应链结构。所以,大规模定制模式下的供应链系统会随着市场环境、技术环境以及消费结构的变化而动态优化调整。

(2) 拉动式。客户需求从零售商或分销商向上游供应商传递的过程中由于各种不确定因素导致信息失真,使最终到达供应商的误差不断放大的现象就是"牛鞭效应"。传统的大规模生产就会因为供应链的不确定性或需求预测的主观性产生牛鞭效应。大规模定制模式由于需求来自客户端的第一手信息,产品完全是按照订单指示组织生产销售,减少了中间环节。大规模定制下的供应链作为需求拉动式供应链,可以将牛鞭效应带来的负面影响降低到最低。

(3) 敏捷性。大规模定制模式中的产品都是按照客户订单的需求组织安排生产和销售,最终送达客户手中,避免了传统模式造成的资源浪费,提高了企业运行效率。但大规模定制模式并非十全十美,也存在时间滞后、管理及协调费用上升、对员工的技能要求较高等缺点,如何弥补不足之处,快速满足客户需求又控制企业自身成本,是大规模定制模式下供应链管理需要克服的问题。

(4) 信息化。信息技术的保障为企业和客户有效的直接沟通带来了便利,也来增强了上下游节点企业间的互相联系,减少了中间环节,为企业进行大规模定制提供数据和技术基础。从供应商网络化信息的共享与传递中,分销商、物流到达客户手中的每一个环节都能高效率地完成,从而能够强化企业之间的供应链协同合作。

微案例3——阅读请扫第59页二维码

三、大规模定制下的供应链协同运作机制

1. 大规模定制供应链协同运作的原则

构建符合大规模定制的需求和供应链协同思想需要遵守以下原则:

(1) 精简性原则。大规模定制供应链的敏捷性在于快速反映市场需求的能力,各环节上的供应链协同要简洁、明了,快速进行流程重组及时对市场做出反应。

(2) 上下双向相结合的原则。在构建大规模定制模式供应链系统时要符合企业管理中自上而下的管理路径,在经过上级部门的决策和规划后再安排给下级部门具体实施。

(3) 协调性原则。大规模定制模式的稳定发展关键就在于供应链节点企业间的协调合

作,从客户订单生成到最终产品的送达,整个过程均需各合作伙伴间的配合。

(4) 动态性原则。大规模定制供应链系统本身就是一个复杂的体统,面对来自内外部环境变化带来的不确定因素,导致牛鞭效应、信息失真、资源浪费或者生产不足等不利结果。减少供应链中非必须环节,可以有效提高预测的准确率。

(5) 创新性原则。大规模定制始终强调"以客户为中心",最大程度的满足顾客的特殊化、个性化和差异化的需求。在供应链协同过程中要敢于打破常规,从产品的设计开始就不断地创新思维,产品创新的同时也要相应的革新管理模式和文化体系。

2. 大规模定制下供应链协同机制的形成过程

供应链的协同是系统自我演化、进化的过程。为了适应多变市场需求的变化和应对激烈的竞争环境,系统通过多次协调合作并发挥极大的效用时,成员企业能够满足自身需求形成良性循环,在进行大规模定制时,供应链上各企业间的协同管理应运而生。

沟通是供应链子系统之间协同、各要素之间协同前提的主要方式。各成员企业只有通过有效的沟通才能进行各类交流,主要体现在信息共享上,包括横向与纵向两个维度。在此阶段,企业之间特立独行没有建立合作伙伴关系,信任机制尚未建立,所以只是初步了解,信息和资源也只是少量的共享。

竞争阶段是凌驾于沟通阶段的基础之上,企业间的来往增多,但由于不同的企业文化、价值观、经营目标、利益、人员素质等因素容易引发竞争或冲突以及信息和资源壁垒。由于企业作为独立的个体,具有差异性和排他性。因此,竞争阶段最突出的表现就是市场导向的冲突和企业间的不合作、部门之间的不配合。在此阶段,逐渐的物流、资金流、信息流处于初步形成状态。

合作阶段代表着供应链发展逐渐成熟,大规模定制(Mass Customization,MC)供应链的节点企业为了应对激烈的市场竞争开始避免竞争和冲突,建立战略伙伴关系,包括构建共同愿景,实现资源分享,以合作方式应对风险的负面效应。在此阶段,企业间加强沟通与合作,进行资源整合,达成一致的目标,在此基础上,供应链的形成促使物流、资金流和管理流稳定发展,管理流也相继开始发展。

协同阶段的供应链成员企业具有理性化协同的思想观念,推动整体效益的实现,该阶段代表大规模定制企业间的资源得到优化配置,供应链系统得到集成优化。由于合作的加深,节点企业的协调配合使供应链发挥最大的价值,企业文化将不断地加深融合,新的企业文化和管理模式相继产生,此时,供应链系统才能相互支撑,同步运行,稳步前进。倘若节点企业只是一味地追求自身利益而不计后果,做出损害整体利益的不理性行为时,就会失去其他成员的信任,导致自身利益也无法得到保障。因此,理性选择合作方式或达成意愿的共识才能促进供应链协同管理的统一化、有序化、高效化。

3. 大规模定制下供应链协同机制的运行过程

大规模定制模式下的供应链节点企业是供应链协同的主体,按单生产和定制服务在供应链的每一个环节都离不开五个子系统的协同运作、相互作用,通过计划、决策,实施具体的利益分配和风险分配方案。随着协同的加深,资源不断优化,供应链系统从无序到有序状态的演化使得协同效应扩大。在此过程中,大规模定制供应链协同运行机制包含了信任机制、协同决策机制、利益分配机制、风险分配机制、进化机制和反馈机制,具体如图5-1所示。

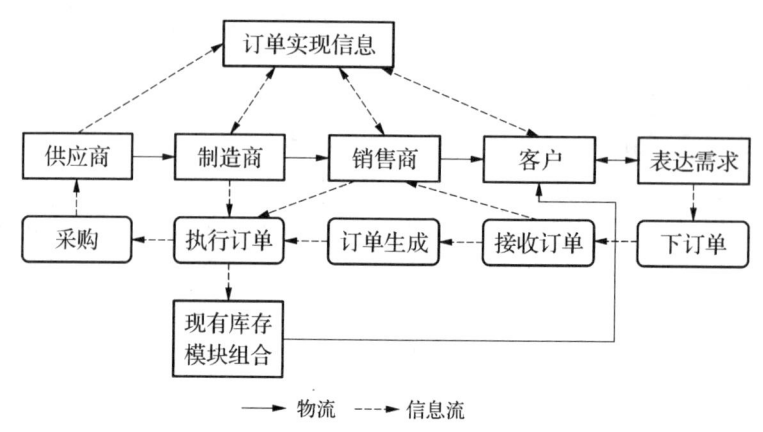

图 5-1 大规模定制下供应链协同机制的运行流程

第三节 用户价值共创的个性化定制

一、个性化定制

1. 个性化定制的含义

随着互联网经济特别是移动互联网的广泛使用，企业面临的销售市场越来越细化，市场竞争越来越激烈。在定制营销模式下，企业的营销观念愈发倾向于"以销定产""按需生产"，即企业依据消费者的特定需求来组织产品的生产和销售。由于具备产品属性选择的多样性、定制时间的灵活性以及定制产品视觉反馈的及时性等特点，个性化产品定制（Product Personalization）已经成为不少消费者在线消费行为的新选择。例如，苹果公司的在线商店推出了针对 iPad 和 iPod 多款产品的个性化激光镌刻文字服务；Apple Watch 为了满足不同消费者的特定偏好，设计和提供了 34 款不同的产品在线组合方案，为消费者打造"独特风格，个性如你"的消费标签；耐克公司的专属产品定制网站 NIKEiD 专门为用户提供个性化的定制运动鞋，从颜色、材质到运动鞋后背上的名字和口号，都可以自由定制。与此同时，国内外一些专注于个性化产品定制（如手工艺品、纪念品、家居用品等）的网络零售商，比如，Etsy、新居网、印象派也获得了良好的市场反馈。

所谓个性化定制是指客户化产品或服务的过程，也就是说，企业能够提供满足不同消费者需求和偏好的定制产品。在现代社会下，随着产品细分和服务的精细化，个性化定制的形式趋于多样化，从具体表现来看，可以分为产品的个性化定制和服务的个性化定制。此外，近年来，随着工业 4.0 和"互联网＋"的发展以及消费水平的不断升级，"互联网＋"大规模定制越来越受到企业的关注。在"互联网＋"大规模定制背景下，消费者可以通过网络平台实现与企业的互动，并参与企业产品设计、生产和销售来定制个性化的产品，企业可以以小批量、高效率、低成本为顾客提供定制化、个性化产品和服务，进而实现顾客价值与企业效益最大化。

微案例 4 —— 阅读请扫第 59 页二维码

二、用户价值共创的个性化定制特点

1. 用户价值共创的内涵

价值共创的概念最早由美国管理学家 Prahala 和 Ramaswany(2000)提出,他们认为,价值是企业与相关利益者个性化互动的结果,价值共创的核心是创造个性化体验,并指出消费者与企业共同创造价值会是企业未来获取竞争优势的重要源泉。此后,Vargo et al.(2004)提出服务主导逻辑,重视用户在共创活动中的作用,企业与用户之间的互动不仅会作用在产品从达成交易到售后服务的环节中,而且还将渗透到包括初始设计以及批量生产的产品全周期,包括用户与企业互相服务、公开交换所持信息并进行相应资源配置优化等。根据以上学者的观点,价值共创的重点在于消费者与企业之间的互动并且能够给双方都带来价值创造。价值共创是指消费者积极参与企业产品的研发、设计和生产,以及在消费领域贡献自己的知识技能创造更好的消费体验,实现由消费者和企业共同创造价值。

2. 用户价值共创的特点

(1)产品共创,提升用户参与积极性。目前,市场上产品同质化严重,质量问题普遍存在,用户在众多产品中很难找到适合自己的产品。与用户共同创造产品,共同参与产品的设计、制造的过程,既能真实洞悉用户在特定场景中的需求痛点,又能吸收用户的产品创意;更精准指导产品优化方向、新品研发思路和品牌营销策略。同时,更加深入打造用户反向定制的产品形态,从需求到产品,将个性化做到极致,这样用户的参与感便建立起来。用户拥有产品设计的责任,便会为产品背书,为产品做宣传。

以花西子品牌为例,其在成立之初就很注重用户参与产品创新工作。花西子邀请用户成为花西子的产品体验官,参与测评花西子的每一款产品,并真实反馈使用体验。至今,花西子已经拥有了超过 10 万名产品体验官。在用户共创下,用户真实的需求也能够得到及时传达,花西子才能保证产品质量。目前,花西子大部分爆款产品的天猫评价分是 4.9 分,得到了广大用户的认可。

(2)内容共创,构建品牌与用户深度连接的"引力场"。对于品牌而言,IP 是能够有持续商业开发价值的无形资产。在以往的营销过程中,大多品牌往往是站在品牌端思考 IP 营销,而忽略了用户端,从而难以高效触达,形成"品牌自嗨,用户无感"的尴尬局面。

在 IP 营销已经逐渐成为常态的今天,想要打造有影响力的 IP 并非易事。这种情况下,用户成为品牌的出口,内容共创为品牌创新提供了思路。与用户共创品牌内容能够持续打开想象力边界,输出与时俱进的创意,为品牌沉淀更多内容资产,同时也让用户成为品牌传播的媒介,主动为品牌发声,为品牌后续营销持续创造价值,从而构建品牌与用户深度连接的"引力场"。

(3)品牌共创,赢得用户对品牌由内而外的信赖。用户共创的核心在于品牌共创,品牌建设和维护已不再是企业单方面的事情,而是强调用户的参与,赋予用户部分的品牌权利,将用户置于品牌建设与创造的重要角色,这也意味着品牌营销从商品层面上升到了品牌层面。同时,用户共创品牌是对用户自我实现需求的充分满足,它让用户产生对品牌的亲近感,产生创建和维护品牌的认知甚至是责任。用户共创品牌不仅在于解决问题、构思创意,还在于与用户建立平等、友好、合作的关系,增强用户对品牌的忠诚度,为品牌获取更多的拥趸,构建品牌长期的"护城河"。

吉利汽车就是一个典型。吉利每一款"上市即爆款"的车型背后,都有用户共创的一份功劳。2021 年 6 月,吉利汽车发布了用户品牌"我们",一个吉利专门为用户搭建的共创平台,将由用户主导、用户主理、用户运营,以用户共识定义品牌文化,并开始以此为核心构筑用户共创体系。

三、用户价值共创的个性化定制模式

1. 个性化定制模式变迁

从市场营销学的演变历程来看,个性化定制模式经历了传统商业模式、网络电子商务模式等发展阶段,目前已进入 C2M(Customer-to-Manufacturer)新型电子商务商业模式。

传统商业模式主要以线下交易为主。比如,在商场柜台等实体店面,消费者直接购买自己需要的商品。

网络电子商务模式又可分为 B2B(Business-to-Business)、B2C(Business-to-Customer)、C2C(Customer-to-Customer)等模式。B2B 模式一般不针对大众消费品,产品也相对复杂,需要专业人士人工参与判断商品的质量好坏,通常在企业之间产生订单;B2C 模式主要针对普通大众消费市场,即企业通过电商平台直接向普通消费者销售产品;C2C 模式主要针对普通大众,由第三方提供交易平台,个体户作为卖方将产品销售给买方,平台从中抽取佣金。

C2M 商业模式,就是将制造商和消费者直接联系,除去冗长的中间环节,砍掉流通加价环节,最大程度地去中间化,让消费者以最低的价格买到高品质、可个性化定制的产品,是一种新型的电子商务互联网商业模式。随着工业互联网的快速发展,C2M 商业模式能够广泛运用互联网、大数据、人工智能等现代化信息技术手段,通过推动生产线的自动化、定制化、节能化、柔性化转型,并运用庞大的计算机系统随时进行数据交换,按照客户的产品订单要求,设定供应商和生产工序,最终能够快速生产出满足消费者个性化需求的产品。

2. 工业 4.0 时代下的个性化定制模式

自 18 世纪 60 年代英国开启了第一次工业革命(工业 1.0)以来,人类社会先后经历了三次工业革命,促进生产方式和分工模式发生了巨大变化。以电力为代表的第二次工业革命(工业 2.0)促使大批量的流水线模式的产生。随后,在以计算机及信息技术为标志的第三次工业革命(工业 3.0)促进了制造企业对电子计算机的广泛应用,提升了制造业的生产自动化,为精益生产和大规模定制提供了一定基础。当前,以信息物理融合技术开启了以生产高度数字化、网络化、机器自组织为标志的工业 4.0,将促进工业生产方式、分工模式以及商业模式等发生深刻的变化。

在工业 4.0 时代,消费者在基于产品属性和功能相关的产品实用性功能诉求不断得到满足后,在精神层面上对来自产品所承载的情感、有别于他人的个性倾向和自我表达有了更高的追求。虽然大规模定制与个性化生产都是为了向客户提供能够满足其需求与偏好的产品。但大规模定制以现有模块化为基础,市场上仍存在许多类似产品。在个性化生产模式下,客户与工厂频繁交流沟通,让客户实际参与其产品的需求调研、产品设计、生产等过程,从而能够更好地满足消费者个性化需求。

3. 个性化定制模式系统架构

(1) 个性化定制模式的运作流程

个性化定制体系架构是工业 4.0 技术中端到端数字集成的重要应用过程。端到端数字集成主要是利用工业互联网技术和大数据技术,在生产商和消费者之间建立信息交互渠道。这一架构也是对市场商业模式向 C2M 转变的一个反映。在这一过程中,数据是企业与消费者之间建立信息交互的核心,通过数据传输,可以将各层级相互串联,实现订单、生产、物流

等信息一体化。C2M商业模式的运作流程如图5-2所示。

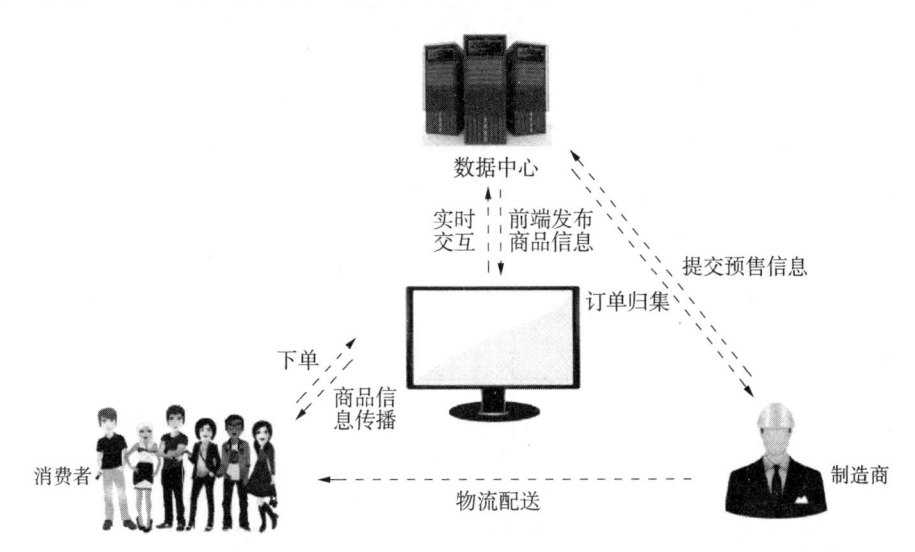

图5-2 C2M商业模式的运作流程

（2）个性化定制系统架构的相关技术

通常来说，个性化定制系统架构主要应用到工业大数据、信息集成与协同、智能工厂以及智能物流与仓储等技术。

① 工业大数据技术。工业大数据技术架构通常由五个部分组成，分别为数据采集层、数据存储与集成层、数据建模层、数据处理层、数据交互应用层（见图5-3）。

数据采集层主要负责设备、传感器或其他辅助设备的数据采集和预处理等，包含并不仅限于MES系统、PLM系统以及现场实时控制系统SCADA等的数据接口等。

数据存储与集成层，主要包括存储技术、元数据技术、标识技术、数据集成技术等。其中，存储技术是指采用大数据分布式云存储的技术，将预处理后的数据有效存储在性能和容量都能线性扩展的分布式数据库中；元数据技术，即实现对订单元数据、产品元数据、供应商能力等进行定义和规范；标识技术包括分配与注册、编码分发与测试管理、存储与编码规范、解析机制等；数据集成技术，主要指面向工业数据的集成，包括互联网数据、工业软件数据、设备装备运行数据、加工控制数据与操作数据等。

数据建模层，包括对设备物联数据、生产经营过程数据、外部互联网相关数据的建模方法和技术。对无法基于传统建模方法建立生产优化模型的相关工序建立特征模型，基于订单、机器、工艺、计划等生产历史数据、实时数据及相关生产优化仿真数据，采用聚类、分类、规则挖掘等数据挖掘方法及预测机制建立多类基于数据的工业过程优化特征模型。

数据处理层，是在传统数据挖掘的基础上，结合新兴的云计算、Hadoop、专家系统等对同构数据执行高效准确地分析运算，包括大数据处理技术、通用处理算法和工业领域专用算法。对经处理、分析运算后的数据，通过大数据可视化技术、3D工业场景可视化等技术，将数据分析结果以更为直观简洁的方式展示出来，以便消费者理解分析，提高决策效率。企业管理和生产管理等传统工业软件与大数据技术结合，通过对设备、消费者、市场等数据的分析，提升场景可视化能力，实现对消费者行为和市场需求的预测和判断。

数据交互应用层，结合智能决策技术，进而实现数据辅助生产制造决策的价值。

数据交互应用层	大数据可视化	3D工业场景可视化	智能决策
数据处理层	大数据处理技术	通用处理算法	工业领域专用算法
数据建模层	建模方法和技术			
	设备物联数据	生产经营过程数据	外部互联网相关数据
数据存储与集成层	分布式存储技术	元数据技术	标识技术	数据集成技术
数据采集层	物联网采集和数据预处理		

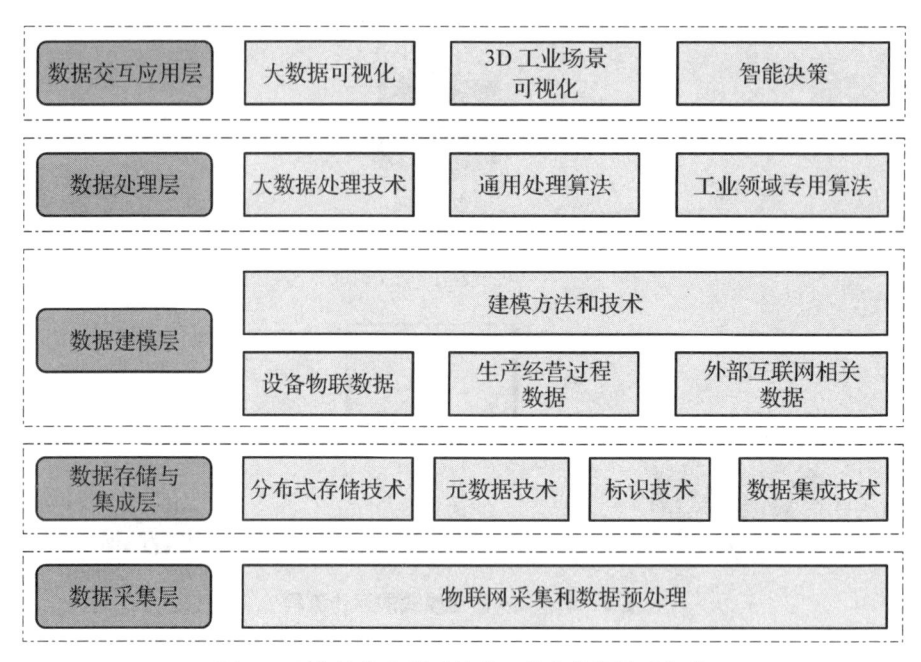

图 5-3　个性化定制系统的工业大数据技术架构

② 信息集成与协同。包括企业内部和企业之间的协同，其主要作用在于：在复杂多变的市场竞争环境中，寻找最优制造资源；在保证制造品质的前提下最大程度降低企业运营成本；通过协同为制造过程提供最优化的解决方案。构建精益生产运行管理平台，构成完整的产品生态体系闭环帮助工厂量身定制解决方案。通过集成供应链管理、高级排程、制造执行、仓库管理、仿真模拟、大数据分析等系统，实现对整个生产周期的管理。

信息集成与协同能够有效实现整个生产周期包括生产、协同、设计、制造、物流及服务等多方面的信息整合：一方面，这些管理系统在产品生产中相互协同交互，为保障生产提供了必要的信息保证；另一方面，也极大提升了企业的资源利用效率。

③ 智能工厂。智能工厂是实现个性化定制的基础与前提。在系统组成方面，要基于企业系列标准的支持和企业级别的信息安全要求，在信息物理融合系统（CPS）的支持下，通常可以从智能设计、智能产品、智能经营、智能服务、智能生产、智能决策等方面实施系统架构，通过物联网等现代信息手段将企业设施、设备、组织、人互通互联，集计算机、通信系统、感知系统一体化，实现对物理世界的安全可靠、实时、协调感知和控制；同时通过企业信息门户（EIP）实现与客户、供应商、合作伙伴的横向集成（如协同商务和信息共享），以及实现企业内部的纵向集成（如不同系统之间的业务协同）强化企业与消费者之间的信息交互，有效实现产品的智能个性化定制。

④ 智能物流与仓储。智能物流及仓储系统是实现个性化定制的最后一环。该系统是由立体货架、有轨巷道堆垛机、出入库输送系统、信息识别系统、自动控制系统、计算机监控系统、计算机管理系统以及其他辅助设备组成的智能化系统。系统采用集成化物流理念设计，通过先进的控制、总线、通讯和信息技术应用，协调各类设备动作实现自动出入库作业，从而能够有效提高物流作业效率。

微案例 5 —→ 阅读请扫第 59 页二维码

本章重点

1. 定制营销突出以消费者个性化需求为导向,按照消费者的需求进行设计、改进产品和优化服务。这种营销模式极大地包容了消费者的个性化需求,顺应了买方市场的发展趋势,同时也导致了市场工作复杂化、产品的研发创新难度提高,并对企业的生产线和信息系统提出了更高要求。

2. 为满足消费者个性化需求,企业需要从传统的大规模批量生产向大规模和个性化定制化生产模式转变。这不仅要求企业持续改进生产技术,而且驱使企业不断创新管理模式以促进信息流、物流等高效率运行。

3. 企业在进行大规模定制时,需要通过建立供应链协同管理系统,将信息等及时在上下游企业之间共享和传递,推动分销商、物流到达客户手中的每一个环节都能高效率完成,从而使得整条供应链实现响应速度更快、更具有前向的预见性、更好地共同抵御各种风险,以最小的成本为客户提供最优的产品和服务。

4. 在个性化定制化背景下,消费者更愿意在使用商品、享受服务的过程中与服务提供者共创价值。尤其在数字化与工业化深入融合背景下,柔性制造逐渐兴起,消费者可以参与制造业全过程的价值共创中,让消费者实际参与其产品的需求调研、产品设计、生产等过程,从而能够更好地满足消费者个性化需求。

思考题

1. 梳理本章知识体系,绘制一张包含本章全部知识点的思维导图。提示:使用 MindMaster 等专业思维导图绘制软件会让你更加得心应手。
2. 请分析定制化营销的优缺点,并举例说明。
3. 结合本章知识,请思考个性化需求与定制营销之间存在什么样的联系?
4. 什么是价值共创? 价值共创与个性化定制之间有何联系?
5. 请查阅资料,分析青岛红领集团的个性化定制是如何开展的? 成功的秘诀是什么?

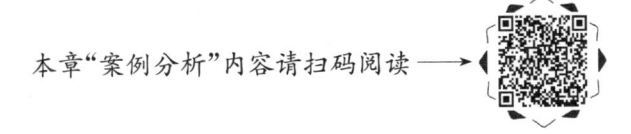

本章"案例分析"内容请扫码阅读 —→

参考资料

[1] 丁耀飞,马英.无界零售:第四次零售革命的战略与执行[M].北京:新华出版社,2018.

[2] 陆雄文.管理学大辞典[M].上海:上海辞书出版社,2013.

[3] 于建红,马士华,周奇超.供需不确定下基于MOI和VMI模式的供应链协同比较研究[J].中国管理科学,2012,20(5):64-74.

[4] 张志清.面向不确定需求的供应链协同需求预测研究[D].哈尔滨工业大学博士论文,2010.

[5] 赵玮,廖四成,廖波.面向用户体验的"社交+电商"全场景营销策略分析[J].商业经济研究,2021(15):68-71.

[6] 周芬,孟庆良.大规模定制服务设计的研究述评与展望[J].科技管理研究,2013(19):97-101.

[7] Simatupang, Togar M., Sridharan, et al. The Collaborative Supply Chain[J]. *International Journal of Logistics Management*, 2002, 13(1):15-30.

第六章　体验式营销创新

章节导言

随着市场竞争的日益激烈以及技术的不断革新,消费者更加重视在产品和服务中的体验感及满足感,传统的营销模式已不能适应消费者个性化需求,体验式营销应运而生。在体验经济时代,零售商的传统广告、营销策略也要相应进行改进和优化。本章首先向同学们介绍体验式广告的特征以及传统广告的体验式改造策略;然后重点剖析体验营销的影响因素以及营销策略制定,在此基础上讨论体验营销的实施策略;最后介绍体验营销的新型模式——社群营销,并对社群营销的类型及其推广策略作详细分析。

本章"微案例""拓展阅读"内容请扫码阅读 ➡

第一节　传统广告的体验化改造

进入 21 世纪,随着互联网和移动互联网的快速发展和普及,消费者能够接触到更多的国内外商品和品牌,对商品的需求趋于个性化、多样化。企业想让自己的产品脱颖而出,最有效的方法是借助互联网等现代信息技术让消费者去感知和体验产品和服务,因而体验式营销成为企业获得顾客以及提升顾客满意度和忠诚度的重要手段。

一、体验式广告

1. 体验式广告的含义

近年来,随着体验经济的日益盛行以及消费者对商品和服务的体验式诉求不断提高,体验式广告在我国得到快速的发展。体验式广告创意也越来越多地运用于各类广告作品和广告媒介中,并且逐渐朝着向日常生活和普通日用品等方向发展,成为新时期现代广告发展的潮流。

体验式广告是指将传统广告中以介绍产品功能或服务质量为主要特征或主要诉求点,转变为以消费者自身感受和体验为主要特征,通过一系列与体验层次和维度相关的设计(如将无形的、不能直接被感觉或触摸的广告体验进行有形的展示,或使用一些可视听化的、与体验有关的实物因素等协助广告的展示效果)帮助消费者正确理解以及评价企业产品和服务信息的广告形式和理念。体验式广告或通过营造某种戏剧性的情节和相应的环境氛围来表现体验过程,从而达到刺激消费者需求和欲望的目的;或者通过夸张的艺术手法的运用以吸引消费者的注意和认同;或通过个性化的体验设计,给予消费者充分的想象空间和个性感受,从而引发消费者对产品和品牌的忠诚与热爱。总之,体验式广告是一种软广告,其目的在于通过多元化和个性化的设计,刺激消费者对企业产品和服务的需求,从而达到实现商品和服务销售甚或某种体验的目的。因此,有特色的体验诉求和有效的表达是体验式广告成功的关键。

微案例1 —— 阅读请扫第73页二维码

2. 体验式广告的优势

与传统广告相比,体验式广告具有以下优势:

(1) 更易引起消费者对广告内容的关注。通过体验式广告引发消费者主动地参与到广告活动过程中,增强消费者对品牌的认知。消费者感兴趣的内容不再浮于表面,更愿意参与到广告过程中,对广告内容产生兴趣。同时,体验式广告更加注重与消费者的互动交流,注重消费者的体验感受。通过消费者的主动参与和积极反馈,深入了解广告内容,及时对反馈信息进行处理,不断增强消费体验。

(2) 更易被消费者接受。体验式广告改变了消费者对于传统广告的态度,在商业竞争激烈的情况下,注重与消费者之间交流,用互动、娱乐的方式拉近与消费者之间的距离,将广告信息有效地传达给消费者。

(3) 体验式广告可以提高顾客对产品和服务的满意度。体验式广告增强了消费者对产品和服务的互动体验,使得消费者对产品有了更充分的认识和了解,对产品的功能和使用方法都进行了亲身体验和感受,能大大降低消费者做出购买决定后的不适,消除后悔心理,最大程度上提升消费者的满意度。

二、广告中对各种体验维度的运用

伯恩德·H·施密特认为体验营销的核心表现为五大维度,即感觉、情感、思维、行动和关联。这五个维度既可以单独运用在营销活动中,也可以组合在一起使用。在体验广告中,广告创意策划人员需围绕体验营销的五个维度进行广告文案的设计,并给消费者带来相应的体验。

1. 广告的感觉体验

在广告中,感觉体验是消费者接受广告信息过程中最直接也是最本能的行为。一个成功有效的广告能够给消费者带来最直接的感官冲击和体验,从而能够引起消费者对广告产生注意和兴趣,达到促进消费者购买目的的最简单的方法。因此,感觉体验就是在广告中通过视觉、听觉、触觉、味觉等建立消费者感官上的体验,往往能够诱发消费者产生购买冲动,从而提高消费者购买成功的概率。这是体验式广告的第一个环节。

最常见的影视广告主要以视听语言作为传播媒介,其广告画面和声音是展示广告创意的必备手段,共同发挥视听广告的宣传功效。对于视听媒体而言,单纯画面很难表达一些非直观的、抽象的信息,这时通过声音辅助手段可以帮助画面创意者完成既定的想法。此外,通过画外音又可以扩大画面的信息量,给予画面深层次的诠释,从而也为广告创意者提供更加广阔的想象空间。通过声音与画面的互补式的感官体验,能够在短时间内快速吸引广大消费者,增加消费者购买的意愿。

除了视听体验以外,广告创意者还可以通过设计触觉、味觉、嗅觉等方面的体验环节,让消费者亲身体验商品和服务的特性或功能,进一步提高消费者的注意力,并且加强消费者对广告产品的认识和评价。例如,宝洁公司曾为一种新开发的洗发水开展体验营销和广告宣传活动,通过在公共汽车站亭等人员流动性较大的场所张贴出能散发出与该款产品香味相近的海报,并且在海报上设计一位秀发飘扬的年轻女子,上面还有"请按此处"的字样,按一下,与洗发水香味相近的雾状香水气体随之喷出。海报底部还写着一条宣传语:"感受清新柑橘的芳香"。通过这种以触觉、味觉、嗅觉等为特征的体验广告设计,消费者能够直接感受商品和服务,增加消费者对商品和服务的认知,从而在感官上刺激消费者的购买欲望。

微案例 2 ⟶ 阅读请扫第 73 页二维码

2. 广告的情感体验

一项成功的广告创意设计不仅能够提升消费者的感官体验,更重要的是能够通过广告本身设定的情景引发消费者的联想,让消费者身临其境,增强其情感体验。因此,情感体验广告需要通过创造喜好的情境,触动消费者内心的情感,引导消费者从对广告对象的直观感受中产生强烈的偏爱,从而达到吸引顾客、增加产品和服务销量的目的。情感体验广告的运作需要真正了解引起消费者某种情绪的痛点,从而能够使消费者自然地受到感染并快速融入到这种情境中来。

从广告创作动机来看,情感体验广告通常可以利用正面的、积极的情感,例如,爱情、亲情和友情,满足感、自豪感和责任感等,或者在诉求点上追求消费者的情感认同,但需要注意的是情感体验广告不能仅仅把诉求点放在产品本身上,还要将对消费者的关怀与产品利益点完美结合,以此才能获得广大消费者的共鸣。例如,德芙巧克力的特点是爽滑口感,为了突出这一特点,增强消费者的情感体验以及对品牌的忠诚度,德芙公司在电视媒体广告中巧妙地运用流动的丝绸来突出巧克力的爽滑口感,从而引导顾客对该品牌的强烈偏爱。又如最近大热的"故宫淘宝",故宫博物院作为传统文化的传承,一直以旅游景点存在于人们的观念中,部分设计师将这些文化元素创意设计成各种材质、不同趣味点的创意礼品,以"来自故宫的礼物"为主题,走进大众心中,尤其是对传统文化比较淡漠的年轻人心中。"故宫淘宝"涉及范围很广,除了各种陶瓷工艺品,还有 Q 版人物形象表情包、故宫饰品、手账周边、生活潮品等产品系列,时尚有趣,广受好评。脑洞大、有共鸣、有底线的设计更能激发消费者的情感体验,增强消费者对故宫元素的文创产品的偏爱和购买欲望。

随着社会的发展和人们生活水平、教育水平以及观念理念等的不断提升,现代人们对于产品的诉求早已不在局限于产品本身的实用性等方面,而是更多地关注它们的附加价值,这其中的重中之重便包括情感上的满足。因此,现代广告需要应更加注重情感体验设计,这不仅能够引起消费者情感共鸣,增加对产品和服务的购买,而且能够进一步提升人们的审美水平和文化素养,进而提升整个社会的广告设计水平。

微案例 3 ⟶ 阅读请扫第 73 页二维码

3. 广告的思维体验

思维体验是指人们通过运用自己的智力,创造性地获得知识和解决某个问题的体验。思维体验的特点在于运用惊奇、兴奋等多种手段激发顾客的各种想法。思维体验的另一功效是记忆。心理学研究表明,人们在努力理解一件事的时候,往往处于聚精会神的状态,对细节格外关注,并以过去的经验、知识为基础,集中脑力,以便对事物做出最佳解释和说明,从而能够在人们脑海中留下深刻的印象。例如,电子阅读设备 Kindle 以"阅读给我们带来了什么?"为话题,创建了长文形式的原生广告。在这一话题中没有谈产品的属性,而是文艺地和读者聊起了阅读本身的趣味和价值,从而引发读者对阅读本质的思考,同时也加深了读者对 Kindle 这款阅读设备的印象。再比如,主打深度资讯的凤凰网针对合作品牌爱睿惠推出的系列专题报道,结合社会热点事件,采取新闻报道的形式进行推送,引发读者对整个中国奶制品行业的思考,非常符合凤凰网的思考体验。

思维体验通常有两种方式,即收敛思维体验和发散思维体验。收敛思维体验是指消费者将思路逐渐集中,直至找到一种解决问题的办法的体验过程;发散思维体验则是拓宽思路、集思广益的体验过程。思维体验式广告往往运用惊奇、计谋和诱惑等引发顾客产生统一或各异的想法,创造出吃惊、有趣或者愤怒等情绪,引起消费者的注意并加深其印象,其诉求点在于启发消费者获得认识和解决问题的体验。

通常可以在广告中故意设置讨论的话题,引发消费者积极地思考,使得消费者在思考中对产品或品牌有更深层次的了解或认可,从而接受产品或品牌的主张,或是激发兴趣,引发消费者的好奇心理。

一个成功的思维体验式广告能够让消费者如临其境,会不由自主地跟随着广告的韵律翩翩起舞,很好地带动顾客情绪,从而在引发顾客思考的基础上激发购买欲望,达到对商品和服务的宣传以及刺激销量的目标。

微案例 4 —— 阅读请扫第 73 页二维码

4. 广告的行动体验

行动体验是消费者在某种经历之后而形成的体验。这种经历或与消费者的身体有关,或与消费者的生活方式有关,或与消费者与人接触后获得的经历有关,等等。与感官体验广告、情感体验广告、思维体验广告不同,行动体验广告的侧重点在于消费者以实际的身体体验、生活方式以及生活经历等的参与来获得个性化体验的互动,通过提高消费者的生理体验,展示做事情的其他方法或生活方式,以丰富消费者的生活。也可以说,"行动参与"即是行动体验广告的本质,同时也是主要的表现形式所在。而在广告的传播过程中,借助互动技术使消费者们客观、真实地介入和融入行动体验广告中,通过"行动参与"的方式参与、感受、理解广告设计的立意和主题,获得个性化的体验,从中领悟到品牌理念和用意并在一定程度上加以更广泛地二次创作、二次传播,形成目标受众群体内的口碑效应,从而达到促进广告信息有效传播、增强传播目标的精准投放、实现营销目标和品牌价值的快速提升的目的。很多的运动品牌类的广告都采取了行动体验式广告设计,如 NIKE 广告"Just Do It"这一句广告词简洁明了,其潜台词的"无需思考,直接行动",能够激发消费者的运动热情,十分具有煽动性。青岛啤酒的广告语设计为"激情成就梦想",在一定程度上能够引导消费者行动起来,通过改变消费者本身的行动方式,继而将传统的消费理念进一步植入到消费者的消费观念中,进一步推动消费行为的不断改变。

5. 广告的关联体验

所谓关联性,是指广告创意的主题必须与商品、消费者密切相关。关联体验包括感官、情感、思考与行动等层面,目的在于将个人与其理想中的自我、他人和文化等有机联系起来。通常而言,消费者愿意在某种程度上建立与人际关系类似的品牌关系或品牌社群,成为产品的真正主人,因此,关联体验广告的侧重点在于激发广告受众群体对自我改进的个人渴望或周围人对自己产生好感的欲望等。

关联体可以是生活中的人们所熟悉的具体的人、物、事,也可以是为消费者广为认同的道理、观念。名人广告中的名人也可以作为产品的关联体,广告中名人的个性特点应该与产品的特色相吻合。由于关联体验广告全方位地激发消费者的感官、思维、行动和情感体验,具有较强的统一性特征,因此,在广告设计上的要求和难度也更高,需要全方位地引发消费者对产品的认识和喜爱,但有时候也容易忽略营销的重点。例如,大众速腾汽车的消费者会自发成立车友会等,这样的车友会在一定程度上能够为品牌扩大营销力、厂家扩大销量、增加口碑和做好售后服务带来较大的促进作用。在淘宝上的店铺普遍设有"粉丝群",并且会定期在群中发布相应的广告或者与群内的消费者粉丝进行互动,由此可以在一定程度上维持好商家与消费者之间的关系,建立企业稳定的客源和销售范围,这样的营销也是对商家产品有利的宣传。

微案例 5 ——▶ 阅读请扫第 73 页二维码

三、体验经济下传统广告的改进策略

1. 体验式广告与传统广告的差异

由于在体验经济下传统营销模式发生了很大变化,体验式广告也与传统广告存在显著差别,主要表现如下:

(1) 核心诉求的差异

传统广告模式主要依托传统营销,一般只从商品本身出发,专注于功能上的性能和效益,注重从满足产品功能或利益诉求的角度挖掘产品的独特卖点,而不关注消费者是否接受。而体验式广告则依托于体验营销,其核心是满足消费者的体验诉求,注重为消费者创造美好和令人回味的体验。体验式广告把焦点放在消费者的体验上,通过将无形的、不能直接被感觉或触摸的广告体验进行有形展示,用一些可视可听的、与体验有关的实物因素帮助消费者正确地理解、评价体验;通过营造某种戏剧性的情节和相应的环境氛围来表现体验过程,从而刺激消费者的需求和欲望。

(2) 目标的差异

传统广告关注的是产品的销售量、市场占有率以及品牌知名度等;而体验广告的目标是为受众群体创造学习、娱乐、审美等体验,并在此过程中"潜移默化"地影响消费者的购买行为,进一步达到企业目标。

(3) 空间观念的差异

体验式广告使空间成为广告信息的一部分,如麦当劳地铁广告"张口闭口都是麦当劳",

就是要在空间中透露出麦当劳与您同在的信号,而传统广告则很少在空间上加以创意,更多关注商品本身。

(4) 整体观念的差异

体验式广告主要依托于整体观,通过整体的设计与实施才能表现出气氛的价值,如果只有局部,则很难形成气氛,每一则广告既是独立的又是整体的一部分;而传统广告一般都是孤立的。

2. 体验营销中的传统广告改进策略

体验式广告要根据体验营销目的出发,从感官、情感、思维行动及关系等方面有针对性地采取不同的广告改进战略,充分传达各种不同的体验感受,达到销售商品和服务或某种体验的目的。

(1) 基于感官营销的传统广告改进策略

感官体验广告就是通过视觉、听觉、触觉、味觉和嗅觉等要素强化建立消费者感官上的体验。其在广告创意方面的思路可以更灵活,调动更多的感官力量,全方位地引起消费者的注意和兴趣。通常在广告作品中,可以依托广告的色彩、音乐、风格、主题及整体形象等刺激人们的基本感官,从而让顾客沉浸在某种环境里,以引发受众群体的美感或兴奋,激发受众的兴趣以及增加产品的价值。例如,Loro Piana 2022 全新春夏广告依托古堡、乡村和岩石滩选景,在广告中弥漫着夏日气息,阳光明媚的开阔户外以及无处不在的蔚蓝大海,极易唤醒受众群体的感官意境,最终为消费者带来了多重的感官体验效果。

(2) 基于情感营销的传统广告改进策略

在情感营销下,广告的诉求则是要触动消费者内心的情感,目的在于创造喜好的体验,引导消费者从对广告对象略有好感到产生强烈的偏爱。广告中可引出一种心情或者一种特定情绪,表明消费过程中充满感情色彩。这种广告诉求的运作需要真正了解什么刺激可以引起某种情绪,以及能使消费者自然地受到感染,并融入这种情景中来。通常我们可以利用的正面、积极的情感包括爱情、亲情和友情,满足感、自豪感和责任感等,或是在诉求点上追求消费者的情感认同。但需要注意的是情感体验广告不能仅仅把诉求点放在产品本身,还要将对消费者的关怀与产品利益点完美结合,从而引起广大消费者的共鸣。例如,2018 年春节,苹果公司联手陈可辛导演用 iPhoneX 拍摄了苹果新春广告《三分钟》。相较以往以产品展示为主的广告形式,陈可辛选择运用亲情、怀旧等情感主线,并充分利用不同的新媒体平台,引发广大用户的情感触动,实现用户与产品的深度互动,并为 iPhoneX 系列产品赢得了口碑和销量。

(3) 基于思维营销的传统广告改进策略

思考体验式广告诉求就是要启发消费者获得认识和解决问题的体验,它往往运用惊奇、计谋和诱惑等引发顾客产生统一或各异的想法,创造出吃惊、有趣或者愤怒等情绪。通常可以在广告中故意设置讨论的话题,引发消费者积极的思考,使得消费者在思考中对产品或品牌有更深层次的了解或认可,从而接受产品或品牌的主张,或是激发兴趣,引发消费者的好奇心理。例如,西门子公司引导消费者思考产品的相关性及其专家意见的广泛性。它的广告简单而醒目:划艇人趁休息之际拿起一瓶冰镇饮料,波光粼粼的水面使得艇上的人只呈现了剪影。画面上写着"饮用之前这瓶水曾经过如下处理:工序 1(棕褐色化学瓶子的照片),工序 2(西门子品牌电子设备的照片),工序 3(高科技生产车间的照片)"。这则广告刺激消费者去思考,那些看似简单的产品,即使只是一瓶饮料、一张报纸、一块巧克力,他们的生产都蕴含了无限科技,启发消费者关注生活,热爱科技。

(4) 基于行动营销的传统广告改进策略

行动体验广告诉求主要侧重于影响人们的身体体验、生活方式等,通过提高人们的身体体验,展示做事情的其他方法或另一种生活方式,从而丰富消费者的生活。例如,2018年俄罗斯世界杯期间,瑞士可口可乐分公司在苏黎世一个火车站内设置了VR体验中心,观众可以通过VR技术与世界级的足球运动员进行互动,如一起练习一个足球动作,或参加一次迷你足球锦标赛。这种在广告中融入行动体验的策略给消费者带来了更惊喜的体验。

(5) 基于关联营销的传统广告改进策略

关联体验广告的诉求在于激发广告受众对自我改进的个人渴望,或周围人对自己产生好感的欲望等,进而帮助构建消费者与品牌社会意义之间的关联。例如,通用电气推出的健康创想计划关联营销广告,邀请众多专业人士来体验健康创想计划。为了使更多人看到这项举措的影响,通用电气与 Agency EA 合作创建了电影短片。这些短片介绍了健康创想计划在不同医疗环境中的实施情况:一间非洲农村诊所、一间城市诊所和一间急诊室,他们邀请医生们在700名参会者面前分享他们的故事,说出通用电气的医疗产品在每个场景中扮演的重要角色。这项体验营销活动引发了无限的遐想和对话。通用电气健康创想计划这一关联体验广告的目的是让人们去思考,在世界的众多贫困地区,人们能否得到医疗保障。这是个严肃的话题,同时获得了许多媒体的关注。通过这次特殊的活动,也为通用电气赢得了大量的用户支持,使得很多消费者成为通用电气产品的忠实客户。

第二节 体验式营销活动策划

从营销模式的演变历程来看,一些营销学专家将20世纪50年代以来营销模式的迭变划分为4个阶段:① 20世纪五六十年代的广告营销阶段;② 20世纪七八十年代的定位营销阶段;③ 20世纪90年代的整合营销阶段;④ 21世纪以来的体验营销阶段。其中,广告营销阶段的特征在于通过大量的广告投入将商品和服务快速推广传播以实现被大多数人所熟知和激发消费者购买欲望的目的;定位营销阶段则寻求商品和品牌的差异化,通过对特定细分市场开展广告宣传手段,从而达到吸引消费者、提高消费者信任度的目标;整合营销是在信息化技术推陈出新的背景下,通过找准和锁定目标消费群,采取多元化的方法吸引驻足;体验营销阶段则是为了更好地满足消费者对个性化商品的需求,通过采取形式多样的方法让消费者感受和体验商品和服务,达到实现消费者个性化购买的目标。

一、体验营销的影响因素

(一) 体验营销的概念与特点

1. 体验营销的概念

随着人们受教育程度、收入水平的不断提高,消费者的消费理念发生了显著的变化,关注的重点不再是产品的物美价廉,而是产品的某项使用价值能否给自身带来高品质的体验或感受。与之相对应,传统的商业运营模式正在被会员制购物、直销以及网上购物等新的形式所取代。体验营销作为一种新兴的营销方式也孕育而生,并在各行各业悄然兴起,很多企业都成为现代体验营销的实践者与探索者,如星巴克、迪士尼、苹果等。综合现有的研究,体验营销是指运用看、听、用和参与等手段,充分刺激和调动消费者的感官、情感、思考、行动、联想等感性和理性因素,从而能够重塑消费者的思考方式,并最终让消费者认同的营销模式。

2. 体验营销的特点

从表现形式来看,体验营销具有以下特点:

(1) 由注重产品价值转化为注重顾客的感受体验。营销要研究的不仅仅是企业向消费者提供什么产品或服务,更注重消费者在使用这一产品或享受这一服务时的身心感受,尤其是心理感受。在开展体验营销活动时,企业往往要与消费者进行换位思考,即与消费者将心比心,将企业自身利益放到一边,强调整个过程中消费者的亲身体验。通过消费者的体验,利用消费者的心理理解来评价产品、评估价值、确定价格。在体验营销模式下,成本因素不是企业产品定价的主要因素,相反,消费者对体验产品的心理感受是定价的主要依据。

(2) 由注重消费者需求的显性状态转移到注重消费者需求的隐性状态。美国著名营销学家施密特(Schmit.D.H.)认为,体验是一种依赖于情感的心理现象,消费者的心理活动变化过程是一个"暗箱",即呈现隐性状态。不同的消费者对统一体验或同一消费者在不同的时间条件下对同一体验项目的需求是不同的,且这种差异性的转化经常是瞬间的、没有任何预兆,完全由消费者的心理状态决定。由于消费者心理需求具有隐性和不确定性且难以预测,使得企业对产品定价很难把握。因此,体验营销比传统营销更为复杂,实施难度更大,它要求营销活动决策者在实施体验营销活动前要对消费者的"需求暗箱"进行深入分析,研究其隐性需求。

(3) 强调与消费者的互动。体验营销是通过顾客参与和互动来实现价值的,没有消费者的参与和互动,也就不存在体验。在互动过程中,产品自身因素、服务因素以及品牌因素等都会影响到消费者的感受,因此,体验营销需注重消费者的参与和互动,通过提高消费者的全方位体验以实现价值。

(4) 由注重分析消费者的消费行为转向研究消费者的思想(想法)。研究消费者的消费行为是传统营销的主要内容,在体验营销活动中,需要消费者参与整个过程,消费者为何参与以及如何参与则是体验营销的重要内容。因此,在体验营销模式下,要通过深入调研,研究消费者的想法,在此基础上制定营销活动内容以及开展方式,充分调动消费者主动参与的积极性,从而有利于体验营销活动的顺利进行。

(5) 由适应需求向创造需求的转变。虽然消费者的需求是企业生产经营活动的依据,但在传统营销下,消费者的需求大多由生产者引导和开发,消费者缺少主动创造的机会,而创造需求、创造市场是体验营销的核心思想。在体验营销模式下,企业通过策划营销活动,激励消费者主动参与互动,增强消费者的感受体验,促进消费者在体验活动中实现价值创造。

3. 体验营销与传统营销的差异

表6-1 体验式营销与传统营销模式的差异

区别	体验式营销模式	传统营销模式
关注的焦点不同	体验式营销把焦点放在了解顾客体验上,关注顾客对产品和服务的体验。	传统营销更多专注于产品的特色与利益,更注重产品的质量和功能。

续 表

区别	体验式营销模式	传统营销模式
对产品的分类和竞争不同	体验式营销要求根据消费情况来确定产品类别和竞争,把产品的分类与广大消费者的需求联系起来。	传统营销不了解顾客的心理及顾客对产品的看法和反应,对市场环境缺乏认识,对顾客缺少深入的了解。
对消费者的理解不同	认为消费者既是理性的也是感性的,顾客的购买行为同时受到感性和理性的支配。他们更多地追求时尚、感觉和乐趣。	把消费者当成理智的购买者,把顾客决策看作一个解决问题的过程,认为消费者在购买过程中会按照理性的决策过程去进行购买。
消费者在营销中的地位不同	体验式营销强调怎样使顾客产生难忘的体验,顾客既是体验的接受者又是体验的参与者,是真正以顾客为中心的营销。	传统营销侧重于产品的特色与功效,侧重于企业在竞争中的营销定位,很大程度上是以自我为中心的营销模式。

资料来源:根据吴柏林《体验经济·体验营销》相关资料整理。

在分析体验营销影响因素之前,有必要对体验式营销与传统营销之间的差异进行归纳总结,从而能够有针对性地找出体验营销的影响因素。从表6-1中可以看出,体验营销在关注焦点、产品和竞争对手分类、对消费者的理解以及营销定位等方面,与传统营销模式存在较明显的差异。通过分析可以发现,传统的营销模式注重产品的质量和功能,将顾客看做是理性的购买者,通常实施以产品为中心的营销理念,忽视了消费者对产品和服务的体验及感受;相较而言,体验营销更加注重消费者在营销活动中的地位,更加关注消费者对产品和服务的体验,因而在营销模式中更加强调将产品和服务与消费者的个性化需求紧密结合,是真正以顾客为中心的营销。

(二)体验营销的影响因素

1. 感官体验的影响因素

影响感官体验的因素主要有沟通、视觉与口头识别、产品呈现、空间环境和人员媒介。作为最直观的体验方式,感官体验能够有效增强消费者品牌印象与好感,并且对消费者的购买选择在一定程度上起到决定作用,因此创设情境加强与消费者的沟通,设计契合产品形象的名称和新颖的符号可以为消费者带来视听体验,容易在短时间内吸引消费者注意力,使其增强对产品及其品牌价值的感知,引发购买欲望。新颖的产品呈现也可以为消费者带来舒适的视觉体验,消费者通过捕捉包装的色彩、造型、文字、图形等视觉信息对产品产生兴趣及联想直至产生购买欲望。触觉信号、味觉信号、嗅觉信号、听觉信号也可以以更新颖的方式获得消费者对产品的认可。空间环境中装饰的色调、气味和背景音乐的组合可以创造不同的购物氛围,这些购物氛围不仅给消费者心理暗示,还能为消费者创造愉悦的购物心情,使消费者在潜移默化中提高对产品的好感,增强购买欲望。

2. 情感体验的影响因素

情感体验主要通过向消费者传递情感信息,使消费者产生情感共鸣以获得情感体验。从现有研究来看,广告、空间环境和人员媒介是影响情感体验营销的主要因素。首先,广告作为最常见的沟通方式,对消费者的情感体验有重要影响,广告氛围的塑造和广告语的选择可以使消费者通过认同广告表达的情感对产品产生信任。因此,广告表达的情感要与消费者希望从产品上获得的情感一致,这样才能增强消费者对产品的购买欲望。其次,不同的空间环境会给消费者不同的情感体验。消费者对于同样的产品或服务在不同的环境背景下会有不同的感知,若空间环境所营造出的情感氛围给消费者带来良好的情感体验,那么将会通过情感体验刺激消费者加大对产品的购买。例如,耐克的 NIKEiD 计划,以"自由我的"为宣传主线,通过抓住年轻消费者个性化和张扬自我的情感诉求获得巨大成功。其线下店面的空间设计也充分考虑到消费者的情感体验。在热情的服务、有效的沟通之外,NIKE 旗舰店内摆设由各种奇思妙想所缔造出来的 NIKEiD 鞋,将整个店堂营造成一个魔幻般的世界。通过广告和创设身临其境的空间环境,营造愉悦的消费者购物氛围,有效提高了 NIKEiD 系列鞋的销量。

3. 思考体验的影响因素

建立共同品牌、电子媒体和网站是影响消费者思考体验的主要因素。作为新兴的媒介,共同品牌的建立通过一系列赞助或促销搭售事件作为有效传播的媒介,电子媒体和网站可以帮助企业建立共同品牌。电子媒体和网站可以采用创意的方式去宣传企业赞助、促销等活动,从而引起消费者的惊奇、兴趣和对问题进行集中或分散的思考,在为顾客带来美好的思考体验和回忆的同时,也会给产品带来销量的增加和顾客忠诚度的提高。

4. 行动体验的影响因素

电子媒体和网站是影响行动体验的主要因素。在体验营销活动中,引导消费者亲身体验,尤其是创新利用高科技或其他较为新颖的产品呈现方式,让消费者可以积极亲身参与感受品牌的产品和服务而获得行动体验,将能帮助消费者获得较强的行动体验,从而对产品性能、质量、特色、文化等有更深刻的认识,激发消费者的购买欲望。随着大众传媒与信息技术的不断普及,电子媒体和网站在行动体验中发挥着重要的作用。作为线下体验的互补,线上媒体和网站可以通过互联网等特定的方式为无暇进行线下体验的顾客提供在线体验。同时,利用网络可以开展一些线下无法开展的活动,从而进一步丰富行动体验。例如,上文提到的 NIKEiD 计划就很好地利用了网络等新媒体,消费者可以在官网上自己设计运动鞋的配色和图标方案,系统可以模拟出鞋子的 3D 效果,方便消费者选择。这种新奇而有趣的定制做法获得广大消费者的认可,他们在积极参与设计运动鞋的同时,也更加认可 NIKE 创新卓越的品牌形象。

5. 关联体验的影响因素

电子媒体和网站同样是影响关联体验的重要因素。关联体验的目的在于通过与消费者和一个较广泛的社会系统产生关联,通过该关联使其对某种产品产生偏好和忠诚。随着现代信息技术的发展,电子媒体和网站影响着产品和品牌社群的建立,从而影响消费者的关联体验。目前,电子媒体与网站的建立主要有两种方式:一是专门建立一个用于消费者分享用户体验的网站,顾客或者有购买意向的消费者在针对产品性能参数和品牌价值的探讨中增强关联体验的效果。二是在品牌官网上设置专门的论坛版块,采用会员制等方式促进购买产品的消费者与其他潜在顾客交流经验,并且可以在线获得企业专业服务人员的指导。通过上述方式进行的关联体验,有助于增强消费者对产品的认同感和信任感,能够促进企业积累潜在消费用户,提高企业的产品销售。

二、体验营销策略的制定

体验营销已成为现代营销战略的重要方式,那么,企业如何制定体验营销策略,促进体验营销活动的开展呢？结合已有的研究，体验营销策略制定可以分为四步：

1. 目标顾客心理分析与沟通

对目标消费群体进行心理分析与沟通是制定体验营销策略的首要环节。首先，通过利用互联网、大数据、云计算等现代化信息技术，运用线上调研、有奖问卷调查等方式获取更多的目标群体信息和潜在消费需求；其次，创设体验情境，邀请目标消费群体进行沟通，深度挖掘消费者的心理诉求和价值痛点；再次，企业依据获取的相关信息，基于消费者的角度，不断优化自己的产品和服务，从而明确在体验营销中为顾客构建何种体验氛围。

2. 以体验为导向设计具体营销策略

针对目标消费群体的诉求，结合当前消费者个性化、定制化和多元化的消费特点，企业在进行体验营销设计时，要转变以往只注重"热销"产品的思维方式，更加重视"长尾"产品的价值创造能力，并根据目标消费群体的个性化体验需求，制定和设计具体营销策略。

3. 注重消费情境的体验设计

在体验营销活动中，营销活动的开展既要注重产品本身的信息，如产品质量、性能、包装设计等，更要注重发掘品牌与消费者的接触点，借助多种途径（如直播、音乐、店面装饰、人员特质等）为顾客创造产品之外的场景体验价值。同时，营销人员在执行具体营销活动时，要有针对性地根据不同目标消费群体的消费特质和价值诉求，建构适宜的体验式消费场景，拓展产品的价值外延，从而有效促进消费者购买行为。

4. 强化体验营销"主题"

体验营销策略的制定过程中要围绕一个主题（如时尚、文艺、个性化、精神宣扬等），通过设计"主题道具"和相关场景，为消费者创造出预期的场景体验，激发消费者在情感和价值上的共鸣，提高客户对产品的忠诚度。在这一过程中，需要体验营销人员首先对产品和品牌有精准的把握和定位，然后找到产品与目标客户的个性特质或价值诉求相契合的接触点，从而设计出能够引起目标群体参与兴趣和情感共鸣的体验主题。

总之，体验营销活动的开展是一项复杂的系统工程，需要营销人员能够精准把握消费者的消费痛点，结合产品的功能属性和品牌设计营销主题，并找到最合适的方法和"主题道具"完善消费者的体验，实现营销变现和产品品牌形象塑造。

微案例 6—— 阅读请扫第 73 页二维码

三、体验营销的实施策略

体验营销已成为当今企业开展营销活动的重要形式，可以从以下方面制定体验营销的具体实施策略。

1. 产品体验策略

采用体验营销的企业，始终要注重在消费者体验的引导下去进行产品的研发与设计。为此，要追求产品细节的完善，全面思考消费者对产品质量、功能属性等方面的要求。当前，消费者越来越注重产品的个性化特点，企业应该充分利用互联网的传播作用，为顾客呈现出产品的新颖之处。在制定产品体验策略时，需要注意以下几个问题：

（1）注重体现消费者体验感官的因素。在制定产品体验策略时，要充分考虑消费者在体验过程中能够感知到的因素,如产品给消费者带来的视觉感受、听觉感受。例如,王者荣耀等手游会给游戏中的角色开发各式各样的皮肤、特效、配件等,供消费者自主选购;"楚留香"等手游甚至开放人物模型的"捏脸"服务,即玩家可以自己动手塑造游戏人物的容貌。

(2) 寻找用户衡量产品品质的标准。通过调查问卷等方式尽可能收集潜在顾客的需求信息,据此来完善产品细节,突出产品特点。

(3) 考虑消费者使用产品的心理感受。在实施产品体验策略之前,营销人员先行尝试使用产品,通过对使用产品的心理感受进行分析,不断优化完善产品体验策略,尽量做到能够满足消费者的心理预期。

2. 渠道体验策略

扩大体验渠道是体验营销实施过程中的重要一环。企业和商家需要根据消费者的兴趣及时调整和优化营销渠道,尽力为消费者提供体验渠道。

(1) 增加体验渠道的数量,方便消费者进行体验。渠道可分为线下实体渠道和线上渠道两种:通过在体验店建设线下渠道,让该店所在区域的消费者进行产品体验;线上渠道则主要通过互联网、直播、短视频等多元化新媒体手段增强消费者的虚拟场景体验。

(2) 完善渠道细节。当前的消费者越来越关注营销的细节,除了产品本身外,商家还要对店面的装修、营销道具的设计、物品的摆放等不断优化完善,以提高消费者的体验感受。例如,苹果旗舰店在实体店面中通常摆放一部分产品供消费者自由体验,并且店面内部布局整体比较开放,旨在给消费者营造轻松自在的氛围。

3. 员工体验策略

不同于传统营销模式,体验营销的目的在于增强与消费者的沟通与互动,从而达到吸引消费者购买产品的目的。这其中,员工体验是开展体验营销活动重要的一环。员工通过在与消费者互动的过程中表现出优秀的服务态度、工作能力和社交能力,能在一定程度上对消费者的购买决策起到决定性的作用。因此,企业在开展体验营销活动时,要注重对员工的培训,提高员工的综合服务能力,从而促进营销活动的高效开展。

4. 流程体验策略

在实施体验营销活动时,还需要考虑在为消费者办理业务过程中的操作流程、路线及时间等因素,增强消费者的流程体验。实施体验营销的商家要以消费者的需求为导向,改进传统的业务流程,及时与客户进行沟通和交流,获取消费者的反馈意见,分析消费者的消费行为及习惯,并根据消费者的兴趣点及时调整流程模式,尽最大可能吸引更多的顾客前来体验。例如,登录百度的网络体验界面,用户可以看到不同的体验版本,用户可以根据自己的情况进行选择,从而改善用户的体验感,提高使用率。

拓展阅读 1 —— 阅读请扫第 73 页二维码

第三节 社群媒体营销体验策略

进入 21 世纪以来,随着互联网技术的广泛运用,人们的社交方式呈现多元化、虚拟化、社群化的发展趋势。在各种社交软件的串联下,不管是熟人之间还是陌生人之间的关系型社交,都有着形成群体的趋势。有相同爱好、兴趣或需求的人集聚到一起,逐渐形成了多种多样的群体,这些群体就是社群营销的基础。

一、社群营销认知

1. 社群营销的定义

社群营销是以社交工具与场景为依托,在网络社区营销及社会化媒体营销基础上发展起来的,用户连接及交流更为紧密的网络营销方式。其中,社交工具指的是常见的互联网及移动互联网社交工具,如微博、微信、QQ等;社交场景指的是线下具备社交属性的场景,如家庭、企业、社区、体验馆等。在社群营销网络体系中,社交工具与场景相当于"通路",以各种关系形成的社群关系相当于"顾客"。

2. 社群营销的特征

(1) 以用户为中心。与关系营销等其他营销模式类似,以用户为中心是社群营销的重要特征。社群营销的成功与否主要取决于商家与社群成员之间的关系,商家与社群成员的关系越好,产品的竞争力越强,就越能获得更多消费者的青睐,产品销售就越容易。此外,通过社群成员之间的交易进一步创造了社群经济,通过打造"社群+场景",社群成员之间可以主动分享传播,从而会带来社群营销的再次裂变。

(2) 互动性强。社群营销主要是让用户与用户之间多沟通交流,社群内如果有几个忠实的老客户的话,他们正面的每一句话都可以树立厂家产品的口碑,对于第一次购买产品的用户,或者进了社群还没有产生交易的用户,将会产生良性的影响。商家与用户之间直接进行的沟通,也能为销售额带来直接的影响。

(3) 情感营销。社群营销与其他营销模式不同,社群营销更看重情感,在这个营销过程中,需要与顾客建立情感上的联系,用心维护新老用户,通过贴心的服务赢得顾客的信赖并最终实现产品变现。

(4) 自行运转。在社群营销中,除了基本的运营工作做到位以后,不需要太费劲就可以获得新订单,这是因为商家在服务用户的整个过程中,无形间建立了口碑。顾客在社群中获得了良好的体验和购买后,通常会主动介绍新的用户,从而可以实现社群的自行运转。

微案例 7 —— 阅读请扫第 73 页二维码

3. 社群营销的优势

相较于传统营销来说,社群营销存在以下三大优势:

(1) 运营效率高。社群营销更加关注潜在消费群体之间的沟通,通过社交沟通与场景体验,消费者之间能够借助线上与线下社交工具对商家和产品进行宣传,从而实现传播速度更快,传播范围更广,同时利用大数据进行用户管理能使时间成本、人力成本与推广成本大幅下降,从而能够显著提高商家的经营效率。

(2) 可实现即时推广。社群营销的购物圈都是建立在粉丝或忠诚度较高或用户粘性较强的消费群体基础之上的,可实时推广购物,使影响顾客的周期无限延长,与顾客形成良好的互动,从而能够提升从购买欲望到实施购买行为的转化率,实现裂变式扩张,带来更多流量和潜在消费群体。

（3）营销功能更加齐全。社群营销的功能较多，既包括线上的社交工具，也包括线下的场景体验，同时也提供支付、售后、物流等一系列服务体验，等等。消费者可以方便地利用商家提供的社群营销工具与老朋友保持联系，结识新朋友，从而不仅可以引导顾客产生购买行为，降低获客成本，还能促使顾客的购物体验得以改善，增强了消费活动的趣味性。

二、社群营销与推广

（一）社群营销模式的种类

社群将具有相似兴趣爱好的用户集聚在一起，进而创造出一种群体性的场景，可以实现用户流量的转存量、裂变。在社群中，社群模式及其产品是吸引已有的或潜在的社群成员的关键，拥有庞大的用户（粉丝）以及对顾客的精准营销定位是社群营销取得成功的前提。因此，社群营销运营者要找到符合自身需求的社群模式，并对社群的种类进行细分，然后选择符合自身需求的社群。通常而言，社群营销主要有以下几种分类：

1. 知识型社群

知识型社群是指员工自动自发（或半自动自发）而组成的知识分享的团体。其凝聚的力量是消费者之间的交情及信任，或是共同的兴趣，通过用户间的传播最终实现社群规模扩大和相关产品的销售。

知识本身所具有的高价值，使得知识型社群营销成为顾客最为关注的社群营销模式之一。知识型社群产品代表包括读书类社群（如逻辑思维等）、书友会类社群（如卡耐基书友会等）、技能培训类社群（如全民简历制作等）、知识分享类社群（如知乎等）。这类社群营销之所以能够成功，关键在于社群中的产品质量较好，能够培养用户的素质、提升技能或增强兴趣等，从而能够吸引消费者并刺激其最终变现。因而，知识型社群通常具有产品品质过硬、产品类型不断扩展、社群活动丰富多样、社群成员忠诚度高等特点。

2. 分销型社群

分销型社群是比较常见的社群之一，微商群等是典型的分销型社群。分销型社群主要的目的在于产品营销，因此，分销型社群成功的关键在于产品质量和社群提供的服务。根据分销产品种类的不同，分销型社群又可分为如表6-2所示的三种类型。

表6-2 分销型社群分类

社群类型	运行模式	社群特点	产品销售策略
广告分销型社群	微信朋友圈、QQ群等	聚集着大量成员，广告信息可以在各类平台上发布	满足群成员的基本诉求，分销操作过程简单
			通过丰富的社群活动让社群成员对社群产生归属感，增强成员的黏性
代理实物产品型社群	微商或微商代理人组建的社群，吸引新人加入成为新的代理商	品牌信息比较丰富，社群成员的积极性与互动性较高	充分掌握品牌信息，才能让成员对产品更加信赖
			组织群成员分享销售经验，所有成员掌握销售策略

续 表

社群类型	运行模式	社群特点	产品销售策略
自有实物产品分销型社群	品牌拥有者为社群的运营方	自主性高	通过相应的资质证明产品的品质
			做好推广营销的准备
			制定完善的奖励机制,让成员对社群充满信心
			组织常规化的社群活动,增加成员的自主性

资料来源:营销铁军.场景营销[M].苏州:古吴轩出版社,2020:160-161.

3. 兴趣型社群

兴趣型社群是社群最基本的一种模式,是一种将具有某一种特定爱好的人聚集起来的社群,而且每一个用户都有着和自己具备相同兴趣爱好的小团体,潜在用户极大,而且通过社群可以将个人的兴趣进一步放大。用户更加愿意参加到社群之中,通过迅速裂变传播社群不断扩大用户群体。与之相对应的,兴趣型社群产品主要依靠一些独特的标签来获得社群成员的青睐。此外,这些兴趣类产品还会有更深的含义,其价值远远高于实物本身的价值,例如,明星产品、合影产品、吉祥物产品以及其他可以满足社群成员兴趣的产品等。

4. 品牌型社群

品牌型社群是由消费群体和企业营销人员与产品、品牌及其他利益相关者所共同组成的、特殊的、不受地域限制的群体,是建立在使用某一品牌的消费者所形成的一系列社会关系上。在品牌型社群情境下,社群成员对品牌和社群有更高层次的认同,社群成员相信彼此之间及与整个社群之间都有联系,各自的需要都可以通过这种联系得到满足。

品牌型社群要求社群产品要有一定的档次,其档次高低与社群品牌的含金量、文化特质等有关系,可以从两方面来构建社群品牌:一是从专属性、稀缺性以及差异性等建立小众化、个性化的社群品牌;二是从独一无二的体验角度打造社群品牌,通常借助专属的特定活动来完成,使得品牌的内容及用户进入的流程更加具有独特气质,如星巴克在合肥推出的"包公"系列产品,便是一场专注于品牌打造的社群营销。

(二)社群营销的推广

1. 场景化社群构建

在移动互联网下,社群和场景相结合,以社群为框架,用场景来进行装饰,就可以构建出更适应营销需求的场景化社群,打破商家与用户之间的壁垒。

(1)聚集粉丝基础。强大的粉丝和流量的集聚是场景化社群营销的前提,因此需要在场景社群构建之前先积累粉丝和用户存量,为场景化社群营销提供施展空间。一般可以从评论、经验分享、论坛、支付、红包、知识等内容,新闻八卦、视频、情感与兴趣等场景积累粉丝用户数量。在粉丝聚集场景中,社群营运者一定要让营销内容与相应场景精准对接,找到符合定位的用户。同时,在与粉丝沟通的过程中,要注意使用语言技巧,用自然且有吸引力的语言来传播社群最主要的信息。此外,社群运营者需要结合当前热点问题、事件、现象等经常发布与运营内容密切相关的内容,这样才能捕捉到合适的潜在粉丝。

(2)明确社群成员与管理框架。随着社群规模的发展壮大,需要通过构建管理框架体系,形成日臻完善的制度体系,才能促进社群运营朝向规范化、组织化、高效化方向发展。在这个管理体系中,首先要确定社群成员身份定位,其次要明确各成员的主要职责,最后根据主要职责确立在组织管理机构中的位置并赋予相应的权利和义务,从而逐步建立起比较科学合理的组织管理结构。

(3) 设立社群规则。各类不同规模及层次的社群良好、健康运转,都离不开有效的运营规则,例如,入群门槛的设定、发言内容的禁忌及规范设定、线上与线下活动时间的设定、社群成员身份及荣誉的设定、社群奖惩机制的设定、社群活动内容的规则,等等。通过制定详细的运营制度,将能有效保障社群的正常运行以及规模的扩大。

(4) 明确社群变现的模式与渠道。当社群发展到一定程度,普通用户会向忠实用户转变,社群的影响力会更加明显。当社群的用户积累到一定数量,就可以借助多种模式和渠道去实现社群构建的变现这一最终目标。社群变现的模式与渠道具体如表6-3所示。

表6-3 社群营销的模式与渠道

社群营销模式	社群营销渠道
营销变现	新品上市时,首批产品仅限社群成员购买,并且享受会员价格优惠
	社群用户在售后、服务等方面享受优待
分销代理	借助社群的力量,让社群成员成为分销代理人员扩大客户渠道,增加销售,从而实现变现
会员收费	打造高价值的社群知识内容,通过收费机制实现社群资金储备,从而让社群朝着更好的方向发展

资料来源:营销铁军.场景营销[M].苏州:古吴轩出版社,2020:153.

2. 场景化社群平台选择

根据营销品牌和已有粉丝及忠实用户的特点来选择相应的社群平台,这样才可以更加精准地建立社群营销场景。当前,社群运营平台主要有微博、微信和QQ三大平台,各平台的特点如表6-4所示。

表6-4 不同社群运营平台的特点

社群运营平台类型	特 点
微博平台	微博平台的社群场景更加侧重粉丝、兴趣爱好,不受地域限制,群用户可以进行丰富的交流互动,同时借助转发、话题讨论等进行信息分享,促进社群规模不断扩大,并带来价值互通和增值
微信平台	微信平台的内容只有关注的粉丝才可以看到,因此更具有私密性,同时内容篇幅不受限制,适合圈子类、产品类、内容类、知识类等社群发布较长的、具有一定深度的内容
QQ平台	QQ平台具有用户广泛、功能强大、跨平台操作等优势,可以实现点对点、点对多的聊天,此外,签到、群论坛、公告、相册、群直播等功能一应俱全,因此能适应很多社群场景建设

除了以上三大主要平台之外,百度平台下的贴吧、百度知道、百度经验,以及天涯论坛等,可以进行营销类、兴趣类、问答类知识或内容社群的构建;淘宝网开发的阿里旺旺等通信、社交工具,同样可以进行社群建立;抖音、快手等短视频社交工具可以开展直播类、分销类、知识类等社群营销,等等。随着数字技术和移动互联网的广泛应用,各类社群营销平台

层出不穷,从而可以根据粉丝的兴趣爱好及个性化的消费特点开展精准性的社群营销活动,最终达到社群变现、提高销量和收入的目标。

3. 社群文化与品牌价值的塑造

(1) 社群文化的塑造与维系

随着社群营销的不断发展以及用户受教育程度的不断提升,单纯以物质或产品内容为主的社群营销难以为继。近年来,社群文化对社群营销的重要性越来越突出。社群文化通过一些特定的形式对社群产生影响并进一步影响社群用户的行为。因此,培育社群文化,引领社群用户形成积极向上的价值观,可以增强社群文化凝聚力和维系社群活力。

首先,为社群贴上个性化与多样化标签,希望能够被社群成员快速识别和确认,可以赋予社群成员独特的感受,从而让社群成员对该社群形成一定的依赖。

其次,塑造社群价值观为社群指引方向。在社群中,通过借助榜样的力量、定期举办分享会以及对品牌进行跨群分享等方式塑造社群正向的价值观或正能量,引导社群成员对社群价值观的认同,并且通过设置相关功能和奖励措施激发社群成员的创造力,让社群成员可以自觉地进行社群内容的开发和尝试,从而让社群文化得到更进一步的传播。

(2) 社群品牌价值的塑造

当前,随着社群营销模式的不断发展,社群营销的竞争越来越激烈。为了让社群更具竞争力,对用户有更强的吸引力,社群塑造自身品牌至关重要。这不仅包括社群的产品和服务具有一定的品牌,社群自身也要凝练和打造自身的品牌。社群品牌有以下特点:

首先,社群文化与标签是社群品牌建立的前提。社群文化是社群成员接触社群之后最先感知到的一种氛围,因此,社群文化与标签是社群建立品牌的关键。通过营造浓郁的社群文化,给社群添加更具有个性化的标签,会使社群表现出独特的气质,使得社群更具有吸引力,从而能够提高用户黏性,并在潜移默化中逐渐塑造出社群所特有的品牌。例如,豆瓣具有的文艺、独立标签吸引了很多文艺青年聚集,并且逐渐打造了区别于其他类似社群的特有品牌。

其次,从小众化和个性化视角建立社群品牌。为区别于基于大众诉求而设立的社群文化,满足当前用户对小众化和个性化的追求,需要打造垂直方向上的兼具小众化及个性化的社群品牌。可以围绕两个方向进行:一是从专属性、稀缺性或差异性等方面打造社群品牌,即根据社群用户的特征及其个性化诉求,构建只为少部分用户群体、数量有限的以及与众不同的社群品牌。二是从独一无二的体验打造社区品牌。在社群品牌的体验设计过程中,要注重细节的设计,通过各种话题为社群品牌制造神秘感,给社群用户提供独一无二的体验,从而激发用户的好奇心,对社群品牌进行持续的关注,在不经意间打动用户,树立品牌形象。

再次,社群品牌的影响力扩大需要提高用户的参与感。社群品牌最终要在被用户接纳的基础上实现传播和扩大影响力,这其中提高用户的参与感十分重要。社群运营者可以结合当下热点话题,发起一些活动,邀请社群用户参与,同时,社群运营者及时与用户互动沟通,逐步建立用户与社群品牌之间的信任,让群成员积极参与社群品牌活动,并在无形中传播社群。

本章重点

1. 面对市场激烈的竞争以及消费者的个性化需求,企业需要通过创新营销模式让消费者去感知和体验产品和服务,而体验式营销成为企业获得顾客以及提升顾客满意度和忠诚度的重要手段。因此,在体验营销时代,要对传统营销和传统广告进行体验化改造。体验式广告应根据体验营销目的出发,从感官、情感、思维、行动及关系等方面有针对性地采取不同的广告改进战略,充分传达各种不同的体验感受,进而达到销售商品和服务的目的。

2. 体验营销是为了更好地满足消费者对个性化商品的需求,通过采取形式多样的方法让消费者感受和体验商品和服务。体验营销的影响因素众多,在制定体验营销策略时,要注意从目标顾客心理分析与沟通、以体验为导向设计具体营销策略、注重消费情境的体验设计、强化体验营销"主题"等方面着手,并从产品体验策略、渠道体验策略、员工体验策略、流程体验策略等环节具体实施。

3. 社群营销是在网络社区营销及社会化媒体营销基础上发展起来的用户连接及交流更为紧密的新型网络营销方式。社群营销具有运营效率高、可实现即时推广、营销功能更加齐全等特点,因此在进行社群营销推广时要进行精准分类,针对不同类型实施不同的产品营销策略,从而达到个性化、精准化营销的目标。

思考题

1. 梳理本章知识体系,绘制一张包含本章全部知识点的思维导图。提示:使用MindMaster等专业思维导图绘制软件会让你更加得心应手。
2. 为什么要对传统广告进行体验化改造?请举例说明。
3. 传统广告可以从哪些方面进行体验式改造?你能分别举例说明吗?
4. 体验营销策略的制定需要考虑哪些因素?如何实施?
5. 社群营销为什么越来越受到消费者的青睐?你认为社群营销能取代传统营销模式吗?为什么?
6. 你认为未来广告营销模式的发展趋势如何?请结合相关资料谈谈你的看法。

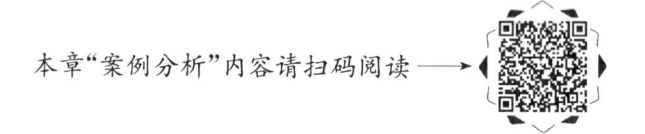

本章"案例分析"内容请扫码阅读

参考资料

[1] 艾进.体验经济下的广告管理:新趋势、新方法与新案例[M].成都:西南财经大学出版社,2015.

[2] 冯英健.网络营销基础与实践(第5版)[M].北京:清华大学出版社,2016.

[3] 营销铁军.场景营销[M].苏州:古吴轩出版社,2020.

[4] 王华芳.社群营销的思维转变与策略研究——以小红书为例[J].北方经贸,2022(4):50-52.

[5] 潘永洁,梁旭."蔚来汽车"社群营销模式研究[J].消费市场,2021(9):28-31.

第七章　体验营销定价模式

章节导言

体验营销已成为21世纪最重要的营销模式。通过体验营销激发顾客对产品和服务的感官认知与情感共鸣，从而能够在促成顾客购买交易的同时，提升顾客满意度和体验感。这其中，体验营销定价模式对于企业与顾客间达成交易十分重要。在本章中我们将向同学们介绍体验营销的常见模式，然后在此基础上分析体验营销定价的影响因素，最后讨论体验营销的定价依据及定价方法。

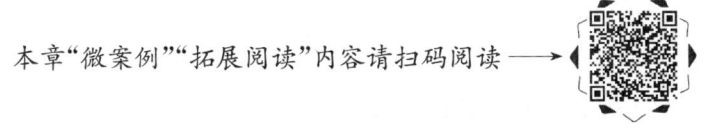

本章"微案例""拓展阅读"内容请扫码阅读→

与传统营销模式不同，体验营销是站在消费者的感官、情感、思考、行动和关联五个方面重新定义、设计营销的一种崭新的思考方式，是体验经济下营销模式创新的具体体现，其目的在于通过为顾客提供个性化体验、实现商品销售，从而实现价值创造。因此，在体验经济下，企业或商家要进行体验营销，首先要了解体验营销的运作模式，然后结合企业或商家自身以及体验营销的特点，设计体验营销定价策略，吸引消费者并提高消费者对产品和服务的信赖，最终达到体验营销的目的。

第一节　体验营销模式

一般而言，体验营销有如下几种运作模式。

一、节日模式

节日模式是指企业和商家利用国家法定节假日的机会制定迎合消费者心理的营销手段，以此达到激发消费者购买动力、扩大商品销售的目标。每个国家都有自己的传统节日，节日在丰富人们的精神生活、调节生活节奏的同时，还能够深刻地影响消费行为的变化。例如，一家从事电子产品销售量贩店充分利用节日营销模式，取得了巨大的成功。该店的具体做法是：在"母亲节"当天举行一项电脑贺卡表心意活动，免费提供电脑、印表机以及可将各种图案文字组合的软件，参加者自行发挥创意，绘出各式各样的母亲卡，以表达对母亲的敬爱。此项活动既以"母亲节"绘贺卡为题，与"母亲节"商品密切相关，同时也赶上了时下流行的自己动手做的热潮，结果引起了消费者的极大兴趣。最重要的是商家在消费者体验快乐的同时大量地促销电脑,一举两得。

我国是一个多民族的国家,节日种类繁多。随着人们收入水平和消费水平的不断提高,对节假日也愈加重视,节日消费也日益成为我国一种新的消费现象。在一些重大节日期间(如端午、中秋、国庆等),消费者心甘情愿为节日和自己的快乐买单,寻求生活仪式感。若企业抓住这一时期消费者的心理,配合制定出迎合消费者心理的营销手段,为消费者提供个性化、精准化的体验场景,给消费者创设身临其境的体验感,从而促使消费者与商家一拍即合,达到为企业和商家营业额助力的效果。

微案例 1——阅读请扫第 91 页二维码

二、情感模式

1. 情感模式的内涵

情感是人的需要得到满足时所产生的一种对客观事物的态度的内心体验。消费者在选购使用商品的过程中,对于符合心意、满足实际需要的产品和服务通常会产生积极的情绪和情感,从而能够增强消费者的购买欲望,促进购买行为发生。情感模式是指通过寻找消费活动中导致消费者情感变化的因素,掌握消费态度形成规律以及有效的营销心理方法,以通过激发消费者积极的情感达到实现商品促销的体验营销运作模式。

2. 情感营销的组合因素

(1) 情感产品。产品是企业市场营销组合的首要因素,一个企业要实现自己的经营目标,在激烈的市场竞争中占有一席之地,必须有适销对路的有形产品或无形产品。从消费者角度来看,他们是通过对产品的购买才与企业产生间接联系。产品在满足消费者情感需要的同时,也会促使企业的销售目标得以实现。因此,对情感营销来说,组合因素中的首要因素必然是情感产品,情感产品是情感营销策略的实物载体。

从不同的角度理解,可以对产品的定义做各种表述。市场营销学角度的产品定义是指向市场提供的能够满足人们某种欲望需求或需要的一切物品和服务。本书提及的情感产品是指以情感化传播诉求为途径、以情感化沟通、情感化服务为手段,向消费者销售的一种具备了情感化包装、理念和功能的产品,即在具备基本功能、满足生理需求的前提下,注重情感需要,追求满足消费者心理需求的产品。

(2) 情感价格。最初的产品价格源于"物以稀为贵",稀缺性产品能够通过高价获得最大的利润。当前能够创造产品价格的途径越来越丰富,消费者在购买商品时总是以达到自己利益的最大化为目的。所谓利益最大化,就是在商品给自己带来一定效用时,所耗费的成本最小,或者是在一定花费的基础上,商品带来的效用最大。基于效用最大化的分析,可以将产品分为两大类:一类是日用消费品、食品和家用电器等功能满足型产品;另一类则是礼品、奢侈品香水、名表、化妆品和烟酒等以满足消费者的情感利益为主要目的的情感表达和自我表现型产品。对于功能满足型产品来说,产品质量是消费者购买的主要驱动力。从心理学角度来看,现在社会产品的复杂程度越来越高,信息量极大,消费者可获得的市场信息不充分,产品质量难于判定,这时"一分钱一分货"的思想就成为消费者评判的依据,部分消费者愿意为好的信誉付出更多的代价,以减少不确定性带来的损失。我们进一步可以认为,即使消费者能够从市场上获取关于产品质量的信息,由于信息获取需要成本,或者由于习惯或惰性使然,消费者仍可能依据价格来推断质量,从而价格和质量之间被认为存在推断与被推断的关系。这些厂商为了保持或者提高其价格能力,他们会持续加强产品的质量管理,建立长期的信誉,提高自己产品的价值。由此可以看出,情感价格就是与情感产品的质量、品牌、信誉等相匹配的、消费者获得心理满意的合理的产品定价。

(3) 情感沟通。情感沟通是指企业人员在销售和服务的过程中,通过语言及行为的信息交换方式,将企业服务理念或产品的特色更人性化地、差异性地传递给消费者,以激发起消费者情感评价的过程。在这个沟通过程中,企业必须关注两个因素:诚信和员工。

企业要讲诚信,这不仅可以获得消费者的青睐,同时能够巩固品牌经营的基础,为赢得市场创造条件。诚信主要包括"诚实和信用",信用在某种程度上可以说是品牌向消费者所做的利益承诺,包括该品牌的企业文化、品牌定位、品牌标志、服务理念等。例如,同仁堂的金字招牌之所以多年不倒,不仅因为它有养生济世的经营宗旨和精益求精的敬业精神,还因为它有童叟无欺、一视同仁的职业道德。不论在同仁堂药店里,还是在车间里,经常能看到这样一副训规"炮制虽繁必不敢省人工,品味虽贵必不敢省物力。"这条古训就是清朝康熙四十五年(公元 1707 年),乐凤鸣在《乐氏世代祖传丸散膏丹下料配方》一书序言中明确提出的,后来成为历代同仁堂人在制药过程中必须遵循的行为准则。

员工是情感沟通的桥梁。在产品质量优越的前提下,顾客的忠诚度来源于顾客对企业提供的优质产品和员工满意度服务。企业的员工代表着企业的形象,企业员工的销售技巧和热情在很大程度上决定了产品的市场占有率。只有不断激发企业员工的从业热情和创造性,提升全体员工的忠诚度与保持骨干队伍的稳定性,才是一个企业成功的关键。

(4) 情感服务。情感服务是指在产品销售过程中营销人员运用情感因素销售产品的过程。情感服务包括静态服务和动态服务两个方面。静态服务主要是指硬件设施基础上的情感环境服务。对于如渠道终端、专卖店或者服务机构来说,营造合适的服务环境是十分重要的。例如,在老年人活动站或者专卖店为消费者准备老花镜、一次性饮用水杯和便携式塑料袋等,都是情感关怀和人性化的具体体现。动态服务主要是指员工直接与消费者进行沟通时的服务心态以及所采用的沟通方式。在与消费者沟通的过程中,最重要的是把握好企业最终目的与消费者追求目的的最佳结合。营销人员应将自己定位成消费者的知心朋友,对消费者要充满爱心,帮助消费者解决消费疑虑等消费心理的问题,然后再通过观察不同消费心理运用销售技巧达到最理想的销售目的。

微案例 2 —— 阅读请扫第 91 页二维码

三、文化模式

随着市场经济发展以及互联网技术的广泛使用,市场竞争越来越激烈,企业的营销模式及手段也处于持续变革的状态中,特别是随着消费结构不断升级以及消费者个人素质的不断提升,产品营销中的文化因素不容小觑。近年来,国内外学者对文化营销的内涵及特征进行了大量研究并且提出了自己的理解。有些学者认为,文化营销其实就是与消费者文化需求相符的营销模式;有些学者认为,文化营销是通过以某一核心价值理念为导向,制定合理的企业经营目标的营销模式。从本质上来看,文化营销要将文化理念有效渗透到每个营销环节中,主要目的在于提高产品价值,同时使消费者实际的文化需求得到满足。

在体验经济下,消费者更加关注产品及其延伸服务带来的体验感。企业在营销过程中,通过利用传统文化或现代文化,使企业的商品及服务与消费者心理形成共鸣,营造出一种社会文化气氛,从而能够有效影响消费者的消费理念,促使消费者自觉地接近与文化相关的商品与服务,促进消费行为的发生并进一步形成消费习惯。因此,引导消费者树立文化理念、提升消费者真实的文化需求是文化营销的主要目标,更是体验营销措施制定的重要导向。在文化营销模式下,企业需要制定先进的文化营销理念,将文化营销理念巧妙地渗透到商品生产销售的全过程中,包括价格决策、促销策略以及产品决策等各个环节。例如,2018年10月,腾讯联合故宫博物馆、QQ音乐推出"古画会唱歌"音乐创作大赛,仅一个月就收到500多首参赛作品,吸引了400多万人参与网络投票。腾讯这一典型的文化营销策划,为消费者提供了一个与中国传统文化亲密接触的平台,使得消费者思想与传统文化碰撞,不仅增强了人们对中国传统文化的兴趣,同时也为腾讯扩大了宣传,积攒了良好的口碑。

微案例3——▶ 阅读请扫第91页二维码

四、美化模式

每个消费者的成长背景和生活环境不同,因此,每个人对美的理解具有偏差性,这种对美的要求同样映射在消费行为中。

弗洛伊德在分析人类的动机时,把追求美的动机作为人们的一种重要形式。美是人们生活中一种重要的价值尺度,因每个人的生活环境与背景不同,对于美的要求也不同,这种不同的要求也反映在消费行为中。商品通常可以为消费者提供两种美的满足感表现:一是商品本身具有美的欣赏外观,如商品外包装漂亮、精美,商品造型与质感具有美感等;二是商品为消费者创造出的美感。这类商品不仅能为消费者带来视觉美的享受,还能使消费者在使用过程中心情得到愉悦,满足对美的需求。例如,近年来一些时装店推出了一种形象咨询与设计服务,这些时装店或化妆店通常会聘请一名到十几名形象设计专家,他们根据顾客气质、性格、身体、容貌、爱好和经济条件等具体情况为顾客做参谋、出主意、提出建议或指导,告诉他们整体形象打扮方案。这种模式不仅极大地满足了消费者追求美的需要,而且较好地促进了各类化妆品与服装的销售。

五、服务模式

与传统营销不同,体验营销强调以顾客为中心,更加关注顾客感性方面的需求。企业在这种情况之下也逐渐将重心转移到服务方面,更加注重顾客的感受与体验。因此,在体验营销下,服务营销模式创新成为体验营销的重要内容。良好的服务能够使消费者在无形中增加对企业及其产品的好感,建立顾客对企业和品牌的忠诚度在体验营销背景下,可以从以下几个方面促进企业服务营销模式的创新。

(1) 设计服务营销模式创新思路框架。在实现企业服务营销模式创新的过程中,首先要重新定义与思考消费者的感官、情感、思考、行动四个方面及相互之间的关联性,将其作为基础推翻消费者在传统经济形态中的定位问题。要将企业的价值创造核心定位于消费者体验环节中,加大对消费者感性需求的关注,在企业生产、经营的所有环节都融入消费者体验观点。

(2) 体验与情境设计策略。在体验营销中,核心环节是对体验主题进行设计。在体验主题设计过程中要将消费者的兴趣、情绪、教育等方面因素考虑在内,将企业的产品与服务作为体验营销的媒介与载体,通过产品与服务使企业与消费者之间产生互动,让消费者产生良好的感觉与体验。较为合适的情景设计能够对消费者的情感互动产生触动与刺激的作用,是消费者进行体验的外部环境。企业进行情景设计的主要目的就是要消除消费者与企业之间存在的距离感,在情景设计中融入消费者的情感诉求,从而能使消费者更好地融入企业的体验主题中,提升消费者的体验效果。

(3) 事件与侵入设计策略。事件设计指的是在体验营销中对消费者的体验流程进行设计与规定,通过事件设计能够对消费者的体验进行引导,使消费者产生的各种较为零散、无序的感受与体验能够相互作用和集成,最终形成一个整体的感觉。同时,在消费者整体感觉形成的过程中,能够较为清晰地了解与定位企业的价值理念。在事件设计的过程中,一方面要对消费者的正面体验进行加强与放大,另一方面还需要避免与消除消费者的一些负面体验。侵入设计的主要目的是调动消费者的热情与主动性,使消费者能更加积极地参与到企业设计的体验事件中,提升消费者的体验效果,激发消费者的购买欲望。

(4) 印象与延伸设计策略。体验经济下,企业对印象进行设计的主要目的是使消费者在体验营销的过程中所获得的愉悦心情能够得到更好的维护与保持。消费者在体验营销中的这种感受就是企业的无形资产与竞争力。但是随着时间的推移与其他体验的增加,消费者对这种感受会逐渐淡化甚至忘记,因此要通过印象设计对其进行管理与维护。延伸设计的主要目的是使消费者在某一领域形成的体验感受向其他产业链与价值链中进行拓展,使这种体验价值通过更为广阔的传播渠道传递给更多的受众,实现顾客价值最大化,最终提高企业的经济效益。

微案例 4 —— 阅读请扫第 91 页二维码

六、环境模式

随着经济发展及消费结构升级,消费者在购物时不仅关注产品本身,而且越来越重视商家所创造的购物及体验环境。消费者在感觉良好的视、听等服务环境中,容易产生喜欢的特殊意感,因此,打造一个良好的购物环境,让消费者购物过程中产生舒服和喜爱,不仅迎合现代人文化消费的需求,也对商品和服务外在质量和主观质量具有加持作用,使商品与服务形象完美融合。

在某种程度上,体验环境的设计决定着体验营销活动的成败,因此,在设计体验环境时,一定要全面考虑顾客体验的要求。首先,体验环境的设计要以顾客为中心,要以了解顾客心理需求为前提;其次,要给顾客身临其境的感受和体验;再次,注重对顾客的感官刺激,造成强烈的视觉、听觉等感觉器官的冲击力;最后,突出体验主题,紧紧围绕主题展开想象,使顾客五个感觉器官产生的刺激都与体验主题相关。要舍弃偏离主题或无关紧要的设计,使体验环境的设计达到简洁、清楚、明快、主题突出的理想效果。

微案例5 ——▶ 阅读请扫第91页二维码

七、个性模式

随着经济发展以及人们生活水平的提升,消费者的消费观念也发生了变化,消费者更加强调体现自我个性,越来越注重消费过程中的体验感和特殊参与感。与此同时,现代信息技术的发展使得交易成本大大降低,使得企业与顾客之间的实时互动成为可能,个性化营销逐渐成为企业开拓市场和占领市场的一种新型营销理念。个性化营销应包含两个方面的含义:一方面,企业的营销要有自己的个性,用自己的特色创造出需求吸引消费者;另一方面,企业营销要满足顾客个性化的需求。也就是说,企业要开发出比较另类的产品,以突破常规冲击力的营销,挖掘、引导、创造并满足市场需求,符合当今人们求新、求异、求变的个性化消费潮流。

因此,为了满足消费者个性化的需求并求得生存和发展,企业必须开辟出一条富有创意的双向沟通的销售渠道,这样不仅帮助企业掌握消费者忠诚度,还能满足消费大众参与的独特的成就感,从而增进产品的销售。统一公司的"心情故事"是这方面成功的案例。如果单纯从产品本身加以剖析,"心情故事"以蜜豆奶和水果口味的产品属性,不易在竞争激烈的饮料市场中脱颖而出。为了突出个性,统一公司重新调整策略,将产品的消费群定位为13~16岁的青少年,并进一步采用直接而个性化的诉求。"心情故事"灵活地预留了一块征文园地,鼓励消费者勾勒出自己的"心情故事",别出心裁地让消费者成为包装上以及广告影片中真正的主角。"心情故事"在年轻消费群积极地说故事和看故事的参与中迅速地流行起来,并成为其中的经典。通过精准定位以及提供个性化营销,统一公司赢得了大量青少年消费者的信赖,同时也取得了不错的销售业绩。

八、多元化娱乐模式

娱乐体验营销是以顾客的娱乐体验为诉求,通过愉悦顾客有效地达成营销目标。娱乐是人类最古老的体验之一,人们生来都愿意寻求欢乐、避免痛苦,几乎没人会排斥促使其开心大笑的娱乐瞬间。在现代社会,体验营销还要注意能够为消费者带来多元化娱乐体验,消除消费者在体验和购物过程中的疲惫感、厌倦感。因此,多元化娱乐体验营销要求企业要巧妙地寓销售于娱乐之中,通过为顾客创造独一无二的娱乐体验来捕捉顾客的注意力,达到刺激顾客购买和消费的目的。多元化娱乐体验营销相对于传统营销方式,它的最大特点是摒弃了传统营销活动中严肃、呆板、凝重的一面,使营销变得亲切、轻松和生动起来,因而比传统营销方式更能激发顾客的购买欲望。例如,在传统零售领域,零售百货商场的基本功能只是出售商品,这让许多消费者逛商场感到身心疲劳。而现代零售企业不仅将商场装饰豪华,提供的环境舒适典雅,同时设有许多现代化设施,极力减轻顾客体力的消耗;而且功能上也大力拓展,集购物、娱乐、休闲于一体,使消费者在购物过程中能够得到娱乐和休息,真正做到了乐在其中。这种全方位的开放经营战略将多功能娱乐营销模式的优势发挥得淋漓尽致,不但有利于延长消费者在商店内滞留时间,从而创造出更多的销售机会,同时也使消费者自然而然地进行心理调节,切实地感受到逛商场也是一种享受。

第二节 体验营销定价模式设计

一、体验营销定价的影响因素

影响体验营销定价的因素不仅与产品成本有关,而且更多地取决于其他方面的因素,如消费者自身情绪状态、体验时间、体验场景、文化蕴含及自身价值认定等方面。也就是说,在体验营销活动中,价格可以表述为消费者自身情绪、体验时间、体验场景等因素的函数。用公式可以表示为:

$$P = f(e, t, s, c, v, \cdots\cdots) \tag{7-1}$$

其中:e 表示消费者自身情绪;t 表示体验时间;s 表示体验场景;c 表示文化蕴含;v 表示自身价值认定。

(1) 消费者自身的情绪状态。消费者自身的情绪状态是影响体验营销定价的一个重要因素。同样的体验过程,同样的体验项目,如果消费者状态不一样,他所接受的价格也会有很大的区别。一般来说,消费者自身情绪处于积极状态,对价格认同就会比较高,反之,对价格认同低。有调查表明,体验经济的消费者作为理性的经济人和非理性的自然人的结合体,他们在选择体验项目时会表现得较为理性,会从各方面考虑,但一旦进入到体验之中,则会让感性来控制。而根据弗洛依德的观点,人们的理性与潜意识的比例为1:6,即在人类的消费行为中,消费者的理性只有七分之一浮于表面,更多的则是在体验中慢慢刺激出来的感性。如一个消费者在确定究竟是去野炊还是去游乐场时,会理性地选择,反复比较,但一旦选定某个项目后就会尽情地投入,即使一个行为矜持的人也会在体验活动中无拘无束地放纵一次自己,这是由消费的情境而决定的。于是,体验营销中常常会出现这样一个现象:计划用1 000元消费的额度,而实际上会消费2 000元甚至更多,高价格的产品自然也会比较容易被接受。

(2) 体验场景。场景对体验营销产品价格的影响既有理性消费方面,也有情绪感性方面。由于消费者在不同的情境下有不同的角色扮演,其价格认同也是不相同的,即使是一个收入水平不高的普通人,在一个特别诱人的场景中也会表现出对高价产品的认同,或者说将自己当作一个高收入者享受一次高档消费。比如在一个额定人数教室里塞满了超过三分之一的人数时会感觉非常拥挤,但若是一个酒吧或聚会的场所,人多则会更让人感到兴奋,甚至一个人数越多的餐厅则说明体验越好,价格越高反而更容易使人产生认同。所以,一个能激发出人们潜意识感性消费的场所是体验营销实行高价策略的重要基础。星巴克咖啡的定价策略就是一个成功范例。星巴克出售的咖啡定价要比同类型的咖啡店定价高出一部分,但仍然受到广大消费者的青睐,这其中场景体验是重要因素。星巴克通过设计和布局氛围轻松、安静休闲的场景,使得消费者愿意支付较高的价格购买并在轻松氛围中品尝咖啡。正如被广泛引用的一句话:"星巴克出售的不是咖啡,而是人们对咖啡的体验"。在这里,体验营销还可以直接创造"价值"。

（3）体验的时间。时间是消费者有限的资源之一。一般而言,时间愈充裕,价格比较就会愈仔细,价格变化的灵敏度也越大,反之,时间越紧迫,价格变化的灵敏度也就越低。实际上,和以前相比,现在许多消费者都觉得时间紧迫,为了在较短的时间内完成购物行为或体验活动,消费者不会过多地将精力分散在价格比较上,只会试图在体验中将时间搭配最佳以获得最大的满足。因此,在体验营销中,营销的定价策略包括消费者的体验时间是很重要的,只要能将消费者时间安排恰到好处,消费者尤其是年轻消费者很可能将价格作为购买产品的次要因素。换言之,时间的优先权能够为体验营销活动创造更大的利润空间。

（4）文化。消费者的文化背景决定了其对不同体验产品的整体重视程度,虽然不同的文化背景表现出集体文化价值的认同和个性文化价值的差异,但在体验营销中,文化所反映出来的主要是一种小集团的趋同化。如泡吧,在家里花很少的钱就能调制好一杯咖啡,在咖啡吧的价格会高出十几倍甚至几十倍,但消费者仍然愿意体验,这其中消费者对该咖啡吧的文化认同很重要。因此,在某些情况下,文化认同也是影响体验营销的重要因素。

（5）体验产品自身价值。与传统营销相比,在体验营销中,消费者不仅关注体验产品本身,而且更加关注体验产品的价值组合,即产品的使用价值、体验过程中的服务价值以及形象价值等,并且这种体验价值主要取决于消费者的理解与接受。不管实际价值是多少,只要消费者在体验过程中满足感得到提升,其理解的体验产品价值会远远高于实际价值,因而也愿意支付更高的价格。因此,在体验营销定价策略中,商家一定要动态调查消费者对产品的理解和认同,让消费者自己为产品或服务定价。

微案例6——阅读请扫第91页二维码

二、体验营销的定价策略

1. 体验式定价策略的依据

体验式定价是体验营销价格策略的重要内容。不同于传统营销,体验营销的目标在于给消费者留下深刻的印象以及体验满意度,因此,体验式定价不同于传统的成本加成定价的方式,也不同于市场追随定价法,简单地说就是给顾客留下体验的定价策略。它是以顾客为中心,通过创设体验场景给以消费者个性化的体验感受,并以消费者的体验满意度为原则进行体验式定价,以消费者期望从消费产品过程中所获得的产品价值为基础,始终让消费者觉得物有所值。约瑟夫·派恩与詹姆斯·H·吉尔摩提出了如下顾客惊喜的公式:

$$顾客惊喜=顾客感觉到的(价值)-顾客期望得到的(价值) \quad (7-2)$$

根据这一公式,企业有两种方式给顾客以惊喜,即有两种确定价格的方式:一是以顾客期望的价格提供给超出顾客期望的价值,即在期望价值不变的情况下,提高顾客感觉到的价值;二是以低于期望的价格提供顾客期望的价值,即在顾客感觉到的价值不变的情况下,降低顾客期望得到的价值。根据公式7-2,这两种情况都能给顾客惊喜,从价格方面赋予顾客体验。总的说来,体验价格策略要求企业对他们为顾客所添加的价值,而不是他们对顾客服务所引致的成本索取回报。

2. 体验式定价方法

在体验营销条件下,企业以顾客为中心实施定价策略,从顾客的角度来说即是实施"顾客定价"。所谓顾客定价,是指顾客为自己体验的事物(包括商品、服务、感受等)确定自己能够承受并愿意接受的价格。作为消费者自身来说,顾客定价须满足以下条件:① 顾客根据体验产品和服务及其所带来的体验感给出的价格,一定是在衡量自己的所获之后所愿意支付的价格。② 顾客给出的价格一定是自己能够承受的价格,因此,顾客所体验的任何事物都不会有价格的紧张感、压迫感。③ 顾客给出的价格常常会高于企业支付体验的成本,这是顾客对企业提供满意体验的回报。可见,顾客定价是体验式定价的基本原则。根据以上分析,企业可以采取以下几种定价方法进行体验定价策略。

(1) 体验式折扣。所谓折扣,是指商家在某段特定的时间内对消费者的购买商品给予低于价目单定价一定幅度的价格减免。目前,很多商家为了扩大销量,都在给出价格折扣,特别是节假日期间,价格折扣随处可见。然而,这种折扣除了短期内刺激消费者的消费外,并没有对企业的市场占有率或顾客忠诚度产生积极的影响。这种折扣经常是把消费者的消费提前了,其他方面的作用很小,如香皂没有用完,刚好碰到商场打折,于是顺便买了一块或几块香皂回家。这种购买方式不可避免地会对商家后期销售产生负面影响,使得商家的利润率降低。而体验式折扣却不同,它是通过给顾客惊喜,从而促使顾客产生难忘的体验,对企业或企业品牌留下深刻印象的一种折扣方式。它也没有特定时间区间的限制,企业在任何有意义的时间段都可以采用。例如,2022年6月,沈阳市中兴商业大厦为迎接"6·18"促销活动,推出"初夏卡路里大作战"体验式营销活动,通过"'拜拜卡路里'健身派对"活动让更多人参与进来,并为顾客免费体测,形成检测报告。而后,顾客可持相关运动App上周运动数据的截图到商场内餐饮店消费享受相应优惠。通过引导顾客体验、给予优惠等体验式营销活动,吸引了大批消费者体验和购买。

(2) 体验式返利。返利是指顾客完成购买后把购物凭证交回给生产企业或商家时,生产企业或商家以一定比例的购物款作为价格减免返还给顾客的行为。传统的返利方式仅仅给客户在很长一段时间里获得一次性收益,那些给顾客惊讶的返利做法往往更能帮助公司吸引消费者做出下一次的购买决定。能够给顾客惊讶的返利方式即体验式返利。体验式返利能使顾客对企业或商家留下深刻印象,有利于提高消费者对产品以及品牌的信赖和忠诚度。例如,返利网就是通过构建一个优惠导购平台,通过创设线上体验式购物场景与线下零售相结合,利用返利模式,一方面为消费者带来商品的实际优惠,另一方面实现场景化、体验式的购物方式,为消费者搭建社交和生活平台,从而增强消费者的黏性,促进企业规模不断扩大。此外,需要注意的是,体验式返利强调顾客没有预料到的或者是用给顾客带来惊喜的方式为顾客送去返利,否则难以使顾客产生难忘的记忆。体验式返利要注意返利的时机、返利方式与返利数额,商家可以选择适当的时机、方式与数额的组合给顾客送去惊喜。

(3) 体验式收费。体验式收费方式策略包括使用账单明细、分次收取等多种策略。根据顾客的一般消费心理,消费者都会认为一次付出一笔钱比分次付出这笔钱更贵。在购物之后,消费者通常有"怎么花了这么多钱"的感觉,如果让消费者的购物支出分次(分期)支付,这样会让消费者感觉每次只花了很少的钱,甚至还会有追加消费的冲动。在体验营销活动中,营销人员可以把体验分次销售,按不同的活动收取不同的费用,而不是一次性收取所有活动的费用。特别值得注意的是,即使对一个活动的收费也要做到明细化,清楚地告诉消费者费用明细和收费形式,增强消费者的信赖感。

(4) 免费体验模式。免费体验是指顾客不用直接支付货币成本就可以参与某项产品或服务的消费体验从而共创价值和实现价值的营销模式。免费体验模式的根本在于如何通过

"免费"有效实现盈利。有学者从免费程度角度将免费分为完全免费和不完全免费两种类型,认为网络产品由于其边际成本趋近于零可以实行完全免费,如 QQ 社交软件、360 杀毒软件终身免费下载、网易免费邮箱等,而传统企业则大多实行部分免费。从企业追逐利润最大化的目标来看,完全免费只是表面现象,企业终将通过其他形式的收费来获取由"免费"策略所创造的市场价值。因此,免费必然是不完全免费。从当前的免费定价策略来看,免费体验模式通常可分为先免费后付费、先付费后免费、同时部分免费部分收费三种主要表现形式。

① 先免费后付费模式。先免费后付费模式是指企业或商家初期为了开辟市场而向消费者免费提供产品和服务体验的一种定价策略。譬如,日用品企业免费试用、食品企业免费品尝、汽车销售公司试乘试驾、电信企业免费赠送手机卡、银行免费办理信用卡(不收年费)、医疗机构义诊、金融机构免费服务咨询、培训公司的公开课以及宜家等零售企业的购物场景体验、海底捞等餐饮企业的等候区超值服务体验等,都属于先免费后付费。先免费后付费模式的营销机理在于"顾客歉疚感"原理。首先,先免费后付费模式迎合了顾客风险厌恶的需求。行为经济学家丹·艾瑞里早在 20 世纪 80 年代就通过实验研究发现:人有害怕吃亏的本能。而先免费后付费的模式以免费体验开始,可以消除顾客怕吃亏的不安心理,能够吸引顾客大胆参与体验,共同营造体验价值,这恰恰是免费体验模式成功的关键点。所以,先免费后付费模式是顾客乐于接受的营销方式,特别适合于新产品、新品牌的体验营销推广,也是免费体验的主流模式。其次,先免费后付费模式抓住顾客歉疚感的积聚与释放这一动机。免费体验是一个情感积累和意志积累的过程,因为"这样做一方面是为了推出某种产品,另一方面也是想让消费者在心中产生一种负疚感,想要掏全款来买下这些商品",而"对于免费试用或体验的商品,你确实不用掏腰包,但试用期的长度往往是有限的,在试用期就要结束之前你发现已经离不开这种商品了"。所以,免费体验不但会在顾客心中形成歉疚感,还会使顾客产生心理依赖。随着免费体验时间和程度的增加,顾客心中的歉疚情绪不断积聚而产生不安宁感,这种情绪需要寻找适当的方式释放。释放的方式主要有两种:一是寻找机会购买或消费以求得心安,表现为体验销售,这是直接的释放方式;二是进行口碑传播,特别是在无力购买或暂时无意购买的情况下,帮助传播也能达到心理的平衡。而这两种释放方式无疑都促成了顾客体验价值的转化,实现了顾客价值和企业价值的双重目标。例如,国内先享后付模式的领导者——乐信在新消费业务中推出一款"买吖"先享后付产品。在供给端,"买吖"为商户提供一整套数字营销解决方案,帮助商家数字化转型,如线上导流、营销支持、私域流量运营、到店客流用户画像等;在用户端,"买吖"为消费者提供 90 天免费延期付款,消费者正常还款不用支付商品价格之外的任何费用。通过在用户端提供免费延期付款这一服务,消费者能够提前体验产品和服务,消费欲望得到极大满足,在消费者歉疚感的释放下,这一产品也迅速积累了口碑和用户流量。通过免费体验和口碑传播,参与体验的人越来越多,更多顾客获得了愉悦的购物体验,公司也取得了良好的经营绩效。

② 先付费后免费模式。先付费后免费模式是指消费者以购买会员卡或预付款等形式事先支付(预存)一定数额的商品价款,之后企业或商家再以折现返利等方式向消费者退还商品价款的一种价格策略。先付费后免费模式本质上是一种促销策略,其营销机理在于用户让渡价值。从企业经营的角度来看,它是一种价格折扣,可以通过数量折扣、现金折扣或功能折扣等形式来实现。从顾客价值的角度来看,先付费后免费模式实质上是顾客让渡价值,即顾客因为免费体验而降低了其消费所支付的总成本,从而提升了顾客购

买所获得的总价值,因而更可能获得顾客满意和顾客忠诚。因为"商业模式和商业竞争不在于完全免费,而在于比竞争对手的产品哪怕免费 1 分钱而获得的竞争优势和市场份额",而"人们都有喜欢占便宜的心理,总想获得免费的午餐"。例如,淘宝、京东商城、当当网等推行订购一定金额免运费的优惠服务,让顾客感到物超所值,就是先付费后免费模式的具体运用。

③ 同时部分免费部分收费模式。顾名思义,该种模式是企业或商家提供的体验产品和服务按照一定比例收取部分费用、剩余部分免费的一种定价策略。企业采取部分免费部分收费模式的优势在于一方面可以直接创造顾客价值(经济价值),促进产品销售,另一方面可以为企业创造市场价值,带来声誉、潜在顾客等无形收益。首先,实行部分免费有利于引导消费。免费的力量不可阻挡,因为"某件不收费的产品或服务能够增加消费者对于另一样商品的兴趣"。部分免费的价格优惠和低风险特性,有助于吸引顾客尝试新体验和认知商品或服务的价值,特别是对于一些新产品、新服务,部分免费无疑是促进顾客进入消费体验的有效方式。其次,实行部分免费有利于提高市场份额。部分免费的机理在于用免费的产品和服务吸引顾客进入体验,然后再用增值服务或其他产品收费,以实现企业的销售和盈利目标。免费只是手段,付费才是目的,利用部分产品的免费聚集人气,形成广告和品牌效应,同时搞活收费的增值业务以实现企业盈利是很多服务企业有效的经营模式。特别是在当前市场竞争日益激烈的环境下,企业实施同时部分免费部分收费的促销方式,既是吸引消费者眼球的重要手段,也是争夺市场份行之有效的竞争策略。再次,实行部分免费有利于潜在顾客价值开发。在体验经济时代,谁能够为顾客提供超值的价值回报,谁就能够获得顾客的青睐,从而有利于获取顾客终身价值。企业实践表明,部分免费有利于粘住顾客,增强顾客的满意度和培育潜在顾客。譬如,巨人和盛大公司的游戏免费、道具收费,中国移动公司的手机免费、话费收费,百度和 Google 的搜索引擎免费、商业广告收费,网易和新浪的免费邮箱与付费项目,以及腾讯 QQ、阿里巴巴、淘宝网、360 公司等都采用部分免费部分收费的创新商业模式,由此培育了大量忠诚的用户,创造了辉煌的业绩。

本章重点

1. 体验营销是站在消费者的感官、情感、思考、行动和关联五个方面,重新定义、设计营销的一种崭新的营销手段,是体验经济下营销模式创新的具体体现。面对多样化、个性化需求,体验营销模式也呈现多元化运作模式,至少包括节日模式、情感模式、文化模式、美化模式、服务模式、环境模式、个性模式以及多元化娱乐模式等八种模式。

2. 影响体验营销定价的因素除了与产品成本有关以外,更多地取决于其它方面的因素,包括消费者自身情绪、体验时间、体验场景、文化蕴含以及自身价值认定等。通过对体验营销影响因素的分析,有助于商家制定营销定价策略。

3. 体验营销定价不同于传统的成本加成定价方法,而是以顾客为中心,通过创设体验场景给以消费者个性化的体验感受,并以消费者的体验满意度为原则进行体验式定价,以消费者期望从消费产品过程中所获得的产品价值为基础,始终让消费者觉得物有所值。具体定价策略包括体验式折扣、体验式返利、体验式收费、免费体验模式等。

思考题

1. 梳理本章知识体系,绘制一张包含本章全部知识点的思维导图。提示:使用MindMaster等专业思维导图绘制软件会让你更加得心应手。

2. 请搜集OPPO发布的微电影《从前有只孙大圣》视听资料,试回答企业采取的这种体验营销模式有哪些优点?在设计该类型的营销模式过程中需要注意哪些事项?

3. 结合相关案例,分析体验营销定价的影响因素。请思考除了教材中列举的影响因素外,还有哪些因素?

4. 免费体验模式一定是完全免费的吗?它有哪些具体表现形式?请列举相关案例加以说明。

5. "赛豹滑车"是胜利油田览博特公司推出的一款体育器材专利产品。公司针对青少年的个性特点,提出了比较响亮的广告语:"M—SHOW动感冲浪,我要赛豹",并为滑车取名为"赛豹冲浪滑车"。公司举办主题为"滑动的风景线"产品推广活动。通过前期培训,挑选十名技术娴熟的健康少年,组成"冲浪表演队",还提供免费体验活动,配合滑车大奖赛,让滑车体验和销售活动达到了一个高潮。公司的体验营销活动拉动了产品的销售,签订合同总额达200多万元。试对"赛豹冲浪滑车"整体的体验营销策略进行分析,提出您的看法。

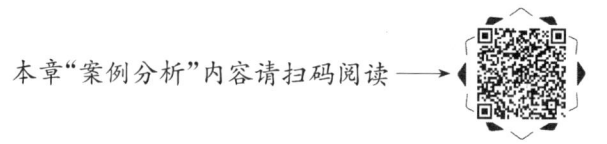

本章"案例分析"内容请扫码阅读→

参考资料

[1] 李大凯,孙日瑶.免费商业模式下厂商盈利机制的经济分析[J].中南财经政法大学学报,2010(5):129-134.

[2] 葛仲夏.体验经济视域下企业服务营销模式的构建[J].长春大学学报,2014(11):1502-1505.

[3] 克里斯·安德森.免费:商业的未来[M].北京:中信出版社,2009.

[4] 姜奇平.体验式营销的技战术分析——体验经济的思想武器库与战术工具箱(二)[J].互联网周刊,2002(02):3-5.

[5] 约瑟夫·派恩,詹姆斯,H·吉尔摩.体验经济[M].北京:机械工业出版社,2002.

[6] 王吉鹏.企业文化建设[M].北京:中国发展出版社,2005.

[7] 郑锐洪,杨蕾.免费与价值创造:企业免费体验模式的营销机理分析[J].经济论坛,2014(2):93-97.

第八章 "新零售"售后服务的体验优化

章节导言

售后服务是一次营销活动的最后环节,也是新一轮营销的开始。它是一个长期的过程,而不应仅仅停留在纠纷处理、提高客户满意度这些点上。在"新零售"业态下,企业要重新思考售后服务的重要意义。在本章中,我们将从广义视角帮助同学们理解"新零售"中售后服务的新功能,在加强售后服务标准化建设的同时,进一步发挥为企业收集用户反馈信息、维护企业与粉丝之间的亲密关系、提升用户复购率等作用。

本章"微案例""拓展阅读"内容请扫码阅读→

第一节 对照国家标准加强售后服务标准化建设

售后服务(After-sales Service),就是在商品出售以后所提供的各种服务活动。许多人认为产品售后服务就是"三包",即对产品实行包修、包换、包退,这是一种狭义的理解。广义视角的售后服务包括但不局限于以下方面:代消费者安装、调试产品;根据消费者要求,进行有关使用等方面的技术指导;保证维修零配件的供应;负责维修服务,并提供定期维护、定期保养;为消费者提供定期电话回访或上门回访;处理消费者来信、来访以及电话投诉意见,解答消费者的咨询;用各种方式征集消费者对产品质量的意见,并根据情况及时改进等。

一、以国家标准《商品售后服务评价体系》为指南

国家标准《商品售后服务评价体系》(GB/T 27922-2011)规定了商品售后服务的评价方式、评价指标、评价程序和评价准则,同时对评价方法、评价管理、评审员等也做出了具体规定。其核心内容是"评价指标",这一部分主要规定了用于售后服务评价的指标及其含义,具体分为三大类:针对服务体系的评价指标、针对商品服务的评价指标和针对顾客服务的评价指标。这些指标为"新零售"企业不断完善售后服务、优化消费体验提供了重要的参考依据。

1. 优化服务体系

针对服务体系的指标,主要强调企业在售后服务的组织、管理、资源等基础条件方面所做出的努力。我们以客户投诉为例进行分析,客户投诉一般分为:产品瑕疵、使用障碍、服务问题、人为损坏。就问责机制而言,与企业的工作流链接如图 8-1 所示。我们从图中可以

观察到,售后服务的效率提高与管理改进,并不是售后服务部门一个部门的事情,而是牵扯企业全局,因此,树立企业的售后服务意识是全局性的工作,与企业每一个人息息相关。比如,产品质量问题,过去我们认为只是生产过程中的管理问题,但实际在问题机制中,这就是产品制造瑕疵,必须追踪到源头予以总责,方能杜绝同类问题发生。

(1) 服务理念

企业要有明确的售后服务理念,将该理念贯穿企业生产服务的各个环节,并以此指导企业售后服务工作;要求企业全体人员熟知本企业的售后服务理念,并认真、完整地执行;同时对外宣传自己的售后服务理念,并准确地传达到每一位客户。

(2) 组织管理

企业需要设立专门的售后服务组织机构,并且该机构需要具备完善的职能设计、明确的组织分工、充足的人员配备和良好的运转机制。

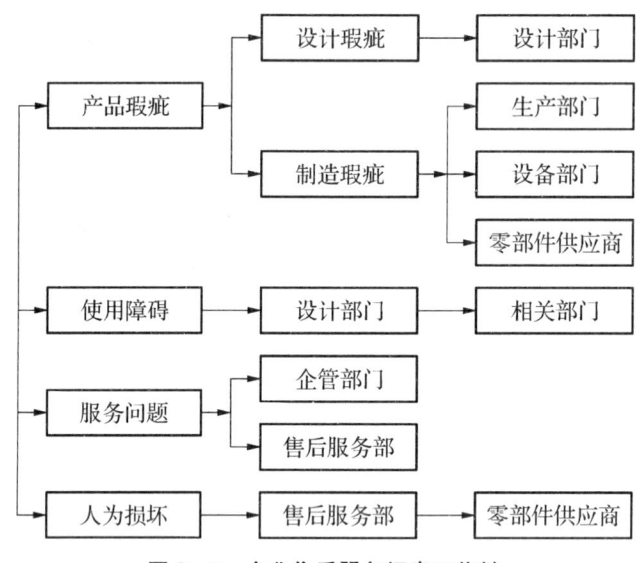

图 8-1　企业售后服务问责工作链

(3) 服务目标

要有明确的售后服务工作目标,包含数量化指标,可以对企业的售后服务部门与人员进行考核;并根据企业实际情况制定长远目标、中期目标和年度目标;适时进行售后服务目标的调整。

(4) 服务投入

要在售后服务方面有一定的固定资产投入;根据行业特点和要求,投入必要的、完善的售后服务设施;同时,要有充足的售后服务年度经费投入。

(5) 人员配置

企业必须配置一批专职的售后服务工作人员,人员结构和数量应根据本行业特点保持在合理水平,同时配置专职的售后服务管理人员和监督人员。

(6) 业务培训

企业必须进行售后服务人员的上岗培训,要有完善的针对售后服务人员的服务培训体系,并配有相应的培训计划、培训课目和培训费用。

微案例 1 ── 阅读请扫第 103 页二维码

2. 优化商品服务

随着科技的日益发展,"新零售"的商品流通方式发生了巨大的改变,但零售的本质依然是在商品流通的过程中赚取中间利润,因此,"新零售"企业完善售后服务仍然需要关注围绕"商品"所开展的一系列有关服务活动和服务行为。

(1) 配送安装

商品的包装必须完整、美观、安全、便于运输或携带,有完整的企业和产品信息,便于客户识别和了解;建立完善的配送系统,在销售终端为客户提供便利的配送服务,不断改进配送系统,提高配送效率,对客户所承诺的送货地区范围、送货时间及时兑现;提供及时的产品安装和技术调试服务,保障顾客正常使用;提供完善的产品使用指导服务,准确解答顾客的各种疑问。

(2) 维修保障

要长期提供产品维修所需的技术咨询服务;明示产品的保修时间、维修收费、维修承诺等服务规定;维修收费明码标价且收费合理,维修价格调整后要及时告知客户;设立方便、有效的报修渠道,并安排专人负责报修登记或接待服务;制定并遵守完善的报修、送修或上门维修的服务程序和服务规范;具备服务补救措施,当产品出现企业没有预见到的、难以维修的质量问题后,能实施产品召回或其他补救赔偿措施;建立完善的维修材料和配件供应体系,保证产品维修所必须的快捷供应;完善产品退换制度,能够保证顾客在要求产品退换时,可以快捷、方便地退换产品。

(3) 技术支持

要在产品有效期内为客户提供持续的各类技术支持服务;提供完善的产品说明书、产品技术数据和安全使用说明;免费提供产品使用所必须的客户培训;通过电话、网络、印刷品等多种渠道为客户提供各种形式的技术支持服务。

微案例 2 ── 阅读请扫第 103 页二维码

3. 优化顾客服务

企业在与顾客的交往过程中,应进一步优化服务问题和服务行为等。

(1) 客户投诉

面对客户投诉,要设立投诉接待制度,为客户提供多种形式的投诉渠道;必须及时处理客户投诉,客观、公平、有效地解决客户投诉;建立完整的投诉记录,投诉处理结果及时反馈给投诉人;及时弥补售后服务中的不足,采取减少顾客投诉的措施,有效减少顾客投诉。

(2) 客户管理

为了更好地开展客户管理工作,要畅通沟通渠道,例如设立企业网站,在网站中包含售后服务的页面和内容,同时提供在线服务功能,或设立客户服务热线、开通微信公众号、提供顾客能够与企业联系的企业邮箱等;完善顾客反馈信息收信机制,能够有效地搜集顾客反馈信息,并将反馈信息传达到相关的企业部门。

（3）客户关系

在维护客户关系方面，通过建立完善的客户管理档案，借助信息化的客户管理系统，有效地进行顾客使用情况跟踪；完善顾客回访制度，使用多种方式开展顾客回访活动；每年进行顾客满意度调查，及时掌握顾客的意见；设立顾客评比制度，每年举办有顾客参与的、针对企业售后服务网点服务质量的评比活动；进一步为顾客提供有针对性的主动服务活动，主动进行覆盖率高、持续时间长、效果明显的各类售后服务活动。

微案例3 ——▶ 阅读请扫第103页二维码

二、加强售后服务标准化建设

由于服务本身所具有的一次性、频繁发生变动、不可逆转、即时发生、消费与服务同时进行等特点，大部分企业的服务或多或少存在这样那样的问题。实施标准化是有效提高服务水平的重要途径。

售后服务标准化以售后服务活动作为标准化对象，其范围包括但不限于：企业与消费者的服务互动（最佳互动方式、客户情绪、客户反馈、管理者与服务作业者互动）；服务容忍心理预期（如最佳等待时间、客户最低和最高容忍项、客户如何判断服务好坏）；服务动作研究（维修标准动作、快递标准动作、接待标准动作等）；服务流程（最佳服务流程、工作表单转移顺序、各流程快速响应、客户有效建议处理流程等）；服务学习（服务精神、服务质量、持续的服务热情、与客户接触环节等）；售后服务信息（共享机制、信息处理、信息档案）；售后服务网络（网点部署、网点标准化、网点监管、网点服务质量控制）等全部以售后为中心的服务活动。

企业加强售后服务标准化建设，有利于企业战略加速向售后服务型企业转移，主动进军售后服务市场，预谋未来市场竞争，解决售后服务质量问题，增强企业核心竞争力，为企业售后服务实施提供有利的科学管理支援。

售后服务的标准化主要由两大环节组成：

1. 售后服务流程标准化

在售后服务流程层面，即服务的递送系统，向客户提供满足其需求的各个有序服务步骤，着手售后服务流程标准的建立，要求对适合这种流程服务标准的目标顾客提供相同步骤的服务。

例如，客户的手机出现问题，要经历电话咨询、现场就诊、结算付款、完成维护四个环节。即使每个环节的售后服务人员都工作得非常出色，也很难让客户满意。客户本来遇到使用障碍心里就已经很不舒服了，还要忍受这一系列烦琐的事情，即使由其他人代替，这也不是一个让人愉悦的过程。所以，从某种程度上来讲，各环节都有待于详细优化，在进行售后服务流程标准的设计过程中，要以最大的可能来满足客户的便利。

客户在接受服务的过程中，一方面希望获得专业化的服务，另一方面也希望得到极大的便利，减少等候的时间，方便结算。因此，售后服务流程标准化要着眼于整个的服务过程，采用系统的方法，通过改善整个售后服务体系内的分工和合作方式，优化整个服务流程，从而提高售后服务的效率，寻求售后服务质量的保证。

应用在线信息化售后服务工具能够帮助企业提高售后服务管理水平,将客户提交的支持请求转换为可以被记录的工单提交给支持服务人员,从而让内部服务人员进行有针对的受理与服务,并根据实际情况对支持请求进行转派和分配,让所有的客户售后服务请求都不会疏漏,体现企业售后服务的专业化、清晰化管理。同时,售后服务工具的满意度评价和统计分析功能可以很好地记录客户对于每一次售后服务的评分和评价,便于企业在记录每一次服务内容与服务流程的基础上,对售后服务的效果进行有效的记录。通过强大的统计和分析功能,更好地掌握客户服务人员的绩效和客户满意度评价走势,便于企业对售后服务进行有效反应,有针对性地改进和完善服务质量。

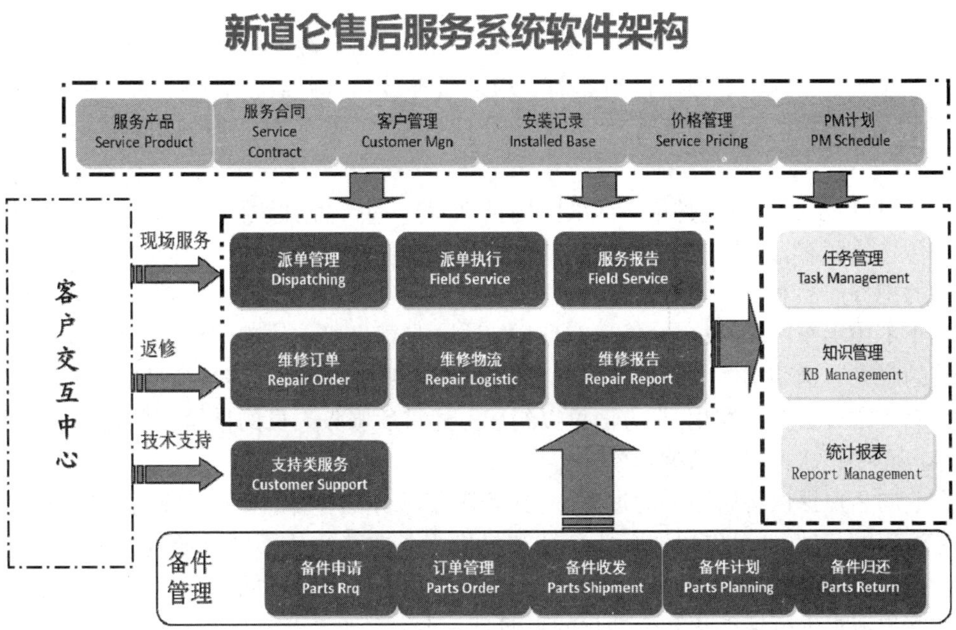

图 8-2 新道仓售后管理系统架构

2. 提供标准化售后服务

提供具体的售后服务标准,即在各个售后服务环节与客户的每一个接触点上,在服务接触或"真实的瞬间"中,服务人员所展现出来的仪表、语言、态度和行为等。

（1）售后服务人员动作标准化

这是标准的最核心环节,也是中国企业较少关注的环节。对时间动作进行研究最早是由泰勒提出的,通过这种科学的研究来提高工作效率和工作质量。UPS 的管理当局运用了泰勒的科学管理原理,对送货司机的送货路线和动作都进行了时间研究,设计出精确的工作程序,这其中包括开车门、向收件人递送包裹、记录等一系列细节动作。这虽然看起来有些刻板,但产生了良好的效果,使 UPS 平均每人每天递送包裹达 130 件,而联邦捷运公司平均每人每天只取送 80 件,UPS 的工作效率得到了大幅度的提高。

在售后服务人员与顾客的接触过程中,也需要对其动作进行标准化。这可以实现诸如 UPS 送货司机那样的高效率,更重要的是以顾客所期望的动作标准来为其服务,在顾客心目中树立一个良好的服务形象,尽可能避免由服务人员的经验动作带来顾客的不满。通过对服务人员工作时动作的观察和分析,将那些易引起顾客不满或误解的动作去掉,使剩余的动作都成为必要的、良好的顾客不会反感的标准动作。

(2) 售后服务人员态度标准化

售后服务态度是售后服务投诉的最严重环节,售后服务人员的态度决定着服务是否可持续,一次不满意意味着可能丢掉一个终身客户。售后服务人员对客户的心态及其行为举止都表达出了服务水平,除了对客户的主动热情程度、敬重和礼貌程度等,更要时刻站在客户利益角度,以客户为中心,设身处地为客户着想。

服务态度是衡量服务质量的一项重要标准和内容,对售后服务人员态度标准的制定、实施和监督可能不像语言和动作标准化那么容易可行,但一定要具备统一性、可追溯性和可检验性,才能达到服务的统一。

(3) 售后服务人员语言标准化

在售后服务的过程中,有效的交流沟通特别重要,如果做不到这一点,即使世界上最有效的服务思想也会烟消云散。这当然需要很多服务技巧,例如,售后服务人员要学会倾听,学会沉默,不仅要注重语言交流,还要注重非语言交流,但其中适当的语言表达是非常关键的。

另外,售后服务人员也是第一线的推销员,要将一些专业知识语言以顾客追求的利益诉求方式传递给顾客,即将产品或服务的属性转化为功能或情感利益,这样可以使客户能够更加明确的把握产品利益。如梅塞德斯表现出的"耐用"可以转化为"车会持久的保持新面目,而且几年不用买车",其价格的"昂贵"可以转化为"车帮助主人体现了尊贵,并且会带来周围人羡慕的眼光",这些功能利益和情感利益才是客户真正需要的。表现这些利益和情感利益的语言就非常有必要标准化,一方面可以纠正上述售后服务人员的推销误区,另一方面有助于在客户心中建立可靠的品牌形象。

企业向客户提供售后服务的过程中,在着眼于服务的整体、采用系统的方法、标准化售后服务流程的基础上,可以根据行业特征和提供服务的特性从不同方面进行细节问题的标准化。当然,强调售后服务的标准化并不排斥个性化的服务,提供服务的企业可以根据内部条件和客户需求进行标准化和个性化的平衡。

第二节 售后服务中的粉丝运营

一、售后服务中的粉丝转化策略

从本质上来说,客户和粉丝是有一定区别的。对于客户而言,企业与客户之间的关系是交易行为产生的,两者之间是相互的利益关系,客户购买产品是相对理性的;而对于粉丝,企业与他们之间的关系是进一步通过情感建立的,粉丝购买产品是基于对企业产品的喜爱,有一定的感性成分。

社会化营销有一个很重要的问题,就是客户的关系转变。客户不仅作为一个购买者而存在,同时还可以成为企业的合作伙伴、宣传者、崇拜者等,最后就形成了粉丝。这里对企业的好处是:有了很多义务的宣传员、推广员、产品经理,不但不用付钱,而且他还会付钱去购买企业的产品,同时对产品的瑕疵有相对较高的容忍度。这样的客户恐怕是企业最爱的客户了,但并非所有的产品和服务都可以把客户变成粉丝。在售后服务这一部分,如何完善售后服务、优化消费体验,提高用户到粉丝的转化率,是零售商需要考虑的问题。

1. 以售后服务成就口碑

不管是古代还是现代,口碑一直是一种重要的、可信的传播途径。在我国传统文化中,有很多关于口碑的描述,如"酒香不怕巷子深""众口铄金"等。在移动互联网时代,人们通过电话、网络社交平台等途径能够更快地传播口碑,大到上市公司,小到小门店,都会不可避免地受到口碑的影响。良好的口碑对于企业就如同一块"磁石",可以牢牢地吸引住客户,并形成相应的粉丝群体。

消费者在面对企业花钱投放在电视或者报刊杂志上的广告信息时,通常会觉得那些可能是企业自卖自夸、发布了不完全真实的信息,消费者在心理上对各种广告信息就产生了一定的免疫力,这就削弱了广告的营销作用。但是,口碑却从不被企业"雇用"和控制,它源自消费者的体验和评价,更加真实,更有借鉴意义。所以,在消费者心目中,口碑的可信度远远高于任何媒体广告和销售人员,来自亲友、同事的真心推荐远远胜过广告所带来的影响,因为这些人提供的信息更加可靠。

提升粉丝黏性主要是通过互动,而交易行为及相应的售后服务本身就是一种高质量的互动。因此,"新零售"企业要充分利用售后服务的机会,将售后服务做好做精,帮助用户在第一时间获得信息支援和问题解决方案,提升用户的产品使用满意度,继而提升企业在用户心中的形象,帮助企业树立起良好的口碑,为企业增加更多的粉丝。

企业在售后服务上的投入能直接拉近自身和粉丝之间的心理距离,让粉丝感受到企业服务承诺的严肃性,并且对企业形象的树立和良好口碑的形成起到巨大的推动作用。可以说,企业对售后服务的投入其实就是在给自己做营销推广,而且这种推广是直接面向广大消费者的,影响力非常大。

口碑是一个"增殖反应堆",它能够"自我繁殖"。一个用户看似微不足道,但是一旦他成为你的粉丝,高度认可你的产品和服务,他就会向身边的人夸赞说:"我购买的这款产品真不错,售后服务也棒极了!"而他的这句话就可能会影响两个人、三个人……接着,那些受到影响的人就会体验你的产品和服务,然后成为粉丝,继而去影响更多的人。因此,口碑在消费者群体中会自发地传播,产生巨大的能量。"新零售"企业要将优质的售后服务作为自己的优势,将用户转化为粉丝,让粉丝主动宣传自己,主动成为企业口碑的宣传员。

微案例 4 —— 阅读请扫第 103 页二维码

2. 为售后服务注入社会责任

随着一系列重大公共事件的发生,大众的社会责任意识被空前激发,人们的购买选择早已不仅仅是功能范畴,更取决于对品牌价值观的认同度。而这种价值观的塑造是一个复杂而长期的过程,售后服务也是其中的一个重要环节。从倡导社会责任的角度为"新零售"企业的售后服务提供了一个新的思路,其核心在于做好以下三点:

(1) 找到社会问题与品牌最密切的结合点;
(2) 通过产品实践提供社会问题的解决方案;
(3) 将品牌文化与社会责任规范深度绑定,并通过长期宣传渗透用户心智。

社会责任行为会影响企业声誉评价,而声誉又会影响用户忠诚度,积极履行社会责任有助于企业在情感上获得用户的认可,将践行社会责任的用户成功转化为粉丝,成为品牌文化的代言人,实现品牌理念最有效的传播。

2021年7月,河南多地遭遇极端强降雨天气,郑州等城市发生严重内涝,防汛形势十分严峻。多家汽车品牌驰援河南提供应急售后服务。吉利旗下几何汽车应急售后服务启动7×24紧急道路救援、为受灾区域车辆提供专项免费安全检测、免费消毒等7项应急售后服务;长城汽车捐款2000万元驰援河南,旗下哈弗、WEY、长城皮卡、欧拉、坦克五大品牌开启用户紧急救援服务通道,并提供了24小时免费道路救援、受灾车辆免费检测、车内免费清洁消毒等售后服务,长城汽车旗下各门店全力配合抢险救灾工作,为受灾车辆开通了紧急维修通道;一汽-大众向车主推出了专项呵护行动,具体措施包括"三大免费、五大关怀"服务,三大免费包括免费救援、免费安全检测、免费延长质量担保期,五大关怀包括绿色维修通道、代步车或交通补贴、赠送300元保养券、赠送抗过敏空调滤芯;赠送品牌精品雨伞。

宁德时代是国内率先具备国际竞争力的动力电池制造商之一,专注于新能源汽车动力电池系统、储能系统的研发、生产和销售。截至2021年6月,搭载宁德时代电池产品的新能源汽车市场保有量已有235万辆,全球服务网点超400家。随着全球拥抱新能源变革的态度愈发坚定,宁德时代聚焦"双碳"目标,为了让消费者体验到愉悦的低碳生活,不仅在产品解决方案上加大研发投入,在后市场领域也是不断创新,通过产品特性及后台大数据搭建的预报警模型,可以做到"未病先防",大大减少产品故障的发生。2020年其牵头起草的《动力电池行业售后服务要求》已在全国实施,填补了动力电池行业售后服务要求国内空白,也引领动力电池行业售后服务从传统的服务模式向数字化、信息化、智能化转型。这一团体标准的出炉,对于助力新能源汽车产业健康可持续发展具有重要意义,为全球实现碳中和目标贡献了智慧和力量。

2021年12月,长安福特发起了"探长行动",邀请车主们成为"探长":我们不仅是一群喜欢探险的人,更是一群以身作则,绿色文明的践行者。通过发布"探长公约"倡导大家文明旅行,并且每条社会公约都对应着不同的驾驶场景。宣传"探长公约"的过程,其实也是对不同驾驶场景的描述,既倡导了行为规范,又宣传了产品使用场景,可谓一举多得。品牌方发布绿色倡议,建立探险者绿色活动文化;用户方争做践行者,营造探险车主归属感和荣誉感。不同于以往的试驾活动,长安福特从对景和人的关注转向对旅行过程中行为规范的关注,这样就从一味寻求情绪共鸣的桎梏中脱离,从社会责任感的角度找到了一条更广泛的连接线。通过公益倡议赋予了粉丝活动以道德维度上的价值感,同时在传播层面上又因为与公众朴素的社会责任感相吻合,更容易获得用户的认同感,进而获得更好的传播效果,触达更广的人群,让广大探险者从公民责任感的角度与品牌文化建立起广泛联结。

3. 引领行业售后服务创新点

在行业趋于成熟、市场竞争白热化的背景下,卖方同质化也越来越严重,优质的、差异化的服务是彰显实力、赢得竞争的利器。考虑到售后服务在企业品牌创建中所处的重要地位和在新商业模式塑造中的重要职能,企业如果能够在售后服务上升级创新,打造引领行业的创新点,则有望一举出圈,在短时间内收获大量粉丝的青睐。

从2009年开始,团购网站迅速地圈走大量粉丝,其低价、新鲜的模式极大地改变了人们的消费方式。但面对团购如火如荼的大趋势,问题也跟随着热潮而来,由于团购本身具有的优惠幅度大、限时抢购等特点,很容易让人产生冲动消费。例如,订了一些餐厅或是KTV的团购券,又发现自己根本不需要,或者没有时间去使用,那么用户的这些钱也就被浪费掉了。原本想着省钱,现在却变成了浪费更多的钱,用户得不偿失,自然会对团购网站产生不满,团购热潮也因此渐渐有所消退。在这种情况下,美团网推出了"过期包退"计划,这个计划一经推出,美团网之前流失的用户又回来了,甚至成了忠实的粉丝。

2011年3月4日,美团网在"美团网一周年暨行业一周年庆生"新闻发布会上宣布实行"过期包退"计划,今后粉丝只要在美团网团购产品,过期未消费将获得退款服务。在发布会当日,美团网就将1 000多万元未消费的团购款返还给粉丝。这一举措在全国尚属首次,1 000万元巨款返还更是史无前例。美团网让粉丝们享受到了其他团购网站,甚至其他行业的粉丝所没有的售后保障服务。

图8-3 美团网"过期退、随时退"计划

作为国内第一家团购网站,美团网一直走在创新服务模式的前列,在保证粉丝权益的同时不遗余力地提高服务质量。之前,美团网也推出过"7+计划",即是在"7天内未消费无条件退款"条款的基础上,新增了"消费不满意先行赔付"的计划,为粉丝提供了更加完善的售后利益的保护。这一计划在"DQ现金券无效"事件中起到了重要的作用,在DQ宣布与美团网合作无效之后,为了不对粉丝的利益造成损害,美团网启动了"先行赔付"计划,向12 003位粉丝赔款了60多万余元。这个举动,赢得了粉丝和业内的一致赞誉。

微案例5——阅读请扫第103页二维码

二、售后服务中的粉丝维护策略

在粉丝经济时代,粉丝又有多个"层次"之分,如普通粉丝和铁杆粉丝。这二者有什么区别呢?新粉丝往往都是普通粉丝,他们比一般用户更喜欢品牌和产品,在有多种选择的时候,会倾向于择取被他们所"粉"的品牌;而铁杆粉丝凭借他们对品牌更高的认可度和忠诚度,会更加"死心塌地"地追随品牌。并且,铁杆粉丝是连接者,总能带来2—3位普通粉丝,铁杆粉丝处于中心,忠诚度和复购率极高,而普通粉丝偶尔会购买你的产品,也许只有一次,但这种一般性的购买也能给你带来额外的收入。

网络大师凯文·凯利提出的"一千个铁杆粉丝"理论认为,只要拥有1 000个铁杆粉丝,并获得他们持续的认可和消费,就足以较好地生存。因此,从某个层面上来看,留住铁杆粉,有时候比吸引新粉更重要。

网络上有一句话叫作"粉转路人",意思就是粉丝也有可能"退化"回到以前的普通消费者的身份。同样道理,并不是说粉丝一旦成为铁杆粉丝,就不会有抛弃品牌的那一天。既然铁杆粉丝有如此高的重要性,那么企业和品牌要用什么来留住铁杆粉丝呢?本节从售后服务的视角出发,探讨"新零售"企业可以采取哪些措施更好地留住铁杆粉丝。

1. 打造粉丝社群,将售后服务活动化

社群的本质是共同体。因此,社群的作用体现在这里就是催化强关系、建立强链接、产生强信任,通过帮助铁杆粉丝养成一定的行为习惯,进而提高对于品牌产品的忠诚度。对于粉丝而言,他们因为品牌而聚在一起,互相讨论、共同分享有关产品的信息,积极参加线上线下的各种社群活动,相互之间凭借着共同的价值观,形成了一定的凝聚力。

一方面,企业必须加强与粉丝群体的互动,借助售后服务系列活动的契机,拉近自身和粉丝之间的距离,让粉丝感受到家的温暖。另一方面,可以鼓励用户写出产品体验过程、评价、使用心得等。如果体验好的话,还会有许多人回应、追加评论、晒单等,这样也是一种很好的圈子宣传方式。写评论、写体验的人越多,企业的口碑就越有机会推广出去。

小米公司的粉丝社群经营无疑是一个优秀的案例,通过线上线下的高度融合,搭建起一个让手机发烧友能够在一起相互交流的平台,形成一个高黏性的虚拟社区。除了传统的借助微博、微信、论坛等线上手段与用户互动以外,小米还充分重视和发动线下的互动。最具代表性的"爆米花"活动是小米集团官方组织的大型线下米粉活动,自2012年起,已先后在国内60多个城市以及马来西亚的吉隆坡、印度的孟买、印尼的雅加达等城市举办过超百场"爆米花"活动,每场"爆米花"规模在300人左右,表演、游戏、抽奖、才艺、互动等多个环节,雷军等小米集团高管也曾亲临现场与米粉们一起狂欢。"爆米花"活动甚至已经形成体系,包括小米官方组织的粉丝见面会、用户自发组织的同城会,以及一年一度的"爆米花年度盛典",成为小米和米粉们深入互动交流不可缺少的桥梁,也让众多的米粉朋友们初识于线上,熟络于线下。

同时,为了通过售后服务带来愉悦的消费体验,小米十分重视如何建造好售后服务门店,给粉丝营造一种家的感觉。小米自2013年开始对"小米之家"进行升级,关掉一些面积小的门店,集中财力、物力和人力打造更具示范效应的"小米之家"旗舰店。第一家旗舰店以"营造家的感觉"为标准,为用户提供售后、体验、自提服务,成为用户交流使用心得的场所。"小米之家"虽然是售后服务门店,但其内部装修设计遵循非常高的标准,力求为用户提供优质的环境。"小米之家"是用户真正的"家",用户在这里除了能够解决手机的故障之外,还能体验和了解新产品,而且可以蹭网、看书、午休、举办生日聚会……将售后服务门店做成"家",让用户觉得亲切自然、无拘无束,用户感受到企业的真心实意,就会把企业当成可以信赖的家人。

微案例6 —— 阅读请扫第103页二维码

2. 让粉丝获得专属福利

定时跟进、维系粉丝感情早已成为众多企业开展售后服务的共识。除了发送节假日问候、新品上线通知、让利促销活动等信息,企业还可以通过授予相应特权表达对粉丝的尊重,给予粉丝相应的荣耀,让粉丝产生重要感。如此一来,粉丝自然会格外关注企业,对企业产生归属感,最终在心理上将企业放在更重要的位置。

企业可以通过建立粉丝档案,定期向粉丝做回访,了解不同粉丝群体差异化的需求,提供相应的专属权利。当粉丝收获到这些专属福利时,内心的自豪感和优越感就会不断扩散,引发其他消费者的羡慕。这样的效果既提高了粉丝对于品牌的忠诚度,又在社群中制造了新鲜火爆的话题,还有助于提升普通用户到粉丝的转化率。

例如,东风日产启辰授予部分尊贵客户以"特约合伙人"称号,被专营店选定的特约合伙人在置换新车、工时费、店内续保、道路救援、代步车使用等方面均可享受更多福利,同时,如推荐朋友购车,可享受比其他车主更多的奖励;世茂集团推出了联合善诊服务,联合知名医院长期为粉丝提供免费的体检服务;小米在举办"爆米花年度盛典"时,会铺上红地毯,设计T型舞台,通过社区数百万米粉选出几十位在各个领域非常有代表性的资深米粉,为他们制作专门的VCR,请他们走上红地毯,领取一份属于他们的"金米兔"奖杯。此外,小米还办《爆米花》杂志,让米粉成为时尚封面的主角。

此外,企业可以根据自身的实力和特色,在提供售后服务时向粉丝免费赠送高品质的礼品。很多人在生活中都有过这种感受,一提起免费赠品,特别是企业送给你产品时,你的内心就会感到甜蜜和兴奋。如果企业免费赠送的产品让粉丝感觉很独特,或者具有很好的性能,那么,他们会很愿意向身边的人展示赠品,分享自己良好的消费体验,甚至可能鼓励亲朋好友也参与进去。所以,企业要利用好粉丝的这种心理特征,赠送给粉丝精致实用而又具有分享价值的礼品,强化粉丝的归属感,提升粉丝对企业的忠诚度,甚至通过赠送礼品的方式来引导粉丝的消费意识和习惯。例如,汽车4S店为了留住客户,经常提供雨伞、户外帐篷、高尔夫毛巾、手机数码移动电源等赠品,以及开展买车险送保养、送洗车券等感恩回馈活动。

3. 提高粉丝的参与感

如果粉丝缺乏参与感,对企业品牌的认知度和忠诚度自然也就不会太高。粉丝期待通过理想的表现,给自己营造一个想象的新世界,而且参与感会让粉丝获得成就感和满足感。因此,企业要想办法让粉丝参与进来,开展深度互动。

(1) 给予粉丝足够的尊重

如果企业想培养出自己的铁杆粉丝,就必须给予粉丝足够的尊重,让粉丝感受到关爱和重视。小米MIUI发布第一个内测版本时,第一批用户只有100人。那时候的小米在手机市场上还默默无闻,也没有做任何推广活动,这最初的100名用户便成了小米最宝贵的财富。小米手机将这100人的论坛ID写在了开机页面上,以这种方式向他们致敬。除此以外,小米一年一度的新品发布会,会在铁杆粉丝群体中发放一定数额的邀请函,让他们成为品牌的VIP。小米的"爆米花"活动也全程都邀请用户参与,包括:在论坛里投票决定在哪个城市举办;现场会有用户表演节目,表演者是提前在论坛海选出来的;布置会场会有米粉志愿者参与;每一次"爆米花"结束的晚上,当地资深米粉还会和小米的团队一起聚餐交流。

(2) 邀请粉丝参与新产品的研发

铁杆粉丝非常痴迷企业及其产品,对它们的了解堪称细致入微。他们的某些看法往往能够直指本质,为研发人员提供帮助。所以,企业不妨将铁杆粉丝变为研发团队的一员,汲取他们对产品研发设计的意见。一方面,这能让产品变得更加专业,更适合消费者的需求;

另一方面，这种做法会被粉丝视为莫大的奖励和荣誉，促使他们更主动地宣传和推广企业的产品，更忠诚于企业品牌。

早在小米新款手机尚未发布时，MIUI 论坛上就活跃着一群对新产品特别喜爱的粉丝，他们积极参与了小米手机的研发和品牌塑造的各个环节。在小米官网中，可以看到每当小米要研发新手机之前，都会推出小米主题设计大赛，鼓励粉丝积极参与，了解产品研发的最新进展，表达对新产品的意见。正是因为广大粉丝支持小米并积极为其提供意见，小米手机才能在功能上大放异彩，成为发烧友专属设备。

（3）让铁杆粉丝走进"管理层"

不少铁杆粉丝往往是品牌最早的一批粉丝，一路伴随着品牌的成长，在社群中也有一定的号召力和影响力。这样一批具有"群众基础"的铁杆粉丝，适合让他们走进"管理层"。这里所指的"管理层"，并不是企业真正的高层，而是指社群的运营者、社群小组的管理者，例如，网络上各个论坛的版主、百度贴吧的管理者、简书上各个专题的主编等。这样的"管理层"职位，会让铁杆粉丝感受到一种无上的荣耀，他们拥有直接接触品牌内部的权利，拥有发布会参与权，满足了他们"参与感"的需求。有些时候，这些精神层面的奖励作用要远远大于物质奖励。

微案例 7 —— 阅读请扫第 103 页二维码

第三节　售后服务：新一轮营销的起点

在德国大众汽车流传着这样一句话：对于一个家庭而言，第一辆车是销售员销售的，而第二、第三辆乃至更多的车都是服务人员销售的。在售后服务营销的新时代，售后服务向服务营销转型是大势所趋，如何把售后服务团队的效能发挥到最大化，真正实现服务营销，是"新零售"企业制胜的重要法宝。

一、从售后服务中挖掘痛点制造商机

要想让消费者发自内心地喜欢一个品牌，企业就必须改变传统的单方面强加给消费者的宣传方式。不管企业花费多少人力和财力，单向传播的效果都不会太好，企业应该从"给你什么产品"转变为"你想要什么产品"，准确知道客户需要什么、不要什么。因此，企业需要通过各种调查了解客户的期望值，而售后服务正是一个绝佳的契机，它能为企业挖掘粉丝痛点，然后及时对相应的产品和服务进行调整，使其达到甚至超过消费者的期望。

有些在售前难以发现的问题，在售后就能显示出来。例如，企业在制作和销售一款手机的过程中，肯定无法全面地了解到这款手机会出现的问题，而在开展售后服务的过程中，则可以看出哪一类问题是用户反映最多的，直击痛点。小米手机设计了名为"橙色星期五"的互联网开发模式，在这种模式中，MIUI 团队通过论坛与用户进行在线交流，了解用户在小米手机使用过程中的意见和建议，然后在设计新产品时将其中的关键问题充分考虑进去，不断完善产品。

针对许多新产品的研究标明,新产品失败的最主要原因是对市场判断的失误,而远远超过了其他威胁因素。这说明了企业在开发新产品之前,对市场的正确判断极为重要,信息反馈不及时、不完整都将影响企业对市场的判断,影响着产品的开发。而售后服务能够建立完整的客户信息,形成一个信息反馈的渠道,通过用户对商品的评估,企业可以得知用户的需求和市场的发展,甚至探听到其他行业的案例和优秀企业的先进经验。信息的反馈,将推动产品的质量和性能得到不断的提升,进而扩大销售,使企业获得更高的经济效益。

企业要尽可能地建立起服务跟踪体系,及时解决用户在产品使用过程中遇到的问题,并且做好收集和分类,把数据盘活。对每天的服务数据、售后数据进行详细和深入的分析,科学和客观地呈现客户的数据画像,利用这些数据为销售部门的预测、市场推广、价格设计、售后跟踪、卖场的服务流程设计提供相对准确的数据支撑。同时,售后服务活动能够帮助企业获得用户的姓名、性别、家庭住址、联系方式等基本信息,客户信息体系的建立便于销售人员与客户之间展开联系,进一步实现对消费者信息的挖掘,并满足客户的个性化需求,促进二次销售行为的产生。

宝马通过充分利用数字化管理平台和BMW悦服务小程序,领创经销店可与客户持续沟通,更新维保进度,缩短等候时间,改善客户体验。此外,BMW还相继推出"BMW/MINI服务体验官"和"宝马忠诚之悦"项目,为客户提供长期有效的在线反馈渠道,倾听客户声音,解决客户问题,全方位改善产品和服务质量,带给客户更卓越的体验。

微案例8——阅读请扫第103页二维码

二、售后服务中的营销策略

除了发现问题、解决问题,一款产品的售后市场,还隐藏着巨大的商机。如果能将产品与售后衍生的产品做成一个系列,粉丝不用再到他处购买,相信很多粉丝都非常乐意。

"都市丽人"作为1998年诞生的国内首家快时尚内衣品牌,除了从产品、创意、互动的维度激发年轻女性消费者的兴趣,也很懂得通过提供售后衍生产品增加消费者的体验感。大部分内衣店只卖一些内衣、睡衣等,而"都市丽人"虽然也是靠这个来盈利,但它同时注意到了内衣的保养、清洗问题。随着生活品质的提高,越来越多的人关注到内衣如何清洗才能更加健康卫生等问题。针对这一点,"都市丽人"在店内推出了内衣专用洗衣液。不过,它并没有将这款产品直接拿来卖,而是在消费者付款时,询问其是否要加钱来超值换购。通过这样的做法,"都市丽人"除了可以得到衍生产品的利润,还能增加粉丝的黏性。除了内衣专用洗衣液,"都市丽人"还为粉丝提供了其他一系列的衍生产品,且都是根据粉丝的售后痛点而生产出来的,最大限度地满足消费者的需求。

在电动自行车行业,售后有时甚至比销售利润更大。中国是全球最大的电动自行车消费国。虽然电动车的需求在不断上涨,但是市场竞争也一样激烈,多家品牌经常展开激烈竞争,甚至大打价格战,电动车的利润也跟着不断下降。实际上,电动自行车的售后利润空间相当大,无论是电池置换、轮胎维修,还是充电器、头盔等重要配套,以及换购国标车的大潮,都是重要的利润来源。曾有媒体预言,售后服务或将成为电动车品牌的分水岭。2011年,上海凤凰率先成立"吉祥服务中心",树立起凤凰电动车行业服务第一品牌的形象,为抢滩电动车市场打下坚实基础。上海凤凰给购买电动自行车的用户发放保修卡,提供21项免费服务,并把电池保养、刹车系统、电机检测等消费者关注的维修项目全部列入免费范畴。同时将售后"三包件"以外的维修配件也进行了全国价格统一,实现公开、公正、公平的收费标准体系。上海凤凰还引入了汽车售后服务才有的路上抢修服务,专门为凤凰电动自行车经销商配备服务车,以满足经销商路上抢修需要。为消费者提供实实在在的服务,大多数消费者便不会随意选择去其他电动车维修点,而是更倾向于直接来到上海凤凰的门店,从而无形之中拉动了商品的销售。

本章重点

1. 许多人认为产品售后服务就是"三包",即对产品实行包修、包换、包退,这是一种狭义的理解。广义视角的售后服务包括但不局限于以下方面:代消费者安装、调试产品;根据消费者要求,进行有关使用等方面的技术指导;保证维修零配件的供应;负责维修服务,并提供定期维护、定期保养;为消费者提供定期电话回访或上门回访;处理消费者来信来访以及电话投诉意见,解答消费者的咨询;同时用各种方式征集消费者对产品质量的意见,并根据情况及时改进等。

2. 客户和粉丝是有区别的:企业与客户之间的关系是交易行为产生的,两者之间是相互的利益关系,客户购买产品是相对理性的;而对于粉丝,企业与他们之间的关系是通过情感建立的,粉丝购买产品是基于对企业产品的喜爱,有一定的感性成分。社会化营销有一个很重要的问题,就是客户的关系转变。客户已经不仅是作为一个购买者而存在,同时还可以成为企业的合作伙伴、宣传者、崇拜者等,最后就形成了粉丝。

3. 售后服务能够建立完整的客户信息,形成一个信息反馈的渠道,通过用户对商品的评估,企业可以得知用户的需求和市场的发展,甚至探听到其他行业的案例和优秀企业的先进经验。信息的反馈,将推动产品的质量和性能得到不断提升,进而扩大销售,使企业获得更高的经济效益。

思考题

1. 梳理本章知识体系,绘制一张包含本章全部知识点的思维导图。提示:使用MindMaster等专业思维导图绘制软件会让你更加得心应手。

2. 与线下零售商相比,线上零售商在售后服务面临哪些新的机遇和挑战?选取一个你熟悉的线上零售商进行案例研究,论证你的观点。

3. 结合实例,谈谈售后服务的标准化和个性化之间如何平衡?

4. 越来越多的线上零售商开始启用"人工智能客服"来回答和解决消费者一般性的售后咨询问题,如天猫超市等,这一方面可以大幅压缩零售商的售后服务支出,另一方面也严重恶化了消费者的实际消费体验。你遇到过"人工智能客服"吗?举一个你的实际例子,并分析线上零售商应该如何更加合理地利用"人工智能客服"技术,以实现成本节约与体验优化之间的平衡?

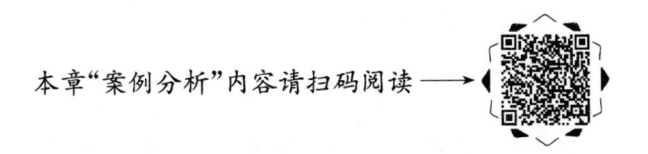

第八章 "新零售"售后服务的体验优化

本章"案例分析"内容请扫码阅读

参考资料

[1] 蔡嫚.粉丝经济学[M].北京:时事出版社,2017.

[2] 孔斌国际网校.粉丝红利:解密企业转型与收入快速增长内幕[M].北京:中国铁道出版社,2016.

[3] 梁宇亮.粉丝经济实战法则:下一个小米就是你[M].北京:人民邮电出版社,2016.

[4] 谭影.大数据赋能下的家电品牌售后服务设计策略研究[D].江南大学,2021.

[5] 杨雷.淘宝平台顾客满意度研究——基于直播带货和传统网购的比较[D].山东大学,2021.

[6] 曾水华,向天夫,王伟.粉丝运营:吸粉技巧+盈利模式+实战案例[M].北京:人民邮电出版社,2017.

[7] 中国商业联合会,中国人民大学信息分析研究中心.2021年中国售后服务发展报告[R].2021.

第九章 "新零售"企业公关危机体验维护

章节导言

公共关系危机,是指企业面临的影响组织生产经营活动的正常进行,对组织的生存、发展构成威胁,从而使组织形象遭受损失的某些突发事件。随着自媒体以及社群平台的兴盛,直接面向消费者的"新零售"企业的任何一点负面事件都有可能在网络上瞬间引爆舆论,将企业推上"热搜",严重破坏企业的公共形象。在本章中我们将向同学们介绍公关危机的演变以及"新零售"企业可能会面临的典型公共关系危机,并结合国内外经典公关危机处理案例,总结公关危机预防和处理的常用策略。

本章"微案例""拓展阅读"内容请扫码阅读→

第一节 公关危机的基本概念

一、公关危机的特征与类型

1. 公关危机的特征

危机,即"危险与机遇",是有危险又有机遇的时刻。危机是组织命运"转机与恶化的分水岭",许多学者从不同角度对危机给出了自己的理解和判断。

赫尔曼认为,危机是指一种情境状态,在这种形势中,其决策主体的根本目标受到威胁且做出决策的反应时间很有限,其发生也出乎决策主体的意料之外。

福斯特认为,危机具有四个显著特征,即急需快速做出决策、严重缺乏必要的训练有素的员工、相关物资资料紧缺、处理时间有限。

罗森塔尔认为,危机对一个社会系统的基本价值和行为架构产生严重威胁,并且在时间性和不确定性很强的情况下必须对其做出关键性决策的事件。

巴顿认为,危机是一个会引起潜在负面影响的具有不确定性的事件,这种事件及其后果可能对组织及其员工、产品、资产和声誉造成巨大的伤害。

班克思认为,危机是对一个组织、公司及其产品或名声等产生潜在的负面影响的事故。

里宾杰认为,危机是对于企业未来的获利性、成长乃至生存发生潜在威胁的事件。他认为,一个事件发展为危机必须具备以下三个特征:其一,该事件对企业造成威胁,管理者确信该威胁会阻碍企业目标的实现;其二,如果企业没有采取行动,局面会恶化且无法挽回;其三,该事件具有突发性。

公共关系危机,是公共关系学的一个较新的术语。它是指影响组织生产经营活动的正常进行,对组织的生存、发展构成威胁,从而使组织形象遭受损失的某些突发事件。这种突发事件具有以下特点:

(1) 普遍性

危机存在于企业活动的每时每刻。根据美国《危机管理》一书的作者菲克普曾对《财富》杂志排名前500强的大企业董事长和CEO所作的专项调查表明,80%的被调查者认为,现代企业面对危机,就如同人们必然面对死亡一样,已成为不可避免的事情。其中有14%的人承认,曾经受到严重危机的挑战。

(2) 突发性

外部或内部因素形成的危机会突然影响企业的运行,比如政治经济关系、公共卫生事件以及天灾等突发事件。在很短时间内波及很广的社会层面,对企业或品牌产生重大影响。

(3) 紧迫性

危机蔓延的速度通常较为迅速,而且这种突发的危机由于其不确定的前景造成高度的紧张和压力。为使得企业在危机中生存,并将危机所造成的损害降至最低限度,决策者必须在有限的时间限制下,做出关键性决策和具体的危机应对措施。

(4) 危害性

危机通常是已经危及企业运作的事件。危机的发生通常会影响企业的生产经营活动,甚至威胁到企业的发展路径。利益关系人已经倾向负面观感,必须及时采取行动处理。

(5) 双重性

危机不只有消极的一面,也有积极的一面。普林斯顿大学的奥古斯丁教授认为,每一次危机本身既包含导致失败的根源,也孕育着成功的种子。发现、培育,以便收获这个潜在的成功机会,就是危机管理的精髓。而习惯于错误地估计形势并使事态进一步恶化,则是不良的危机管理的典型。简言之,如果处理得当,危机完全可以演变为契机。

2. 公关危机的类型

按照危机造成的原因、发生的来源以及牵涉的对象进行分类,公关危机可以分成下列几种类型。

(1) 危机造成的原因——天灾还是人祸

天灾型的危机是由环境所造成的突然性状况,例如地震、水灾、风灾、雷电及其他自然灾害造成的重大损失。针对这类型的危机,有经验的公司大多会设定一套标准处理程序。人祸型的危机是肇因于人为的疏失,这有可能是来自决策或执行所发生的错误,也有可能是来自外界人士有意或无意对企业造成的伤害。

(2) 危机发生的来源——组织外部还是组织内部

来自组织内部的危机多半与企业经营、人资、财务、营销、业务、消费者纠纷等高度关联。来自组织外部的危机,主要是来自政府政策或法律行动、竞争攻击、股权纷争、黑客攻击、合作厂商失误、民意代表或非营利组织批判行动等。

来自商业上的恶性竞争是一种常见的组织外部危机。2017年5月,"最生活毛巾"发布了一篇公关檄文《致丁磊:能给创业者一条活路吗?》,人称"毛巾哥"的创始人控诉网易严选的一款毛巾产品侵权。网易严选在第二天发文回应,文中阐述了ODM模式,表示毛巾原料和制造商与"最生活毛巾"的相同,并未侵权。同时,推送中指出了"最生活"的抄袭黑历史以及其受雷军投资的现况,避免舆论抨击网易以大欺小。在回应之后,网易严选开始了毛巾超级大促销活动,把毛巾的价格从原来的29元一条降低到12元一条,毛巾马上卖到脱销。最令人意外的是,网易严选事后发布了全新单曲——《网易严选退钱了》,再次引发讨论,成功扭转危险为机遇,树立网易严选优质的网络形象。

(3) 危机牵涉的对象——个人危机还是组织危机

个人危机大多是指企业或组织高层因为私德、言行、触法或突然间身故等造成对企业重大影响的危机。组织危机则是泛指企业因为突然间所爆发的单一人为疏失或是系统性的错误,所导致的危机状况。

个人所造成的企业危机通常来自内部高管。2022年7月,"张小泉菜刀拍蒜断了"事件持续引发关注。网民更是挖出张小泉总经理夏乾良过往接受采访时的一段视频,视频中夏乾良称中国人的切菜方法不对,米其林厨师都不是这样切的,引发网友集体嘲讽。事情发酵不久后,夏乾良在个人抖音账号回应:网传视频是很久以前的视频,且并非视频的全部,现传视频中并未根据当时的情境和语境进行描述,从而导致大家对此产生极大的误解。最终,张小泉正式向消费者发布"断刀召集令",凡是在国内购买的菜刀,五年内发生断刀事故的,无论是张小泉品牌还是指定的友商品牌,张小泉公司都会按照类似款型和价值进行新刀补发,才让此事件落幕。在互联网时代,高管的发言需极为谨慎,因为高管的一言一行都极容易被记录与传播,甚至有心人还能断章取义加以改变。"张小泉菜刀拍蒜断了"事件充分说明了企业高管言行得体的重要性。

危机的分类判断有助于第一时间处理危机,组织调查发生危机的真正原因、可能需要负起的责任,并且分析所牵涉利益关系人的对象多寡、影响程度、关心状况等,将更加有助于掌握危机的事实状况,进而开展针对性的商业行动与沟通行动。

二、公关危机的演变

传统意义上的企业危机爆发传播路径是从传统媒体到消费者,互联网的出现改变了企业危机信息的传播路径。"新零售"企业公关危机,很多时候都是起源于网络,而后经过权威媒体曝光,然后再次返回到网络进行发酵。企业公关危机的演变主要经历以下三个阶段。

第一阶段是传统媒体占据主流发声的阶段。这一阶段还不存在"新零售"企业,公关危机主要发生于传统企业,舆论主要通过传统媒体中的报纸、杂志、广播、电视等媒介进行传播。此时,企业一旦面临危机,第一反应往往是灭火,主要的原因还是消费者接收到的信息渠道有限,网民也还不习惯通过互联网发表意见或反映问题。

第二阶段是PC互联网时代。这一阶段中,"新零售"企业开始崭露头角,越来越多传统企业借助互联网进行产品销售,同时,媒介力量开始由传统的四大媒介逐步转向PC互联网与传统媒介并重。新型的互联网以其传播速度快、传播范围广等特点,受到广泛重视。尤其,"新零售"企业如果面临危机,危机就有可能通过互联网瞬间传遍整个网络,这一阶段的企业危机会出现很多失控舆论。互联网给网民提供了一个前所未有的发声渠道,也给网民营造了一个接收信息的快捷通道,企业已经很难通过压制消息来缓和危机的蔓延。

第三阶段是移动互联网阶段。这一阶段中,几乎每个网民都有了自己的发声平台,自媒体、社群、公众号和Vlog等都成为个人发表意见的途径,每个人都是信息来源,降低了传统媒介的话语权。于是,很多传统媒体人从媒介公司走出来,创办了自己的自媒体平台。这一阶段的企业危机通常从网络上开始引爆,不仅继承了互联网传播速度和广度的优势,同时形成了各方力量理性思考、各抒己见的特点,此时的网络危机只能疏导,不可硬来。所有"新零售"企业每时每刻都在面临问题,也必须以最短的时间为客户解决问题,所有企图掩盖问题的手段都将面临消费者更大的反弹声浪。

三、"新零售"企业的公关危机

1. "新零售"企业公关危机的特征

随着媒体数字化以及社群平台的兴盛,"新零售"企业公关危机相比于传统的公关危机,呈现出一些新的特征。

(1) 网上舆情影响力度大。互联网时代,社群平台的评论相当重要。品牌除了留意主流媒体的风向与评论外,也需要留意网上客户或消费者的反馈,乃至有可能是潜在用户的个体意见,都需要考虑在内。

(2) 传播速度极快。各个网络社群的普及让信息的传播跳脱了传统媒体的框架,公关事件的发生到引爆公众舆论的时间已极大缩短,甚至可能在 24 小时以内就对企业造成极大的伤害,这意味着企业的应对速度会是关键,及时进行舆情分析与应对可以说是基本操作。

(3) 涉及范围广。媒体的交叉报导与无处不在的评论机制使得消息于一平台曝光之后,迅速蔓延至各社群和数字媒体。信息的易达性更扩大了整个公关危机的范围,人人随手转发便是又一次散布,以往封锁消息的做法在网络时代已失能。

(4) 负面舆论的代谢时间缓慢。网络评论的代谢时间很缓慢,甚至可以说是无法消除的。面对公众号或是论坛式的负面文章,即便公关危机风头已过,仍会对品牌形象造成影响、无法消弭。若只专注公关危机当下,忽略后续的危机处理,可能会让前面的努力减半甚至白费。

2. "新零售"企业公关危机发展的四阶段

任何问题的发生均有先兆,危机的发展也有生命周期。如果企业采取及时的干预行为,一个问题可能会发展到一定阶段就不再向下发展了;但更多的可能是,由于企业应该干预而没干预或者干预不利,则使问题继续发酵,从一个阶段演进到下一更高阶段。根据问题的进展,可以将公关危机的发展过程分为四个阶段:产生期、膨胀期、爆发期和解决期。

第一阶段是问题产生期。企业通常问题很多,出现问题如果不及时干预,必将酿成更大的麻烦。这时重要的是要严格监控,对于潜在问题的早期识别异常重要。这个时期,危机还没有完全形成,所以还没有大到足以引起专家或者公众注意的程度,一般没有媒体和公众的介入。

第二阶段是问题膨胀期。这个阶段,问题越来越清晰,专业媒体以及行业专家、专业人士的介入,代表问题的严重性逐渐突起,要求企业处理问题的压力越来越大。如果此时组织进行干预的话,是可以影响到事态的进一步扩展。与第一阶段不同的是,此时开始有了舆论的参与,媒体参与的程度决定了它的影响程度,如不对问题加以止损,则问题会进展至下一阶段。这个时期最佳的做法是开始启动一般的避险程序,危机领导小组开始行动,制订应急计划,危机处理决策者与管理者将发挥至关重要的作用,也是真正显示出危机预警机制与公关团队能力的时候。

第三阶段是问题爆发期。这个阶段,问题已经发展成熟,企业危机全面爆发,大众媒体的介入,特别是高频率的社评和报道掀起高潮。这给企业的经营活动和品牌声誉造成巨大损失。现在再要影响它的进程已经不大可能,任何干预行为都需要相当长的时间才能奏效。此时,迅速决策是当务之急,危机管理小组要切实担当起领导危机处理的职责。

第四阶段是问题解决。问题如走到最后阶段,危机已经变成危难了。此时的压力到达顶点,除了不惜一切代价停止危机外,剩下的就是"亡羊补牢"的功课了。所以,必须尽可能避免危机发展到第四阶段。

经过不同的阶段,由于问题带来的影响越来越大,事态发展要求企业去解决的压力也越来越大。越早发现问题,则解决问题的成本越低;越早解决问题,则选择空间越大。早期的干预有助于企业充分发挥主动性和灵活性。

微案例 1 ⟶ 阅读请扫第 118 页二维码

第二节 公关危机的预防

一、树立危机预防意识

如果没有强烈的危机意识,所有的危机预警机制都是形同虚设。危机感会让公司的机体保持对外界刺激的敏感性,保持一种警惕和临界状态,才有可能保持企业所应该具有的活力。危机是一种常态,并不可怕,但企业一定要有危机意识。任正非在《华为的冬天》提及危机感时写道,"10 年来我天天思考的都是失败,对成功视而不见,也没有什么荣誉感、自豪感,而是危机感。"海尔集团创始人张瑞敏说过:"我每天的心情都是如履薄冰,如临深渊。"小天鹅公司实行"末日管理"制度,目的都在于让企业内部从高层管理者到基层员工都时刻意识到潜在危机。将危机意识融入企业文化之中,时刻强化危机意识,就能够提高企业抵御危机的能力,有效防范危机的发生。超前的、全面的危机意识才是企业危机防范中最坚固的防线。

危机管理不只是公关部门的责任,企业中每个员工都要有危机敏感度,建立"管理危机,人人有责"的企业文化。组织中每个个体都要从自己的工作中,以自身的专业视角去判断。我所看、所知或所做的事情,是否有对企业的生意与商誉可能产生的潜在负面影响?如果有影响,应该如何通报类似的负面事件?如何避免这样的负面事件发生?公关部门要鼓励员工扮演裁判的角色,通过教育训练、会议交流、案例分享等方式,鼓励员工主动挖掘对公司不利的负面事件,建立部门小组或跨部门会议等沟通渠道,让危机及早发现,对症下药。

危机管理是危机已经出现苗头后的弥补,而提高企业社会责任感才是化解危机之本。诚信是一个企业持续的源泉,任何欺诈行为只能对企业造成致命的伤害。树立诚信的企业形象,需要通过企业提高自身社会责任感来实现。俗话说"晴天修屋胜于雨天补漏",企业应对危机的根本还在于未雨绸缪,防患于未然。

微案例 2 ⟶ 阅读请扫第 118 页二维码

二、建立危机预警系统

预防危机必须建立高度灵敏、准确的预警系统,运用预测技术对危机发生的可能性及其危害程度进行估计。这种估计是通过对危机前兆和起因的严密观察,并对所获信息进行处理、评价取得的。信息监测是预警的核心,随时搜集各方面的信息,及时加以分析和处理,若有问题出现,在第一时间捕捉,从容应对,防患于未然。对于企业有针对性地预控危机,提高组织对危机的反应速度具有重要意义。

预防危机需要重点做好以下信息的收集与监测:一是随时收集公众对产品的反馈信息,对可能引起危机的各种因素和表象进行严密的监测。二是掌握行业信息,研究和调整企业的发展战略和经营方针。三是研究竞争对手的现状,进行实力对比,做到知己知彼。四是对监测到的信息进行鉴别、分类和分析,对未来可能发生的危机类型及其危害程度做出预测,并在必要时发出危机警报。

快速发展的网络世界为企业开展信息监测提供了有效的工具,有助于企业随时掌握议题,特别是那些网络差评,建议企业以追根究底的精神,从"量化"与"质化"的角度了解舆情的状况。

对于"新零售"企业而言,最常遇到的就是消费者的差评或者抱怨。在监测负面议题时,通常建议先从"质化"角度,了解为什么消费者会有抱怨?特别牵涉到产品瑕疵,企业更应在意来源与真实性。企业可以查证产品原料、制造、品控以及运送等有无异常状况,另一方面也了解是否有类似消费者案件,以判断是系统性问题或是个案。另外,从"量化"的角度,则需了解负面议题在网络或是传统媒体是否蔓延,以及企业是否考虑要响应。

近年来,众多车企积极响应的汽车召回行动就是一个很好的例子。所谓汽车产品召回,就是按照法定的要求和程序,由缺陷汽车产品制造商进行的消除其产品缺陷的过程。从设计角度来说,在设计室设计出的完美车型投入到实际运作中,可能并不完美;从生产角度来说,汽车是一个非常复杂、工艺水平要求非常高的产品,因而可能在生产过程中存在操作失误;从使用角度来说,一些缺陷只有在使用一段时间后才会暴露出来。因此,实行汽车召回制度,可以消除缺陷汽车产品对使用者及公众人身、财产安全造成的不合理危险,维护公共安全、公众利益和社会经济秩序,从而避免未来更大的公关危机出现。

拓展阅读1 —— 阅读请扫第118页二维码

三、拟定危机应变预案

现实中,企业的许多危机事件是在意料不到或者是无法抗拒的情况下发生的。因此,要控制企业危机还需要有针对性地制定相应的计划,即危机应变预案。危机应变预案,既是危机发生时的处理程序,也是危机处理的行动纲领。危机应变预案中必须规定危机发生时,企业各级人员的分工、职责、工作程序,即什么样的问题由谁来处理,谁有权处理什么事,处理问题的要点和原则是什么,由谁发出企业的紧急状态令,对外发布信息的原则是什么,现场和善后处理的指挥、协调、对外关系处理等工作的原则是什么,特别是成立危机管理领导小组,确立对外发言人,启动已制定完妥的处理程序(人员分工、物资配备、各级的任务),以争取在第一时间果断采取措施。

需要特别指出的是,企业危机应变预案不应过于程序化和过于具体,要有一定的灵活性,以便包含各种危机均有的不可预见的方面,给企业经营者临机决策留有余地。企业危机爆发的形式是千变万化的,现实条件也不可能总是一成不变的,因此,危机应变预案不应照搬或套用固定模式。除此之外,还要做好企业相关人员的培训工作,如定期进行各种危机模拟演习,既可以提高相关人员的危机意识和临危应变能力,还可以使其熟悉方案并检测方案的有效性,从而确保危机实际发生时得到有效处置。

表9-1 某公司公关危机应变预案

负面轻重程度	负面内容	处理流程
一级	A. 抽检报告,产品含有对人体致癌成分 B. 抽检报告,产品重金属含量严重超标,对人体将会造成严重伤害 C. 群体消费者使用产品后出现某种不良现象 D. 产品涉嫌造假、以次充好行为 E. 多家门户网站、有影响力的电视媒体同时报道企业负面信息,并有跟踪报道事态进展的迹象	1. 立即成立以董事长为组长的应急公关小组对负面进行评估,并建立微信群; 2. 编写公关文案,制定解决方案; 3. 立即自查负面来源,并立即整改; 4. 寻找突破口,用媒体澄清,予以危机扶正。
二级	A. 在经销过程中因为销售人员工作方式及服务态度引起投诉 B. 因为物流、客服人员态度而引起消费者投诉 C. 消费者在消费过程中发现异物 D. 在生产过程中出现包装标签不合格 E. 在生产过程中,操作流程不符合标准 F. 在宣传过程中出现误导消费者行为 G. 产品菌落超标 H. 企业员工爆料企业生产经营潜规则,并直接关联产品质量 I. 个别消费者使用产品后,出现不良现象 J. 有个别媒体报道企业负面	1. 成立以集团宣传负责人为组长的公关小组,对负面信息进行评估,并建立微信群; 2. 各部门立即自查负面现象的真实性,并及时更正; 3. 找到当事人,安抚当事人,并进行沟通解决; 4. 若为职业举报人,则不应进行私下解决,而应采取工商行政正常程序予以解决。
三级	A. 公司经营方向的调整被外界误认为是放弃主业 B. 竞争企业发布最新研发成果,从而引申出同行的生产经营的落后 C. 企业与经销商合作过程中的经济纠纷 D. 员工与企业产生用工、劳资纠纷 E. 在生产过程中出现排放环保问题 F. 生产经营的操作标准出现问题	1. 成立以公关部负责人为组长的公关小组,并建立微信群; 2. 由企业对接人(部门)进行相应处理。

续 表

负面轻重程度	负面内容	处理流程
四级	A. 国家或地方对行业政策性调整对茶油产业有压制现象 B. 金融机构对行业贷款审批门槛的调高对企业融资造成困难 C. 商标侵权 D. 基地用地与农户之间的矛盾 E. 基础设施建设过程中与合作商之间的矛盾	1. 成立以公关部负责人为组长的公关小组,并建立微信群; 2. 由企业对接人(部门)进行相应处理。

第三节　公关危机的处理

2017年8月25日,《法制晚报》以一篇《暗访海底捞:老鼠爬进食品柜,火锅漏勺掏下水道》引爆网络,报道中指出海底捞在北京的两家店铺后厨均存在老鼠乱窜、拖把、漏勺一起清洗等卫生问题。一时之间,海底捞被推上了舆论的风口浪尖。然而,仅仅在危机爆发的四小时内,海底捞官方微博就此事发表了公开声明。由于其声明态度诚恳,有担当,海底捞成功反转了舆情,得到了网友的原谅,更通过这次公关获得了一些网友对海底捞的好感。

短短四小时,仅凭一份道歉信和一份声明,火锅界大佬居然反转了这次严重的卫生安全危机,公关操作可谓炉火纯青。其实,危机管理的套路也有章可循,下面我们就结合"危机管理的DISCO原则"分析一下这次危机管理的细节。

一、D:沟通行动与管理行动双管齐下(Dual Path Process)

在危机发生以后,企业首先要采取弥补危机损失的管理行动,同时也需要告知消费者危机的情况,及时和消费者沟通。

在任何公关危机发生的当下,企业除了最基本的道歉之外,更应该思考,该如何避免类似事件再次发生,以及该采取怎么样的行动才能够立即"止血",这就是所谓的管理行动。管理行动能够帮助企业解决已发生的问题并避免问题再次发生,这属于商业行动的范畴。当然,管理行动不可能在短短的舆情"黄金时间"就能穷尽,企业也无法马上响应所有的答案,但至少需要先采取一部分适当的措施,这些措施尽可能具体,同时辅以沟通手段,就能在危机公关的前期游刃有余了。

面对互联网时代的舆论传播特征,沟通行动在危机管理中扮演着举足轻重的作用,有效的沟通可以缓解消费者或用户的负面情绪,获取利益相关方的信任。如果能将有效的沟通与解决实质问题的行动结合起来,那么危机处理的效果就会更好。

针对危机的管理行动和沟通行为并不冲突,企业可以在采取适当管理行动的同时,与消费者沟通。这样既控制了危机的演化,又能安定消费者情绪。

以海底捞事件为例,后厨卫生问题发生后,首先需要考虑的就是怎样排查卫生问题,以及如何赔偿前去就餐的消费者。而在排查后厨卫生、开启整顿行为的同时发布声明,告知消费者"我们十分重视这个事情,并且在处理"。这样一方面对危机有实实在在的解决措施,另一方面则告诉消费者"我们在行动",起到了沟通的作用。

在发生后厨卫生问题后,海底捞在第一时间发布的处理通报中就提及了以下具体举措:

(1) 聘请第三方公司排查卫生死角;

(2) 虫害治理工作及店铺整改工作;

(3) 公布一系列整改措施的具体负责人的职位、姓名以及联系电话。

海底捞正是运用了沟通和管理同步进行的方式,既发布声明告知了公众,稳定了公众情绪,也切实采取了控制危机情况的行动。"双管齐下"的原则可以说运用得十分到位。

二、I:第一时间响应(Immediate Response)

在危机发生的当下,企业应该立即做出适当的响应。过去危机处理教科书认为,响应时间有"黄金24小时"说法,然而社群媒体兴起,尤其是社群媒体使得大众与企业品牌有了第一手连接,危机发生以后,企业要用多快的速度进行第一时间的回应呢?面对如今信息爆炸式传播的情况,一旦负面信息曝光,危机的后果就难以预料。所以,没有最快,只有更快。企业要尽可能地把握黄金时间,第一时间沟通,对外界的感官会产生很大的影响。或许召开记者会或类似的正式官方响应无法在短时间内完成,但利用声明稿或是在企业官方平台发出文字,都有助于后续的处理。小到一段官微的微博、一份声明稿,大到媒体采访,这些沟通手段都有助于后续的危机处理工作,使危机不蔓延,不加剧。

企业第一时间回应的内容,应该注意哪些问题呢?

(1) 将消费者的利益放在第一位。

(2) 回应的态度要真诚、审慎。

(3) 回应内容要讲清"发生什么事",以及"企业正在做什么来弥补危机结果"。

不仅要诚实地叙述发生了什么,也要强调企业正在做些什么样的处理机制。最后,要对受害者表现出歉意以及会作出的赔偿方式,必须让大众感受到企业处理事件的诚恳以及负责任的态度。

在卫生安全问题被曝光后,海底捞经过三小时的酝酿就针对该事件做出了回应。正是这份火速回应声明,带来了舆论的反转。海底捞成功抓住了舆情的"黄金四小时",确定了处理方案并公诸于众。牢牢抓住了公关的时间节点,掌控住了危机事态的局面。可见,危机管理中,把握第一时间响应原则,可以大大降低后续处理的难度。

三、S:判断利益相关者的沟通优先顺序(Stakeholder)

判断利益关系人主要用于分析与危机相关的所有个人和组织。企业危机的利益相关人主要有媒体、消费者、政府部门、渠道伙伴、内部员工,等等。

通常情况下,企业第一个选择的利益相关人是媒体和大众。其实其他利益相关人在危机环境中对于企业同等重要,政府机关、合作伙伴、渠道商、非营利机构等利益关系人的杀伤力同样不容小觑,甚至对于危情的解决有很强的影响力。因此,发生危机事件时,企业首先需要根据情况评估在事件范围内的利益关系人、与他们沟通的优先级、以及该通过什么样的渠道与这些利益关系人做沟通。只有确定最关键的利益相关者,才能寻找到可以为自己所用的转折机会。此外,必须确保与每个利益关系人的沟通内容是一致的,以免发生不同沟通对象间有差别待遇的怨声。

另外,企业往往是重视媒体公众和社会公众的,最容易忽视的是内部员工。其实内部关系的处理对于危机转化有不可忽视的作用,员工代表了企业,使员工树立对企业的信心,共同抵抗来自外界的压力,也有助于企业快速度过难关。

海底捞就非常善于处理与内部员工的关系。它在后厨卫生安全危机的"处理通报"中第6条写到"涉事停业的两家门店的干部和职工无需恐慌,你们只需按照制度要求进行整改并承担相应的责任。该类事件的发生,更多是公司深层的管理问题,主要责任由公司董事会承担"。声明中,海底捞并没有因此事辞退员工,而是将事件缘由衍生到企业管理制度,并在公众面前保全员工。这样一方面使员工有了归属感,另一方面也让大家看到了海底捞"将员工当做顾客来服务"的企业文化。心系员工,也是企业有担当、有诚信的重要体现。

四、C:控制发展状况(Containment)

处理危机的过程中,除了最初步的危机应对,后续的发展以及控制也是非常重要的一环。危机管理过程中,企业需要具备一个"掌控危机"的思维。什么是"掌控危机"? 就是在危机发生以后,既能及时行动,做好眼前这一步,还能保持远见,布局好下一步,懂得控制危机的发展情况。在危机没有形成覆灭性的影响前,采取行动缓解危机,控制事态,不让危机扩散。

企业针对危机事件的后续控制,应当思考哪些问题呢?

(1)危机后续变化情况。

(2)采取危机管理行动以后,最好和最坏的结果。

(3)采取的管理行为是否可以终结危机。

在危机爆发四小时内海底捞发布的声明里,他们还给出了以往食品安全检查的处理公告链接,为的就是告诉大家"食品安全问题不可避免,但是我们一直在改正,在行动"。这种看似主动暴露自身问题的行为,其实反倒给消费者一种端正态度处理问题的好印象,这也缓解了舆情,控制了危机情况的蔓延。

关于海底捞火锅北京劲松店、北京太阳宫店事件处理通报	2017.08.25
关于海底捞火锅北京劲松店、北京太阳宫店事件的致歉信	2017.08.25
关于2017年7月食品安全检查的处理公告	2017.08.06
致歉信	2017.07.29
关于2017年6月食品安全检查的处理公告	2017.07.01
关于2017年5月食品安全检查的处理公告	2017.06.01
关于深圳友谊路店搬迁公告	2017.05.10
关于2017年4月食品安全检查的处理公告	2017.05.01
关于2017年3月食品安全检查的处理公告	2017.04.01
关于2017年2月食品安全检查的处理公告	2017.03.01
关于2017年1月食品安全检查的处理公告	2017.02.01
关于2016年12月食品安全检查的处理公告	2017.01.01
2016年春节营业餐厅信息	2016.12.29
关于2016年11月食品安全检查的处理公告	2016.12.01
关于2016年10月食品安全检查的处理公告	2016.11.01

图 9-1 海底捞给出的以往食品安全检查处理公告

五、O：承担应有的责任（Ownership）

"公众无法容忍企业价值观的错误，但是管理的错误是可以补救的"，记住这一点，企业能够不逃避问题，正面承担应负责任，危机处理就成功了一大半。在危机发生时，外界往往会施加压力要企业负担起相对应的责任。作为有担当的企业，应该要无理由地负起应负的责任，做出相对应的赔偿。

企业面对社会公审般的责任归咎，经常需要思考"情、理、法"的权衡处理。情是指社会公众期待企业承担的责任，理是企业为完善管理应负的责任，而法就是法律约束企业应负的责任。或许有些危机在法律上，并不会强迫企业做出回应，但如果企业可以在情理上做出大众期望企业负起的责任或是管理层应负起的责任，那这些法律之外的行动不仅可以帮助企业累积正面声量，提高大众良好的观感，也不失为一种化危机为转机的方法。

海底捞能在短短三小时的酝酿和回应中，让网友的态度从"令人呕吐""令人发指"，到"还是选择原谅它"。消费者这样的态度转变，离不开海底捞真诚的道歉态度和勇于承担的责任感。从声明中，我们能看到，其中的"问题属实""愿意承担经济责任和法律责任"都表现出这个企业的担当。

海底捞的这场公关胜仗不仅仅靠这次危机管理，它以往给消费者积累下的口碑也潜在影响了大家对它的宽容程度。因此，企业应当把美誉和口碑作为永恒的追求，时时刻刻保持诚信的经营理念。只有这样，当危机真正发生时，也能给自己一个回旋之地。

拓展阅读 2 —— 阅读请扫第 118 页二维码

六、危机结案与声誉恢复

危机管理的结束时间点可以以商业行动与沟通行动为基准。从商业行动来讲，危机结案必须满足所有企业生产经营恢复正常，彻底解决了危机发生的问题，且设定了一套有针对性的危机管理流程，避免同样问题再次发生。从沟通行动来说，危机结案以社群与媒体报导恢复企业日常的状况为准。换言之，舆论不再积极追逐事件，后续只会有零星的报导。如果同时符合商业与沟通行动，此时就可以开始停止危机管理小组的运作，回归企业正常作业，并且着手准备品牌修复行动与危机结案报告。

Deloitte 针对上榜《富比士》杂志的 300 位企业董事所做的调查显示，危机对企业伤害程度依次为：企业形象（48%）、员工士气（48%）、销售（41%）、生产力（39%）、领导人的形象（33%），以及股价（22%）。这其中企业形象与员工士气的影响最大。在危机后的经营现场，企业常会急忙推出促销，希望能恢复销售，却忽略了疲于奔命站在第一线心力交瘁的员工、仍然气愤填膺的受影响消费者，以及尚未恢复的股价。企业或许已准备翻开新的一页，消费者却仍然执着于所受到的影响。如果企业缺乏完整的品牌思维，不能有计划地创造更多的正面内容，便无法在较短时间内扭转形象。

Deloitte 调查也证实，高达 70% 的董事会成员认为，企业至少需要花费一至五年时间才能恢复企业形象，这表明形象修复困难重重。面对以时间换取的修复之旅中，企业如何展开正确的第一步？建议企业可先从执行善后行动做起，让人们了解企业弥补错误的诚意。随后展开修复计划的准备工作,切实执行品牌修复行动。企业无法改变曾经发生的事实,但是可以更有系统地"修复伤口",恢复品牌形象。

1. 展开过渡时期沟通

从危机结束到恢复形象,企业会经历一段"后危机期间",也可称为"沟通过渡期",一方面忙于执行商业行动,另一方面必须展开沟通行动。

在开展商业行动时,企业必须认清一个事实,商业行动必须触达受影响的对象,用实际行动挽回企业品牌印象。建议初期先以企业的官网、粉丝社群或小规模的网络广告开始,尽量避免大张旗鼓铺天盖地的宣传。特别对于消费性企业,传播的调性应该维持虚心、诚恳,并以事实为主,避免过于欢乐的营销活动、大规模的促销,或开心的庆祝活动等,以避免造成受危机影响的消费者抱怨,又引发另外一波议题。

同时,沟通行动必须做到真诚与平等,万不可为了进行公关危机处理便过度操作而违反这两项准则。针对消费者危机事件,建议通过一对一沟通,例如邮件说明、电话慰问,甚至面对面拜访,让受影响对象感受企业解决问题的真诚,并以平等的心态面对每一个消费者,让所有现存或潜在的消费者知到企业面对危机的决心。这部分可通过社群媒体推送,尽可能照顾到每一个角落。

另外,如果有媒体邀请采访公司负责人,可以从媒体的友善度与影响力评估,谈论危机发生经过的心路历程。企业高管可再次表达负责任的态度、对消费者的歉意,诚恳地分享心情起伏,以及目前所做的努力等。这有助于危机修复前,提前打造友善的环境。

最后,强化员工沟通,体恤员工并鼓舞士气,也是很重要的行动。在巨大的危机后,无论是最前线的销售人员、回应顾客的服务人员、与媒体沟通的公关人员,还是后勤支持的员工等,已面对利益关系人的诸多责备,甚至加班多日,承受莫大的身心压力。这个时候,企业负责人更需要重视与员工沟通,感谢大家愿意在关键时刻与公司共渡难关,更要关心大家疲惫的身心,并提醒主管随时与其沟通、调整工作。

微案例 3 ——▶ 阅读请扫第 118 页二维码

2. 执行危机修复行动

普华永道调查发现,41%的高阶主管表示从危机中存活下来的经验会让企业变得更顽强。从商业运营层面来看,企业不应该浪费任何一个危机。这当中的关键是化危机教训为系统改善,展开运营层面的修复行动。企业可以从三个方面思考:

(1) 风险侦测改善:根据此次危机经验,企业针对性地投入资源,完整风险侦测机制,加强风险抵御能力。

(2) 危机管理改善:梳理现有危机管理流程,增强组织运作与反应速度。

(3) 商业运作改善:企业通过商业运作的调整,让类似的危机不要再发生,这需要投入大量资源,包括人员训练、设备强化、流程设计、原料替换、供货商更换,等等。

通过危机修复行动,可以帮助企业展开运营层面的修复计划,让危机的教训成为强化企业商业竞争力的契机,成为组织记忆的一部分以及系统的重要环节。

"新零售"企业在制定危机修复计划时,可从利益关系人与消费者调查着手,评估投入大规模修复行动的必要性。当危机告一段落,企业恢复正常运作之后,可以展开对利益关系人的拜访请教之旅。这样的面对面沟通,本来就是企业进行危机预防的重要工作,与利益关系人交换意见,虚心求教可能的建议,甚至可以与利益关系人探讨未来的合作,有助于拟定品牌修复计划。至于消费者调查部分,主要任务是了解品牌形象受伤的程度。这当中可能的问题包括:是否知道品牌危机事件?对消费者的观感与行为的影响?可能修复行动的偏好与建议等。

微案例 4 —— 阅读请扫第 118 页二维码

本章重点

1. 传统意义上的企业危机爆发传播路径是从传统媒体到消费者,互联网的出现改变了企业危机信息的传播路径。"新零售"企业公关危机很多时候都是起源于网络,而后经过权威媒体曝光,然后再次返回到网络进行发酵。企业公关危机的演变主要经历了以下三个阶段:第一阶段是传统媒体占据主流发声的阶段,第二阶段是 PC 互联网时代,第三阶段是移动互联网阶段。

2. 预防危机需要重点做好以下信息的收集与监测:一是随时收集公众对产品的反馈信息,对可能引起危机的各种因素和表象进行严密的监测。二是掌握行业信息,研究和调整企业的发展战略和经营方针。三是研究竞争对手的现状,进行实力对比,做到知己知彼。四是对监测到的信息进行鉴别、分类和分析,对未来可能发生的危机类型及其危害程度做出预测,并在必要时发出危机警报。

3. 危机应变预案,既是危机发生时的处理程序,也是危机处理的行动纲领。危机应变预案中必须规定危机发生时,企业各级人员的分工、职责、工作程序,即什么样的问题由谁来处理,谁有权处理什么事,处理问题的要点和原则是什么,由谁发出企业的紧急状态令,对外发布信息的原则是什么,现场和善后处理的指挥、协调、对外关系处理等工作的原则是什么,特别是成立危机管理领导小组,确立对外发言人,启动已制定完妥的处理程序(人员分工、物资配备、各级的任务),以争取在第一时间内果断采取措施。

4. 危机管理的 DISCO 原则:

D:沟通行动与管理行动双管齐下(Dual Path Process);

I:第一时间响应(Immediate Response);

S:判断利益相关者的沟通优先顺序(Stakeholder);

C:控制发展状况(Containment);

O:承担应有的责任(Ownership)。

思考题

1. 梳理本章知识体系,绘制一张包含本章全部知识点的思维导图。提示:使用 MindMaster 等专业思维导图绘制软件会让你更加得心应手。

2. "新零售"企业日常应如何做好媒体关系的建立与维护?

3. 公关危机处理中常见的错误心理有哪些？什么样的积极态度才是应该采取的？

4. 搜集资料了解瑞幸咖啡美股财务造假事件，分析该负面事件为何没有严重影响瑞幸咖啡在国内的企业形象和销售业绩？该案例有何特殊性？给了我们什么启示？

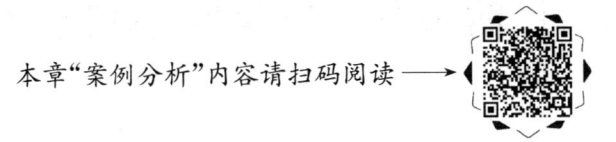

本章"案例分析"内容请扫码阅读——>

参考资料

[1] 甘露露.网络舆论下的餐饮企业危机公关研究——以"海底捞"危机公关为例[D].华中师范大学,2019.

[2] 靳羽西.网络传播环境中的企业危机公关策略研究[D].长春工业大学,2018.

[3] 凯特·哈特莉.危机公关[M].北京:中华工商联合出版社,2022.

[4] 雷晓庆.企业危机管理预警机制[J].企业管理,2009(5):87-88.

[5] 李仝牢.在线社会网络环境下的企业危机管理研究[D].华中师范大学,2017.

[6] 梅花网.海底捞被赞,滴滴凉凉,危机管理的DISCO原则了解一下[EB/OL].搜狐网.2018-5-23.https://www.sohu.com/a/232681134_119043.

[7] 吴加录.成为公关高手:我在奥美、联想、美团的15年公关经验总结[M].北京:机械工业出版社,2019.

第十章 "新零售"企业的品牌价值管理

> **章节导言**
>
> 品牌价值是品牌管理要素中最为核心的部分，也是品牌区别于同类竞争品牌的重要标志。迈克尔·波特在其品牌竞争优势理论中曾提到："品牌的资产主要体现在品牌的核心价值上，或者说品牌核心价值也是品牌精髓所在。""新零售"企业要想摆脱无底线的价格战，就必须深入挖掘和培养自身独特的品牌价值，获取品牌溢价能力。在本章中，我们将向同学们介绍"新零售"企业的品牌价值体系，结合"新零售"时代品牌运营的新特点，探讨品牌价值的主要类型与管理策略。

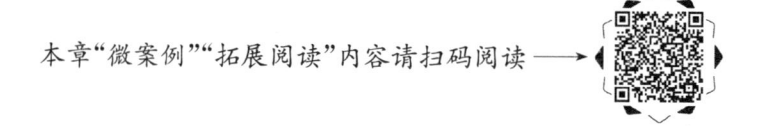

本章"微案例""拓展阅读"内容请扫码阅读 ——▶

第一节 "新零售"企业的品牌价值

随着价值理论的多样化，品牌价值被赋予了不同的内涵。品牌价值已不仅仅代表品牌获取利润的能力，更代表着品牌在需求者心目中的综合形象——包括其属性、品质、档次（品位）、文化、个性等，代表着该品牌可以为需求者带来的价值。对于"新零售"企业而言，正面的、有传播度的、有特色的品牌形象是其在激烈的市场竞争中获取生存空间的核心软实力，是企业制定高溢价的重要支点。缺少品牌形象的加持，"新零售"企业只能深陷产品同质化的价格战泥淖，最终消弭于无形。

"新零售"企业探索品牌价值，要立足于企业使命与目标，在企业发展愿景的基础上，将企业的内部资源能力和外部资源条件，与顾客现实的和潜在的需求相结合。不断增加品牌的知名度、美誉度，实现品牌价值的保值、增值，巩固和提升企业产品和服务的市场地位，并最终转化为可持续的经济效益。

一、品牌知名度

品牌知名度是指潜在购买者认识到或记起某一品牌是某类产品的能力，它涉及产品类别与品牌的联系。品牌知名度是消费者根据一个品牌的印象进行测量的，消费者对品牌的印象来自两个维度：品牌再认（以前曾见过这一品牌吗？）和品牌回忆（这类产品你能记起哪些品牌？）。

1. 品牌再认

品牌再认反映了消费者从过去的接触中获得的熟悉与喜欢程度。再认不必记得在哪里见过该品牌,该品牌为什么与其他品牌不同,甚至不需要知道该品牌所属的产品类别,它只需要消费者记得曾经见过该品牌即可。心理学研究表明,再认往往可以产生积极情绪,无论是对音乐、人、词还是品牌。消费者出于本能,会更加青睐他们见过的某个品牌,而不是陌生的那个。因此,当消费者在面临品牌选择时,熟悉的品牌会更有优势。

消费者对于熟悉品牌的倾向性并不仅仅是本能反应。人们通常认为,企业不会把钱花在劣质产品上,因此消费者就会把再认当成该品牌不错的一个信号。如果一个品牌在熟悉度方面有缺陷,尤其是当竞争对手更抢眼、地位更牢固时,熟悉度这一因素就显得更为重要。在这种情况下,建设知名度是提高品牌价值、减少负债的必要措施。

微案例1 —→ 阅读请扫第132页二维码

2. 品牌回忆

所谓品牌回忆,是指如果提到某一品牌所属产品类别(如白酒),消费者就能想到该品牌(如贵州茅台),那么,该品牌就拥有了回忆属性。例如,当谈及空调时,你可能会随口说出"美的""格力"等品牌名称,这些品牌就达到了品牌回忆的水平。相对于品牌再认,能够达到品牌回忆水平的品牌较少。例如,在"新浪网"与《车王》杂志共同举办的一次"我需要的汽车"调查评选活动中,在品牌知名度方面,当被问到"国内有售的汽车品牌有哪些"时(品牌回忆),49%的被访者能够说出宝马品牌;而在被问及"是否听说过以下品牌"时(品牌再认),宝马的知名度为100%。显然,品牌回忆比品牌再认困难得多。品牌回忆要求人们不仅听说或见过某类产品的某个品牌,而且对它有一定的了解或比较深刻的印象。

表 10-1 2021年中国大陆市场主流豪华汽车品牌销量排行榜

排名	品牌	年销量	排名	品牌	年销量
1	宝马	815 691	6	雷克萨斯	244 000
2	奔驰	758 863	7	凯迪拉克	233 117
3	奥迪	701 289	8	沃尔沃	171 400
4	特斯拉	320 743	9	捷豹路虎	103 888
5	红旗	300 600	10	保时捷	95 671

资料来源:汽车之家网站统计数据,https://chejiahao.autohome.com.cn/info/10229172/

品牌回忆对品牌决策,特别是耐用消费品的品牌决策尤为重要。因为消费者在去商店购买前,往往要对心目中的几种品牌先进行一番比较,以决定购买哪个品牌。然而,如果某个品牌没有被想到,那么该品牌就失去了被比较的机会,当然也就不容易被选中。例如,在我国的豪华汽车市场中,BBA(奔驰、宝马和奥迪)三大德国一线品牌凭借其强大的"品牌回忆"能力,在销量上始终保持第一梯队,而红旗、雷克萨斯、沃尔沃等豪华品牌即使有远高于BBA同档次汽车竞品的性价比优势,也难以撼动BBA品牌在消费者、品牌回忆中的地位,销量上始终难以实现超越。

二、品牌忠诚度

品牌忠诚度就是消费者基于对品质的认可、体验的满意和情感的归依而自然产生的对品牌产品和服务的持续购买行为。在日常生活中,很多养宠物的人都有这样的体会,自己的宠物已经习惯了一种品牌的口粮,一般不会轻易冒风险改换购买其他品牌。一方面担心宠物不适应别的品牌,另一方面是很多宠物主懒得花精力去寻找挑选其他没用过的品牌。所以,对于老顾客而言,购买使用熟悉的产品决策简单、省时间,而且放心。

当对一个品牌进行估值时,品牌忠诚度是需要考虑的关键因素,因为高度忠诚的消费群意味着相对稳定的销售量、市场份额和较低的营销费用。事实上,没有忠诚消费群基础的品牌非常脆弱,只有当品牌具备创造忠诚消费群的潜力时,才有更大的价值。

品牌忠诚对于营销成本的影响非常巨大,维系老客户的成本要比吸引新客户的成本低得多。同时,现有消费者的忠诚对竞争者而言也意味着巨大的进入壁垒,因为引诱消费者转换品牌忠诚的成本通常高得令人却步。

消费者忠诚度通常可以分为以下几种等级:非顾客(购买竞争者品牌或非此类产品使用者)、价格转换者(价格敏感的顾客)、被动忠诚者(习惯性而非理性购买者)、摇摆不定者(对两个或更多的品牌持无所谓态度者)、忠诚顾客。"新零售"企业要做的是不断扩大品牌忠诚度的版图:增加非价格转换者的顾客;强化摇摆不定者和忠诚顾客与品牌的联系;增加愿以高价(或忍受不便)使用本品牌或服务的顾客人数。

被动忠诚顾客常常被忽视,或被视作理所当然。积极管理这部分顾客并不需要真正建立品牌识别,而是要尽量避免分销空档和断货,因为这可能造成顾客转向别的品牌。同时,要求企业提供的产品是顾客想要的型号、颜色和口味,尽管从经济角度看,宽产品线不具备最佳吸引力,但对产品线宽度的正确分析需要考虑对被动忠诚顾客的影响。

高度忠诚顾客处在一个极端,企业也倾向于认为他们的现状是理所应当的。但是积极向高度忠诚客户增加业务是有可能的,也非常有意义。例如,某酒店增加商务支持服务,比如在房间里放置智能化办公设备,就可能会激发忠诚客户更频繁地入住该酒店。更进一步讲,如果不改进现有的产品或者服务,就会存在忠诚客户被竞争企业引诱的风险。

增加摇摆不定者忠诚度的方法之一是发展或加强他们与品牌的关系。品牌知名度、感知质量,以及有效、清晰的品牌识别都有助于实现这一目标。

三、感知质量

感知质量是消费者了解某一产品或服务具体功能之后,心理上对该产品或服务相对于其他产品或服务的质量或优势的整体感受。这种感受是基于产品或服务质量,又完全超越产品或服务质量的主观感受。一般来说,消费者先是根据感知质量选择品牌,按品牌锁定产品系列,从产品系列中采购所需产品或服务。

例如,当年"三聚氰胺事件"发生后的一段时间里,国内消费者对国产奶粉缺乏信心,难道只是产品质量比不过国外一些品牌的产品质量吗?显然不是。消费者通过感知质量来进行消费决策,如果品牌的感知质量不够好,品牌的产品质量再好,也未必能说服消费者。再比如"老字号"品牌,有的消费者并没有直接体验过"老字号"的产品或服务,但是"老字号"品牌的感知质量有着多年的沉淀,好口碑通过各种方式得到传播。所以,他们往往对老字号更容易产生认同。这些都说明,在很大程度上,是感知质量而不仅仅是产品质量决定着消费者的购买体验。

概括地说,质量的相关概念有三个,即真实质量、产品质量、生产质量。真实质量指的是产品或服务的优质程度;产品质量是指产品反映物体满足明确和隐含需要的能力和特性的总和;生产质量是指生产过程是否符合规范,达到零缺陷目标。上述三个质量的概念虽然是感知质量的基础,但显然与感知质量有本质的区别。

那么,如何正确理解上述三个质量概念和感知质量的关系?第一,消费者通过某些线索判断产品的真实质量,所依赖的最佳质量判断方法可能是错的。第二,实际质量无法改变高或低的事实,但是感知质量可以避免低质量形象导致的消费者被过度影响。第三,企业追求的产品质量有可能是盲目的,无法回应消费者的需求,而感知质量能确保企业的质量投资与消费者产生共鸣。

从品牌资产角度看,感知质量对品牌塑造至关重要:一是在所有品牌联想中,只有感知质量可以推动财务绩效,是对投资回报率最为重要的贡献因素,是顾客满意度的主要驱动因素;二是感知质量是品牌定位的关键维度,常常成为差异化的定位点;三是感知质量通常是消费者购买决策行为的核心,是品牌识别的最低衡量标准;四是感知质量能够创建对真实质量、产品质量的感知。

我们以奥迪汽车为例,从视觉品质(第一印象)、听觉品质、触觉品质、嗅觉品质和使用品质等维度,尝试探讨汽车产品的质量感知体系。

拓展阅读1 → 阅读请扫第132页二维码

四、品牌联想

品牌联想是消费者看到一特定品牌时,从其记忆中所能被引发出对该品牌的任何想法,可以是一个符号、一种产品或一个人(属性联想),可以是产品功能性、象征性或体验性的利益(利益联想),也可以是消费者对品牌的总体态度与评价(态度联想)。品牌联想包含了消费者对特定品牌内涵的认知与理解,它能影响消费者对该品牌产品的购买决策。

品牌联想的形成离不开企业对品牌识别的开发与完善。所谓品牌识别,是指品牌所希望创造和保持的、能够引起人们对品牌美好印象的联想物。这些联想物表达了品牌所代表的东西,也暗示着企业对消费者的承诺。品牌识别通过创建包含功能利益、情感利益和自我表达利益的价值主张,帮助建立品牌与消费者的关系。

品牌识别包括产品层面(如产品类别、产品属性)、企业层面(如组织的特性)、人格化感知(如品牌个性、品牌与消费者社会关系等)以及识别符号(如视觉表达、品牌故事等)四个维度,定义出能够让消费者识别品牌,并区别于竞争者品牌的要素。这些要素与品牌核心价值主张共同构成丰满的品牌识别系统。品牌识别也可以称为品牌价值主张的表达,科学完整地规划品牌识别体系后,品牌核心价值就能有效落地,并与日常的营销传播活动有效对接,使得企业的营销传播活动有了标准与方向。

1. 产品层面

产品层面的品牌识别以产品为驱动力,它决定了组织希望实现并且可行的联想类型。在产品类别方面,品牌将与哪种产品或哪些产品建立联想呢?对哈根达斯而言,答案是冰激凌;对Visa而言是信用卡;对华为而言是5G;对茅台而言则是白酒。与产品类别牢固的联系意味着当顾客想到这类产品时,就会回忆起这个品牌。

在产品属性方面,与购买或使用直接相关的属性能够为消费者提供功能利益,有时还有情感利益。产品相关的属性能够通过提供额外(如特色或服务)或更优的事物创造一种价值主张,例如,以下这些品牌能提供更好的产品:淘宝通过网络购物平台给予消费者更多的购物选择;7—11连锁店能够提供比杂货店更便利的服务;富士康能达成"两地研发、三区设计制造、全球组装交货"的垂直整合商业模式;麦当劳具备在全球各地提供相同品质产品的能力。还有一些品牌能提供额外的服务:顺丰快递不仅提供配送端的物流服务,还延伸至价值链前端的产、供、销、配等环节;苹果公司为手机用户提供以旧换新和保固换新等服务,强化客户的黏着度。

2. 企业层面

企业层面的品牌识别更多地聚焦于组织的属性,而不是产品或者服务的属性。例如,以消费者为中心、对创新的追求、对环境的关注等组织属性,是由雇员、文化、价值观和企业计划所创造的。既可以引发消费者的钦佩、尊重或是喜欢,继而形成情感或者自我表达的利益,也可以为品牌旗下的产品宣言增加可信度。

与产品属性相比,组织属性更持久,对竞争性宣言抵抗力更强。因为仿制一个产品要比复制一个具有独特雇员、价值观和规划的组织容易得多。并且,组织属性可以应用于一系列的产品类别,而来自单一产品类别的竞争者很难与之抗衡,例如,要表现自己的打印机打印速度比竞争者的产品快是相对容易的,而表明自己的组织更有创新能力却比较困难。这些组织属性很难评价和传播,竞争者也很难证明他们已经跨越了任何一个感知的沟壑。

微案例2 —— 阅读请扫第132页二维码

3. 人格化感知

把品牌看作人,这一视角形成了另一种品牌识别,它比建立在产品属性之上的品牌识别更丰富、更有趣。品牌人格化是从消费者的角度赋予品牌生命,让品牌由一个符号、一句话转化成一个立体的、有温度的、能和消费者产生共鸣的个体。让品牌活化,告诉消费者,我是一个怎么样的人并且通过个性的自我表达形成广泛的认知,最终形成品牌的积累。品牌个性可以通过多种途径使得品牌更具知名度,一个成功的人格形象已经是最好的公关。

第一,人格化的品牌调性是为了吸引价值观相同的人。它有助于创造自我表达利益,为顾客提供表达个性的工具。例如,同样是口味几乎无差异的可乐饮料,可口可乐代表了"快乐、经典",而百事可乐则代表了"年轻、激情"。美国运动品牌 Under Armour 选择的代言人

图 10-1 库里代言的 Under Armour 球鞋

是库里,库里是什么人格和形象?他瘦弱、矮小、曾被嫌弃,走着平凡的道路,却书写了不平凡的人生。他改变了肌肉对篮球运动的统治,用自己最擅长的三分球推动了现代篮球的发展与进步。普通人能通过库里的人生经历找到共鸣,找到希望,从而形成给人励志的品牌印象。

第二,正如人的个性会影响人际关系,品牌个性也奠定了顾客与品牌之间关系的基础。58同城可能是帮助解决生活问题的专家;李维斯是健壮的户外同伴;梅赛德斯-奔驰是高层次、受人敬仰的人。网易严选是网易旗下原创生活类自营电商品牌,以"好的生活,没那么贵"为品牌理念,它用严谨的态度、产品首席体验馆去为消费者甄选高品质、高性价比的天下优品,在消费者面前塑造出安全、可靠、值得信赖的品牌个性,进而占据消费者的心智,获得消费者的青睐。

第三,品牌个性还有助于传递产品属性,从而有助于表达功能利益。提起空调品牌,消费者可能会想到格力、美的、海尔、奥克斯、大金,等等。但提起空调企业的老板,恐怕绝大多数国民都只知道格力电器董事长董明珠一人。格力电器虽然从规模和盈利能力上还远不是国内最突出的企业,但董明珠凭借其极具个人特色的公众形象,近年来"出圈"名场面不断,已成为格力电器最好的品牌个性代言人。董明珠的代表性"出圈"名场面是2019年在某年会上直喷竞争对手奥克斯:"奥克斯的空调,低于国家标准,竟敢在市场上忽悠,坑蒙拐骗消费者,没有人敢说,你们不说,我来说。"当时的年会上,每个人都是有规定的发言时间的,工作人员在台下小心翼翼地提醒董明珠,但她还是霸气地回到:"时间到了等一下,我要说完。"随即董明珠表示,当时有美的、海尔等好几个企业,都说要一起举报奥克斯,但是等格力举报的时候,它们却纷纷打了退堂鼓,在年会上说这个问题,就是希望奥克斯可以改邪归正!最后,她发问:"你为什么不做一个诚信的企业,即便别人不查你,你也应该把产品做好。"董明珠个人无所畏惧、敢于直言的性格不仅让自己收获了"果敢、刚毅、诚信"的个人形象,也让消费者将这些形象迁移到了格力品牌上,再加之格力多年以来"掌握核心科技""让世界爱上中国造"等品牌形象的宣传,使格力品牌在消费者心中立起了"科技自主""良心企业""民族骄傲"等正面形象,这是其他国内同类空调企业所不具备的品牌个性优势。

图10-2 格力电器:让世界爱上中国造

4. 识别符号

一个强有力的符号可以帮助品牌识别获得凝聚力和层次,并使品牌更容易得到再认和回忆。它的出现是品牌发展的关键因素,而它的缺位将是一个巨大的障碍。将符号提升到品牌识别的地位,反映了其潜在的能量。

(1) 视觉表达

视觉形象相关的符号容易记忆、力量强大。想想麦当劳的金色拱门、苹果手机被咬掉一口的苹果、可口可乐的经典易拉罐或瓶子、天猫的标志……以上每种具有强大视觉冲击力的视觉形象,都能体现各自品牌的识别实质,因为该符号与品牌识别元素之间的联系由来已久。看到下方的图片,相应的品牌就会出现在脑海中。

视觉表达识别符号可以是品牌 LOGO,也可以是"视觉锤"[①]。显然,LOGO 是每个品牌必有的识别符号,那么,再额外提出"视觉锤"的概念意义何在?在实际的应用中,品牌 LOGO 和"视觉锤"确实存在一些交集,但两者的价值作用和展现形式却有所不同,我们可以从以下几个角度对它们进行区分和理解:

第一,应用范围不同。视觉锤的概念和应用范围更加宽泛,LOGO 可以是视觉锤,比如苹果手机被咬掉一口的苹果既是品牌 LOGO,也能当作品牌的视觉锤;但视觉锤不一定是 LOGO,比如可口可乐的瓶身是视觉锤,却不是品牌 LOGO。

第二,记忆难度不同。视觉锤一般比较醒目,具有很强的视觉冲击力,同时能让人产生一种熟悉感,容易被人记住。比如,天猫的猫头巨大而醒目,就是为了制造强大的视觉冲击效果,而猫本身也是人们日常生活中熟悉的动物。

图 10-3 部分品牌的识别符号

图 10-4 捷豹汽车标志

第三,功能价值不同。LOGO 主要承担品牌识别的作用,而视觉锤传达的信息层次更为丰富,不仅能用作品牌识别,还能强化品牌的价值或定位。例如,捷豹汽车的标志为一只正在跳跃前扑的美洲豹雕塑,矫健勇猛,形神兼备,具有时代感与视觉冲击力。它既代表了公司的名称,又表现出向前奔驰的力量与速度,象征捷豹如美洲豹一样驰骋于世界各地。

(2) 品牌故事

创造合适的品牌故事、脍炙人口的品牌故事,对于品牌的识别与传播,以及品牌影响力的提升,都是非常重要的。因为好奇心是人类的基本特征,一个有故事的企业可以更好地建立差异化,帮助潜在用户做出选择。那么,品牌该如何进行故事营销,如何讲好一个品牌故事呢?看完下面案例,相信你会有所收获。

---

① "视觉锤"是一种可用于品牌识别的视觉非语言信息。

微案例 3 → 阅读请扫第 132 页二维码

第二节 "新零售"企业的品牌价值管理

一、"新零售"时代品牌运营的新特点

"旧品牌运营"是品牌商通过各种媒体投放广告让消费者知道自己的产品或品牌，再通过渠道或者平台把商品交付给消费者。但货卖给了谁、消费者的画像是什么等具体问题无法直接反馈到品牌商，所以难以拉近品牌商和消费者的距离。

随着数据和新技术的出现，"新零售"模式使得品牌商可以直接把商品或服务交付给消费者，在"新零售"时代，品牌运营的核心是运营用户。因此，"新品牌运营"的核心是打造强关系。

1. 新品牌精神要帮助构建消费者人设

随着商品的极度丰富和"Z 世代"消费群体的崛起，新一代消费人群开始通过消费来彰显自己的个性、主张和对生活的态度。优秀的产品是一种"社交货币"，承载着帮助消费者构筑"人设"的职能，消费者购买产品不仅是为了使用它的功能，还为了让别人看到自己所消费的品牌，从而形成对自己的阶层认知。

保温杯和枸杞是"老干部"人设，江小白是文艺青年人设，"Supreme"和"AJ"是潮流人设……"每一次你花的钱，都是在把自己装扮成你想成为的那个自己，或是希望别人认为的那个自己"，这句话对新消费需求的描述再清晰不过了。近几年，"潮"无疑是最受年轻一代消费者青睐的关键词之一，优衣库与 KAWS 的联名款引发的哄抢效应、毒 App 和 CHAO 社区的爆发，本质上都是因为"潮"已经成为一种"社交货币"。年轻一代开始通过消费来确认和确立自己，同时向其所在的圈子宣告自己是一个怎样的人，以追求个性的差异化来获得圈子的认同。

2. 产品设计要引发用户的共鸣

如果产品只是品质不错、包装精美、价格合适，很难打动年轻一代消费者。现代用户面临大量的信息，大多数用户都会将信息划分成两种类型，即"与我有关系的"和"与我无关的"，后者便是优先被"自动过滤"的信息。共鸣，最大的作用在于帮助用户给信息贴上一个"自己人"的标签，以此来抓住用户的感知。

例如，蘑菇街以其独有的"买手"定位，帮助"95 后"女生解决对于穿搭灵感的难题。特意打造了一家概念性的"解忧买手店"，并邀请当红偶像明星作为买手店主，根据 95 后女生最喜爱的题材打造系列网剧，巧妙地将穿搭的烦恼场景化，解忧了少女们的种种心事。她们可以边看边买，每个故事里的解忧穿搭，在蘑菇街里都可以找到。这种设计就巧妙地抓住了用户的身份共鸣、需求共鸣和欲望共鸣。

3. 用户间形成良好互动

在品牌精神方面，用户会随着年龄的增长或社会角色的变化对自我进行重新定义而抛弃原来的标签,但用户和用户互动形成的关系却牢固得多。

根据马斯洛的需要层次理论,人的需要是有高低层次之分的。在现在社会,品牌社群所提供的财务价值的差距越来越小,消费者渴望更高层次的需求的满足,更加重视品牌的社交价值、自我实现价值、知识共享价值以及娱乐价值。品牌社群更多地强调社群会员之间相互的沟通交往获得品牌体验,而不是企业给予会员更多的价格折扣与经济优惠。

品牌应该充分意识到,当今的消费者已经不再是被动地接受产品,而是主动地根据自己的需求来寻找价值,更加关注能给自己带来幸福、快乐等精神享受的产品。要想吸引顾客,就要不断增加建立关系为顾客带来的价值。

围绕核心顾客和活跃顾客的社会生活形态,品牌关系价值应当创新一种良性循环的圈层生态关系。譬如,针对中产阶层的品牌社群,可以融入品牌赋予的独特情感主张和文化认同元素,有助于为圈层成员带来多种难忘的、新的价值体验,促进成员之间更为深度的沟通交流;基于网络社群平台以青少年为主的虚拟品牌社群,则可以在顾客中心化的原则下,为圈层成员创造一个能够进行自由的互动沟通、情感分享、知识共创的社群平台,不仅有助于以各种内在关系的强化来为成员提供互动机会,品牌社群成为他们获得情感认同、自我尊重和成就感的重要依托。

一个"新品牌"的绝佳案例来自钻石行业。当传统奢侈品钻石融合了"新品牌"精神,也在悄然发生质变,培育钻石的异军突起正在冲击天然钻石的传统销售模式和品牌印象。随着"Z世代"消费群体的崛起,培育钻石品类开始受到他们的追捧,品类发展趋势迅猛。一个名为"Light Mark 小白光"的培育钻石品牌,不仅在天然钻石品类认知根深蒂固的钻石行业杀出一条血路,也在"Z世代"人群集聚的小红书等平台受到热捧。

拓展阅读2——阅读请扫第 132 页二维码

二、基于品牌价值体系的创新管理

创新是差异化的重要来源,品牌价值的差异化水平主要取决于企业的创新能力。"新零售"企业应当将创新作为培育品牌价值体系的主要驱动要素,基于创新视角来把握品牌培育与品牌管理的基本方向。

1. 品牌价值的核心是真实的价值创新

品牌不仅仅是营销范畴,更多涉及价值创新,与企业的创新行为直接相关。优秀品牌的形成,不是依赖于营销高手和营销技巧,而是首先源于企业在顾客价值方面的可持续创新能力。没有内在价值的"阿斗"是扶不起来的,缺乏内在价值支撑的产品即使品牌化,也是一种"泡沫"品牌,泡沫早晚要破灭。而在国内很多陷于同质化竞争局面的行业,由于整体缺乏创新能力,尤其缺乏核心技术,本土企业培育的所谓知名品牌,大多数是外在形象光环掩盖下的价值虚空,因此,这种产业环境下生长的本土品牌,即使一时辉煌,也缺乏可持续性,无法占领行业的高端市场,即战略性领先优势的产业领导者高地,对于这些企业来说永远遥不可及。

2. 产品品牌化是内在价值的显性化

产品品牌化首先应该是产品内在价值的品牌化(显性化),而不是脱离产品内在价值的所谓形象包装。产品品牌化的过程,就是对产品差异化价值的提炼过程,也是差异化价值感知体验设计、个性化价值显性化感知的优化过程;产品品牌化,是内在价值的品牌化(显性化),而不是脱离产品内在价值的所谓形象包装。尤其是目前在客户中心化的移动互联网环境中,传统的依赖品牌概念化设计、视觉形象传播作为品牌运作重心的品牌传播模式开始失效,在互联网渗透到全社会各个领域的大趋势下,信息分享和沟通扁平化突破了传统的信息不对称问题的约束,关注产品内在价值的品牌化和核心价值体验,是品牌培育和品牌管理实现本质回归的必然过程。

3. 多元的品牌价值要素

品牌价值体系由多重价值要素构成,其中,对于品牌认知价值、信任价值、个性价值、关系价值等价值要素的培育,涉及企业在技术研发、产品设计、生产工艺、物流配送、服务支撑、组织文化、质量管理、营销管理、客户管理等企业价值链的各个环节。因此,通过产品创新和工艺创新提供差异化的功能价值;通过工艺改革和质量优化提高品牌的信任价值,提高产品和服务的人性化设计和服务文化的创新,增加品牌的情感价值和文化感知;通过服务流程优化和客户关系维护增加品牌关系价值,都是企业在品牌培育过程中可积极探索和努力的重点领域。

4. 以顾客感知体验为导向培育品牌

品牌价值体系的各要素,体现了基于顾客感知视角的价值需求。因此,企业的创新行为不仅要聚焦于顾客价值创新,还要聚焦于顾客的价值感知体验。从顾客的认知学习能力角度观察,我们不能高估消费者的成熟度,不要高估消费者的认知能力,因此,很多具有差异化价值潜力的品牌,在产品服务的优化设计上,既要突破价值显性化感知问题,同时也要学会与消费者沟通、对话,企业善于创新的同时也要善于引导市场的认知,形成公司产品创新与市场对话模式。企业的创新能力必须与市场对接,在当代则表现为以顾客感知为导向的价值创新行为。

5. 品牌价值创新是在特定社会系统中的一种创新扩散过程

就社会整体视角来看,品牌价值创新在顾客端的认知、理解和接受过程,是在特定社会系统中的一个创新扩散过程。因此,品牌价值创新既要重点关注最早接受创新的创新者和早期采用者,也必须关注领先顾客对后期接受者的示范效应和口碑效应。同时,考虑到品牌价值创新的市场认同是一个渐进的过程,因此,品牌培育不能过于看重短期速效,而应该在战略上根据不同阶段市场焦点的递进演变趋势,合理把握市场推进重点和渗透策略。

本章重点

1. 品牌价值已不仅仅代表品牌获取利润的能力,更代表着品牌在需求者心目中的综合形象——包括其属性、品质、档次(品位)、文化、个性等。

2. 品牌再认反映了消费者从过去的接触中获得的熟悉与喜欢程度。再认不必记得在哪里见过该品牌,该品牌为什么与其他品牌不同,甚至不需要知道该品牌所属的产品类别,它只需要消费者记得曾经见过该品牌即可。

3. 品牌回忆是指如果提到某一品牌所属产品类别(如白酒),消费者就能想到该品牌(如贵州茅台),那么该品牌就拥有了回忆属性。

4. 品牌忠诚就是消费者基于对品质的认可、体验的满意和情感的归依而自然产生的对品牌产品和服务的持续购买行为。

5. 感知质量是消费者了解某一产品或服务具体功能之后,心理上对该产品或服务相对于其他产品或服务的质量或优势的整体感受。

6. 品牌联想是消费者看到特定品牌时,从他的记忆中所能被引发出对该品牌的任何想法,可以是一个符号、一种产品或一个人(属性联想),可以是产品功能性、象征性或体验性的利益(利益联想),也可以是消费者对品牌的总体态度与评价(态度联想)。

思考题

1. 梳理本章知识体系,绘制一张包含本章全部知识点的思维导图。提示:使用 Mind Master 等专业思维导图绘制软件会让你更加得心应手。
2. 请选择一个你感兴趣的"新零售"品牌,搜集资料,分析其品牌标志的内涵和作用。
3. 请选择一个具体的消费品品类,结合实例论述传统品牌与网络品牌在品牌价值管理策略上的异同。
4. 对于平台型零售商(线上和线下商超、便利店等)而言,其在自身品牌(沃尔玛、天猫超市、7-11便利店等)价值管理上应该注意哪些问题?

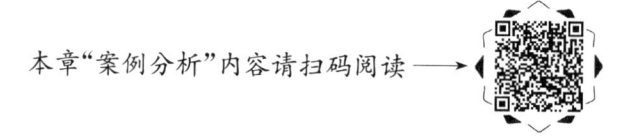

本章"案例分析"内容请扫码阅读

参考资料

[1] 戴维·阿克.创建强势品牌[M].北京:机械工业出版社,2018.
[2] 范鹏.新零售:吹响第四次零售革命的号角[M].北京:电子工业出版社,2018.
[3] 黄峰,赖祖杰.体验思维[M].天津:天津科学技术出版社,2020.
[4] 凯·乌韦·黑尔曼.品牌社会学[M].上海:上海三联书店,2019.
[5] 王海忠.品牌管理(第二版)[M].北京:清华大学出版社,2021.
[6] 翁怡诺.消费者主权时代的新品牌崛起[J].市场营销(实务版),2020(11).
[7] 翁怡诺.新品牌的未来[M].天津:天津科学技术出版社,2020.
[8] 肖阳.品牌价值管理:基于顾客感知与创新驱动的视角[M].北京:经济科学出版社,2015.

第十一章 "新零售"企业的商业伦理

章节导言

"组织理论之父"马克斯·韦伯论证了经济发展需要伦理精神的推动,他指出,伦理道德已不仅是作为人们行为的约束力而存在,而且是作为一种现实的人文动力发挥着作用。韦伯的基本立论同样适用于微观层次的企业发展。现代管理理论和众多企业的成功实践证明,商业伦理精神是推动企业发展的内在动因。在本章中,我们将向同学们介绍"新零售"企业在消费者权益保护、劳资关系处理和社会责任方面的商业伦理风险与应对策略,解析商业伦理具有的导向功能、凝聚功能、规范功能和激励功能。

本章"微案例""拓展阅读"内容请扫码阅读——→

第一节 践行企业社会责任、建设伦理型企业

一、企业社会责任的内涵

企业社会责任是指企业在生产经营过程中,除了合理赚取经济利润以外,要对利益相关方承担相应的社会责任、伦理责任和公共慈善责任等。这其中的利益相关方不仅包括股东、顾客、员工,也包括社区、竞争对手、供应商、社会团体、公众以及其他相关群体。

企业最初履行其社会责任可能是迫于外部社会的压力,当顾客把企业是否履行其社会责任纳入购买决策考虑的因素时,企业若不履行其社会责任将严重影响企业声誉时,企业不得不投资于企业社会责任,以保持其市场形象和市场地位。但经过若干年的实践,企业发现履行社会责任已经成为企业内在可持续发展的需求,企业与社会"共赢"成为企业社会责任管理的核心理念,具体包括追求经济、社会、环境的综合平衡,取得利益相关方的认同,多方参与和共享成果,实现企业可持续发展目标等。

微案例 1 ——→ 阅读请扫第 143 页二维码

二、企业社会责任的国际倡议与标准

随着商业实践和社会环境的发展和成熟,企业社会责任的要求和内容越来越具体、越来

越全面。因此,建立一系列企业社会责任的规范、标准和管理体系势在必行,有关国际组织提出了一系列企业社会责任的倡议和原则,他们为企业承担和履行社会责任提供了明确的导向和指南。

目前,国外已发布的企业社会责任相关倡议和标准,按照使用用途来划分,主要分为以下三类。第一类是综合性指南,主要用于指导组织开展社会责任活动,并提出相关建议或良好做法,以供组织自愿采用。例如,ISO 26000 社会责任指南、联合国全球契约、经合组织的跨国公司社会责任指南等。第二类是专项指南、标准等,例如《可持续发展报告指南》只需要针对可持续性内容的编制。第三类是认证性倡议或工具,例如《SA 8000 社会责任标准》、森林管理理事会认证体系等。

其中,ISO 26000 社会责任指南是整个社会责任领域最基础、最通用的社会责任国际标准。ISO 26000 社会责任指南旨在对私营部门、公共部门和非营利部门等所有类型的组织有所裨益,不论其规模大小,也不论其是在发达国家还是在发展中国家运行。尽管指南中并不是每个部分都同等适用于所有类型的组织,但每个核心主题与所有组织都是相关的。该标准就社会责任原则、认识社会责任和利益相关方参与、社会责任核心主题和议题,以及如何将社会责任行为融入组织等提供指导,强调社会责任表现的结果及改进的重要性。

三、企业社会责任的国内法规与标准

1. 我国《公司法》中关于企业社会责任的规定

实现企业社会责任的法定化,是现代法治社会发展的必然要求。新中国的第一部《公司法》诞生于 1993 年底,当时颁布实施的《公司法》并未规定公司的社会责任。2005 年对这部《公司法》进行了全面修改,第一次明确引入了公司社会责任理念(以下将 2005 年修改《公司法》简称为"新《公司法》")。所以,有学者认为,我国新《公司法》确立了公司的社会性理论,其中第 5 条规定,"公司从事经营活动,必须遵守法律、行政法规,遵守社会公德、商业道德,诚实守信,接受政府和社会公众的监督,承担社会责任。"新《公司法》有关公司社会责任的规定,不仅实现了公司社会责任理念的法定化,而且对于统率《公司法》其他相关规定,指导司法实践和规范公司利益相关者的行为具有重要意义。

我国新《公司法》总则中对公司社会责任的规定,尽管还只是一种"宣誓性条款"或叫"宣传口号"、倡导性条款,但率先在《公司法》中导入公司社会责任理念,实现了公司社会责任理念的法定化。不仅如此,新《公司法》还在分则等当中设计了诸多与公司社会责任理念相关的具体制度。

(1)新《公司法》在保护公司职工利益方面规定了多项法律举措

一是在总则中对公司必须保护职工合法权益提出明确要求,并规定公司按要求帮助职工参加社会保险,加强对职工的劳动保护,实现安全生产,重视职工教育;依法组织工会,就职工的劳动报酬、工作时间、福利、保险以及劳动安全卫生等事项代表职工与公司协商签约;公司研究决定重大事项须征求工会以及职工的意见等。

二是在分则中对职工代表作为成员参加公司董事会、监事会作了明确规定,并且规定了股份有限公司和国有独资公司职工代表参加监事会的比例,实现了职工的公司参与决策权,对保护职工利益意义重大。

三是新《公司法》为了推进职工持股制,允许公司例外地按一定比例为将股份奖励给职工而回收公司股份,并且规定了公司从税后利润中建立法定公积金、任意公积金和资本公积

金制度以及违法的法律责任,实现公司的可持续发展。此外,为了保护职工在公司解散情况下的利益,将支付职工工资、社会保险费用以及法定补偿金,安排在公司用所剩财产缴纳所欠税款之前,加大了对职工利益的保护力度。

(2) 新《公司法》为保护公司债权人利益同样采取多项举措

一是在总则中规定公司不得利用法人资格和股东有限责任损害债权人利益,否则须承担损害赔偿责任。

二是对公司债权人在公司进行合并、分立、减资以及清算等重大变更情况下的利益保护作了规定,明确了公司的提前通知或公告、提供必要担保的义务以及违反时的法律责任。此外还规定了公司债权人有条件的成立清算组请求权以及资产评估机构等的损害赔偿责任,加强了对公司债权人利益的保护。

(3) 新《公司法》有关公司社会责任的其他举措

在有关公司社会责任的讨论中,建立公司重大信息披露制度、定期报告制度、股东临时提案制度和股东派生诉讼制度、公益诉讼制度、激励与约束机制以及社会责任标准认证机制等,也都认为是确保公司承担社会责任的重大举措。其实新《公司法》在这些方面也做出了不少努力。如新《公司法》第 146 条、166 条第 2 款等规定了公司尤其上市公司重大信息披露制度;第 103 条第 2 款规定了股东的临时提案权;第 152 条较详细地规定了股东派生诉讼制度。此外,新《公司法》第 150 条规定了董事、监事以及高级管理人员的损害赔偿责任;第 203 条规定了公司对重要信息的虚假记载或隐瞒重要事实的法律责任;第 215 条规定了民事责任相对于行政处罚的优越地位,有利于保护利益相关者利益。新《公司法》的这些举措无疑对公司承担社会责任具有重要作用。

2. 社会责任国家标准

公开企业社会责任报告,是企业向社会公开提供承诺和公示业绩的重要渠道,也是企业与利益相关者保持联系的纽带。中国的社会责任标准是引领企业社会责任报告发展的重要工具。为有效指导中国企业编写规范的社会责任报告,中国社科院企业社会责任研究中心于 2009 年、2011 年、2014 年、2017 年、2022 年先后发布了《中国企业社会责任报告编写指南(CASS-CSR 1.0~5.0)》五个版本。指南积极借鉴国际通行标准和国外先进企业的最佳实践,立足我国经济社会发展阶段和企业实践,充分考虑我国当前的社会议题,提出了我国企业社会责任报告的编制原则、逻辑架构和指标体系。

《中国企业社会责任报告编写指南》的发布受到企业的广泛认可和应用,在国内外产生了重要的影响,对促进和规范我国企业社会责任报告编写发挥了积极作用。越来越多的企业每年参考《中国企业社会责任报告编写指南》编写并发布其社会责任报告。

拓展阅读 1 —— 阅读请扫第 143 页二维码

四、将商业伦理融入企业战略管理

1. 树立注重商业道德的战略管理理念

企业战略管理理念的核心应当是义利统一,即正确认识和合理对待国家利益、集体利益和个人利益的关系,坚持把国家利益、集体利益和个人利益有机结合起来,形成正当谋利和公平竞争的观点,思考企业战略管理活动的道德问题。

在制定企业战略之前,企业高级管理者需要充分收集信息,预判未来经营环境面临的威胁、机遇,评估宏观经济政策变化、技术进步或重大事件对未来的影响,分析企业自身的优势、劣势以及可能获取的资源,作为开展战略决策的支撑。同时,也需要融入商业伦理的要素,清楚企业使命——为什么要经营这样一家企业,企业存在的意义是什么。

微案例2 ——▶ 阅读请扫第143页二维码

2. 制定融入伦理道德因素的战略目标

战略制定环节的重要内容包括确定企业经营目标、战略选择、政策伦理规范、计划执行程序等。企业在制定战略目标时主要考虑的是如何使企业获得强大的战略竞争优势,伦理认知和伦理规范本身就是企业在战略选择上预防道德风险的重要约束因素,因此,企业在道德上的优势也会构成企业的战略竞争优势之一。

在企业战略目标的制定过程中融入道德因素,通过不断厘清企业周边社会的具体伦理观念,提升企业全员的道德认知、培养道德情感,在企业管理层和普通成员中达成在企业经营行为上的伦理规范共识,确保企业战略目标符合伦理道德规范。

微案例3 ——▶ 阅读请扫第143页二维码

3. 提升领导者与员工的道德境界

(1) 向伦理型领导转变

伦理型领导是能通过个人行为和在人际互动中展现合乎规范的伦理操守,并通过双向沟通、行为强化和决策制定激发下属伦理行为的领导者。伦理型领导在组织中建立伦理规范,并将其内化为自身价值,进而在决策制定和执行过程中激励和引导下属的伦理行为。

一要建立组织伦理期望,培养员工伦理习惯。领导者在组织日常运营中明确组织伦理要求,在组织面临伦理困境时做出清晰、明确的选择,这些都有助于组织成员养成符合组织伦理要求的行为习惯,在面临伦理选择时避免模糊和失误。

二要善于行为示范,影响组织伦理规范。在伦理行为上,组织领导者的价值取向直接向组织成员传达组织伦理规范及要求,清晰表达组织伦理价值,进而和组织伦理规则一起形成组织员工伦理行为的基本环境和参照系。股东、企业实际控制人或董事、监事、高级管理者的伦理行为能起到重要的示范作用。

三要积极反馈指导,推动伦理型组织形成。由于内外环境的变化,员工不断面临新的伦理困境,这就要求组织能够及时予以正确的反馈指导。组织领导者可以通过开设相关反馈指导渠道,以保证组织成员在面临伦理困境时,能够及时反馈并得到有效指导。

拓展阅读2 ——▶ 阅读请扫第143页二维码

(2) 将商业伦理制度化

商业伦理制度化一方面可以确保指导商业伦理建设的伦理理念是正确的,另一方面可以提高商业伦理建设的有限性。以规则、条令的形式将企业伦理规范具体化,使之成为员工决策与行动的依据。

企业制定的具体领域的企业伦理标准既包含职业伦理要求的内容,如会计职业规范、医务伦理准则、科研伦理准则、营销伦理准则等,也包括企业自身针对具体经营管理行为的操作性伦理标准,如食品企业的安全卫生伦理标准、石油企业的环境保护伦理标准等。

第二节 "新零售"创新中的消费者权益保护问题

一、消费者的健康和安全权益保护

《中华人民共和国消费者权益保护法》第七条规定,"消费者在购买、使用商品和接受服务时享有人身、财产安全不受损害的权利。消费者有权要求经营者提供的商品和服务,符合保障人身、财产安全的要求。"在实际生活中,侵害消费者健康和安全权益的现象非常普遍。作为"新零售"企业,所提供的产品和服务,第一不可以是假冒伪劣产品,第二要保证安全性。

1. 不得生产与经营假冒伪劣产品

生产与经营假冒伪劣产品是欺诈消费者行为,消费者轻则蒙受经济损失,重则危害身心健康。假冒伪劣产品还严重扰乱经济秩序,手段卑劣地剽窃其他企业的成果,损害守法经营企业的利益,甚至还会损害国家声誉。

(1)《中华人民共和国产品质量法》对生产和销售假冒伪劣商品的处罚规定如下:

第四十九条 生产、销售不符合保障人体健康和人身、财产安全的国家标准、行业标准的产品的,责令停止生产、销售,没收违法生产、销售的产品,并处违法生产、销售产品(包括已售出和未售出的产品,下同)货值金额等值以上三倍以下的罚款;有违法所得的,并处没收违法所得;情节严重的,吊销营业执照;构成犯罪的,依法追究刑事责任。

第五十条 在产品中掺杂、掺假,以假充真,以次充好,或者以不合格产品冒充合格产品的,责令停止生产、销售,没收违法生产、销售的产品,并处违法生产、销售产品货值金额百分之五十以上三倍以下的罚款;有违法所得的,并处没收违法所得;情节严重的,吊销营业执照;构成犯罪的,依法追究刑事责任。

第五十一条 生产国家明令淘汰的产品的,销售国家明令淘汰并停止销售的产品的,责令停止生产、销售,没收违法生产、销售的产品,并处违法生产、销售产品货值金额等值以下的罚款;有违法所得的,并处没收违法所得;情节严重的,吊销营业执照。

第五十二条 销售失效、变质的产品的,责令停止销售,没收违法销售的产品,并处违法销售产品货值金额二倍以下的罚款;有违法所得的,并处没收违法所得;情节严重的,吊销营业执照;构成犯罪的,依法追究刑事责任。

第五十三条 伪造产品产地的,伪造或者冒用他人厂名、厂址的,伪造或者冒用认证标志等质量标志的,责令改正,没收违法生产、销售的产品,并处违法生产、销售产品货值金额等值以下的罚款;有违法所得的,并处没收违法所得;情节严重的,吊销营业执照。

(2)《中华人民共和国刑法》对"生产、销售伪劣商品罪"的规定如下:

第一百四十条 生产者、销售者在产品中掺杂、掺假,以假充真,以次充好或者以不合格产品冒充合格产品,销售金额五万元以上不满二十万元的,处二年以下有期徒刑或者拘役,并处或者单处销售金额百分之五十以上二倍以下罚金;销售金额二十万元以上不满五十万元的,处二年以上七年以下有期徒刑,并处销售金额百分之五十以上二倍以下罚金;销售金额五十万元以上不满二百万元的,处七年以上有期徒刑,并处销售金额百分之五十以上二倍以下罚金;销售金额二百万元以上的,处十五年有期徒刑或者无期徒刑,并处销售金额百分之五十以上二倍以下罚金或者没收财产。

2. 保证产品和服务的安全性

为保障消费者的安全权益,无论是产品的研发设计,还是服务的提供过程,甚至营业场所的打造,都要充分考虑安全问题。特别是对于线下经营的零售商而言,营业场所的安全性,销售商品和服务的安全性,消费者人身、财产及信息的安全性都是"头等大事",保障消费者的安全应该被零售商放在经营目标的首要位置。

《中华人民共和国消费者权益保护法》对保障消费者安全的相关规定如下:

第七条　消费者在购买、使用商品和接受服务时享有人身、财产安全不受损害的权利。消费者有权要求经营者提供的商品和服务,符合保障人身、财产安全的要求。

第十八条　经营者应当保证其提供的商品或者服务符合保障人身、财产安全的要求。对可能危及人身、财产安全的商品和服务,应当向消费者做出真实的说明和明确的警示,并说明和标明正确使用商品或者接受服务的方法以及防止危害发生的方法。宾馆、商场、餐馆、银行、机场、车站、港口、影剧院等经营场所的经营者,应当对消费者尽到安全保障义务。

第十九条　经营者发现其提供的商品或者服务存在缺陷,有危及人身、财产安全危险的,应当立即向有关行政部门报告和告知消费者,并采取停止销售、警示、召回、无害化处理、销毁、停止生产或者服务等措施。采取召回措施的,经营者应当承担消费者因商品被召回支出的必要费用。

拓展阅读3 —— 阅读请扫第143页二维码

二、消费者的知情权保护

《中华人民共和国消费者权益保护法》规定,消费者享有知悉其购买、使用的商品或者接受的服务的真实情况的权利。消费者有权根据商品或者服务的不同情况,要求经营者提供商品的价格、产地、生产者、用途、性能、规格、等级、主要成份、生产日期、有效期限、检验合格证明、使用方法说明书、售后服务,或者服务的内容、规格、费用等有关情况。

消费者购买商品时希望通过商家传递的信息买到符合自己需求的商品,而一些企业通过各种手段故意夸大或隐藏产品的真实信息,是不可取的。

1. 故意误导

在推销活动中,一些推销人员迫于完成任务的压力或受到高额提成的诱惑,常常利用消费者的知识漏洞,对产品做出不正确的陈述或虚假的承诺。如一个净水器公司的推销人员在居民小区进行产品演示,将净水器自带的"测试笔"放入自来水中,显示水质很差,而经过他们的净水器净化后,水质为良好,使得居民们误认为自来水不能饮用。而实际上,据专家解释,自来水中含有的钙、镁、铁等离子属于电解质,当把电解仪阳极的铁棒放入自来水中时,铁被电解后形成了氢氧化铁(灰色)、二价铁离子(绿色)、三拿氧化二铁(红褐色)、四氧化三铁(黑色),而净化后的水因不含导电的铁、钙、镁等离子,水质自然就提高了。

2. 构建虚假广告

在广告活动中,广告信息的真实性是前提。然而,仍有一些企业违反职业道德,制作和发布虚假广告,使消费者对产品的质量、价格、性能等产生错误的认识。特别是在电子商务活动中,卖家通过网络广告介绍推销产品,买家通过广告了解自己所需要的购物信息。一些卖家不能够客观、真实、准确地向买方传达自己产品的信息,有的借用暗喻、明喻、夸张等手法夸大产品功能、服务项目,甚至更改和捏造使用效果、生产工艺和日期;有的根据自己的利益将信息割裂和肢解,或者根本不披露不利于自身的信息,或将不利于自身的信息放在人们容易忽略的位置,达到误导受众的目的等。

3. 包装信息不真实

(1) 过度包装

过度包装是指产品包装超过其所需的程度,形成了不必要的包装保护,其主要表现为包装层次过多、耗用材料过多、分量过重、体积过大、成本过高、不利于回收利用等,大大超过了保护和美化商品的需要,给消费者一种名不副实的感觉。过度包装不仅浪费资源能源、污染环境,还会加重消费者的购买负担。许多过度包装的产品带来了价格虚高,品质却没跟上。过度包装还会给消费者制造错觉,有的通过设计使包装物显得容量较实际更大,有的通过设计包装物减小实际容积。

(2) 欺骗性包装

欺骗性包装是指产品只有精美的包装外表,其内在质量却很低劣。这种"金玉其外,败絮其中"的包装手段严重误导了消费者,损害了消费者的正当权益,而且企业自身也不可能获得长远的发展,广告投入和产品包装反而成为企业的累赘和消费者的指责点。在市场竞争中,产品本身是第一位的,包装只是一种辅助手段。优质的产品加上适度的包装,才能赢得消费者的青睐。

(3) 包装信息失真

包装信息失真是指包装上的产品信息和产品实际不符。例如,在超市、商场中众多产品的包装上都标有"绿色产品"字样,但事实上许多超市出售的"绿色蔬菜"通常只是在清洗后加上保鲜膜,在外包装上贴上绿色食品标志,冠以"绿色蔬菜"的名称而已。

(4) 包装模仿

包装模仿是指一些不法企业通过对知名产品包装的模仿,大肆生产"山寨产品",误导消费者购买。比如有商家曾推出"娃啥啥"产品来仿冒"娃哈哈"产品,包装几乎和"娃哈哈"一模一样,使消费者将该产品误当真的娃哈哈产品来购买,严重损害了消费者的利益。类似的案例不胜枚举,诸如大白"兔"奶糖、"瓢"柔洗发水、"唐"师傅方便面、SQNY、ADIDOS 等。

三、消费者的信息隐私权保护

1. 数据伦理困境

伴随着人工智能、云计算和 5G 等技术加速硬件产品和软件服务的创新,用户享受到的便利越来越多,但隐私泄露也成为许多用户难以避开的难题。大数据带来的变化将颠覆传统商业模式,成为未来商业发展的方向和新驱动力,数据已经成为许多公司核心竞争力的来源。数据地位的提升导致数据本身的伦理问题被提上了日程。

（1）不当获取用户信息甚至用户隐私

《中华人民共和国消费者权益保护法》对保障消费者个人信息安全的相关规定如下：

第二十九条 经营者收集、使用消费者个人信息，应当遵循合法、正当、必要的原则，明示收集、使用信息的目的、方式和范围，并经消费者同意。经营者收集、使用消费者个人信息，应当公开其收集、使用规则，不得违反法律、法规的规定和双方的约定收集、使用信息。经营者及其工作人员对收集的消费者个人信息必须严格保密，不得泄露、出售或者非法向他人提供。经营者应当采取技术措施和其他必要措施，确保信息安全，防止消费者个人信息泄露、丢失。在发生或者可能发生信息泄露、丢失的情况时，应当立即采取补救措施。经营者未经消费者同意或者请求，或者消费者明确表示拒绝的，不得向其发送商业性信息。

在电子商务中，个人数据收集、个人数据二次开发利用等很多环节都关系到隐私信息。一些电子商务商家会循环使用消费者、潜在客户的信息资料，不断获得更多的利益。通常，企业的网站、软件应用可以免费下载安装并为用户提供免费服务，为了使用该应用程序、获取有关服务，用户需要在安装后应用前授予该应用程序相应的权限，如存储、电话（读取通话状态和移动网络信息）、位置信息、相机、麦克风、通讯录、日历等。目前在用户使用应用程序前会看到相关的告知书或协议，告知用户有关数据收集、使用方面的原则，用户需要同意协议内容。但实际上，很多告知书、声明或协议往往内容烦琐，堆砌大量专业术语，看似严谨科学，但是用户阅读起来却艰涩难懂，一般不会详细阅读或没有能力专业解读，于是绝大多数用户忽略声明的内容并直接选择同意。

此外，应用程序在获取用户信息的深度方面，存在着一定的灰色地带。用户并不是消息技术专家，不知道应用程序设计的原则或路径，应用程序就有可能通过算法技术持续追踪、记录用户行为，深度挖掘个人信息，形成更精准的用户画像，导致用户的个人信息被过分获取。

一般情况下，大多数企业会严格遵循保护客户隐私的规定，在未经授权的情况下以机构的名义转让用户的个人信息、泄露用户隐私的情形并不常见。但是仍然不排除有的网站、应用程序获取这些信息后，为了各种目的可能将拥有的用户信息售卖给有需要的机构，比如网络小贷公司、个人贷公司、房产中介、培训机构等，而用户在接到营销电话、看到广告推送时，甚至都不知道是谁、什么时候、以什么价格转让了自己的个人信息。

（2）获取独特的用户数据形成垄断

少数互联网巨头拥有庞大的用户数量，个别巨头甚至占据绝对优势，他们拥有流量人口，垄断了相关领域大部分的用户数据，例如，用户的消费习惯、价格偏好、送货地址等信息。大量的用户消费数据的积累能够增强相关平台企业的营销能力和盈利能力，可以将有关数据用于平台内对用户的精准推送和投放。例如，用户长期在某网站购置服装，当该用户登录购物网站后网站一般会推送特定店铺、特定产品或特定价格的商品。客户消费的可能性大大提升，为商家进而为平台带来超额的利益。

数字经济环境下，垄断产生的根源在于对数据、分析技术和思维等资源的排他性占有，尤其是对数据本身的占有。如果任由其发展，掌握数据、技术和思维的公司在现代商业竞争中具有天然优势，必然会促使新型垄断形式的出现，超级公司可能会控制某一领域或者跨领域的生产销售及经营活动，抑制创新，影响公平竞争。

微案例 4 ⟶ 阅读请扫第 143 页二维码

2. 数据伦理原则

为了防止公司对消费者以及社会群体的危害,"新零售"企业应当遵循的数据伦理包括隐私保护、数据安全、数据主体权利、非歧视、反垄断、权责一致等基本原则。

隐私保护原则是数据管理的首要规则,是指掌握数据的企业应当最大限度地保护个人隐私。

数据安全原则是指掌握数据的企业应当具备与所面临的安全风险相匹配的安全能力,并采取足够的管理措施和技术手段,保护个人信息的保密性、完整性、可用性。

数据主体权利是指构建一套保护个人尊严的防御性权力体系,让隐私权、信息访问权、更正权、删除权、撤销权、注销权、申诉权回归数据主体。在数字经济环境下,出于商业目的的数据处理,应当遵循数据主体权利原则,应当向个人信息主体明确表示个人信息处理的目的、方式、范围、规则等,征求其授权同意后,才能用于商业目的的处理。

非歧视原则是保证社会公平的重要手段之一。因此,数据控制主体处理数据时,应当具有合法、正当、必要、明确的个人信息处理目的,不能制定价格歧视、性别歧视、种族歧视以及特殊群体歧视等方面的政策。例如,网络销售平台不应当根据个体消费者偏好和心理价位制定价格歧视政策。

反垄断原则是指大数据价值链上的公司不能凭借数据、分析技术以及数据思维的优势,阻碍自由竞争行为。

权责一致原则是指大数据价值链上的公司应当承担其个人信息处理活动,对个人信息主体合法权益造成的损害的赔偿责任。

拓展阅读 4 ⟶ 阅读请扫第 143 页二维码

第三节 "新零售"创新中的劳资关系问题

一、"新零售"效率优化与劳动者权利保护

效率问题是经济界最关心的问题之一。一家企业有没有效率或效率高低,直接关系到这家企业的前途。那么,效率的源泉究竟在哪里?

著名经济学家厉以宁指出,效率有两个基础,一个是效率的物质技术基础,也就是有多少先进的设备、厂房、原材料、技术工人等;效率还有第二个基础,即道德基础,而超常规效率往往来自于效率的道德基础。这是因为,先进的设备是由人来操作的,有效的管理模式是人来设计与实施的。如果不调动发挥人的创造性、积极性,再先进的设备也提供不了高效率,再好的管理模式也会形同虚设。

企业应当主动塑造良好劳资关系,增强企业凝聚力,调动与发挥员工的创造性与积极

性。合法权益的保护,让员工健康工作,让企业发展更有温度,才是优秀的企业该有的样子。

1. 保障雇员的法定权利

雇员的法定权利是雇员在雇用法律关系中的基本权利。这些权利主要来源于《中华人民共和国宪法》《劳动法》《劳动合同法》等法律,主要包括劳动权、劳动报酬权、休息权、劳动保护权、职业培训权、社会保险和福利权、协商权和要求劳动仲裁权等方面。

然而,我国当前的劳动力市场仍然普遍呈现"人多岗位少"的单边市场特征,特别是对于"白领"岗位。年均1 000万人的大学应届毕业生规模使企业可选择的劳动者非常多,这使得企业非法利用其"市场势力"侵犯劳动者的合法权利已经成为普遍现象,过度加班、不给加班费、削减员工福利、随意辞退、克扣工资,甚至是对员工进行辱骂和体罚等现象都屡见不鲜。而且员工作为弱势方,较少有能力、财力和精力与侵犯自己合法权益的企业对簿公堂,这使得企业在侵犯员工的合法权益时更加肆无忌惮。

对于占据优势地位的企业而言,其侵犯员工合法权益的违法行为虽然可能会在短期节约成本、增加产出,但在长期来看这些行为不仅会降低员工的组织归属感、认同感和工作满意度,也会降低企业的生产效率,影响企业的社会形象。例如,"富士康"因接连不断的员工跳楼事件已经成为全球闻名的"血汗工厂",如今在中国大陆已经出现"招工难"困境;被称为"中国互联网时代领袖"的马云也因"996福报论"被广大网友骂上热搜,被彻底轰下"神坛"。

微案例5 ——▶ 阅读请扫第143页二维码

2. 建立科学的绩效评价体系

绩效评价是组织激励体系的核心。绩效评价是指组织按照预先确定的标准和程序,运用科学的评价方法,对员工等评价对象的绩效进行定期和不定期的考核和评价。绩效评价体系中的标准是重要的"指挥棒",科学的绩效评价体系可以有效地激励评价对象,促进企业目标实现,但前提在于必须不能损害劳动者的基本权益。

随着社会竞争压力加大,一线员工的劳动负荷越来越重,有的企业特别是互联网公司加班文化浓厚,有的企业以某种形式促使员工自愿放弃带薪年休假,同时给予员工相应的待遇。这在催生经济飞跃的同时也对企业员工的身心健康造成一定影响,"996""过劳死"甚至"自杀"等问题日益暴露,不时引发社会热议。

此外,随着平台企业的快速发展,产生了新型劳动关系下劳动方的权益保护不足问题。2020年9月,人物杂志的一篇名为《外卖骑手,困在系统里》的文章引起广泛热议。文章称,外卖骑手在强大的系统驱动下,为避免差评,维持收入,不得不超速、违章,直接导致外卖员遭遇交通事故的数量急剧上升。2021年7月26日,市场监管总局等七部门联合印发《关于落实网络餐饮平台责任,切实维护外卖送餐员权益的指导意见》,首次指出:不得将"最严算法"作为外卖送餐员考核要求,通过"算法取中"等方式,合理确定订单数量、准时率、在线率等考核要素,适当放宽配送时限。

二、"新零售"体验优化与劳动者的培训发展

很多消费者在日常生活中都有过这样一种体验,曾经接待过自己的某位员工,等到下一次与其联系时,却被对方告知已经不在该企业工作了。对消费者而言,这种情况带来的体验

无疑是很不好的;对企业而言,可能蒙受的损失既包括客户的信任度下降,又包括离职员工带走老顾客的潜在威胁。

对于员工的频繁流动,企业负有重要责任。一些企业重使用、轻发展,招聘上奉行"挖墙脚",使用上奉行"拿来主义",习惯用挖人的方式来获取企业发展所需要的人力,喜欢聘用具有一定实际工作经验及技术能力的人员,而很少对本企业的员工进行培训教育,以提高其职业素养与专业能力,这是员工跳槽频繁的主要原因之一。

《中华人民共和国宪法》规定:"公民有受教育的权利和义务";《中华人民共和国劳动法》中规定:"国家通过各种途径,采取各种措施,发展职业培训事业,开发劳动者的职业技能,提高劳动素质,增强劳动者的就业能力和工作能力。"因此,注重对劳动者的培训发展,既是依法履行职业培训权的要求,也是帮助劳动者提高职业能力和忠诚度、为客户提供更好的产品和服务、让客户获得更好体验的有效做法。

1. 重新定位企业价值观

企业要突破简单功利主义的"团队精神"的束缚,引入强调人格独立、尊重和平等的"个体精神"。承认员工个人追求自身利益的合理性和现实性,强调员工通过自己的努力和奋斗达到目标的可能性,在企业内形成尊重个人的良好氛围。

承认员工个性的多样性,不要期望通过企业的培训和价值观的灌输来改变员工的个性和基本的人生观、价值观。企业文化建设和培训的重点应该是在承认和尊重个性多样化的基础上,着眼建立一个有序的秩序来维持企业工作的有序性,发挥员工因个性不同而形成的创造力,并让员工理解和支持企业在某些方面对员工做统一要求的必要性。

2. 深化员工培训需求的调研与分析

企业之所以进行员工培训,是因为有特定的培训需求。大多数情况下,"新零售"企业会忽略对早期培训需求的衡量和评估,但其实在确立培训需求这项工作的时候就已经开始影响培训的效果了。

(1) 培训需求应由员工、管理层、培训师三方共同确立

当一个组织的管理和人力资源开发工作进行得很主动的时候,组织里就会产生一种互动的良性效应,企业管理者应当与员工讨论在哪些方面做得不够,如何去寻找解决的方法。

(2) 培训需求应从组织、任务、人员三方进行分析

组织分析可以确定组织在哪些地方需要培训以及实施培训的环境和条件如何;任务分析的目的是明确在有效地完成某项工作时必须要做什么;人员分析能够决定哪些员工需要接受培训以及对其的培训内容。

(3) 运用科学的方法与工具进行培训需求分析

如德州仪器公司会通过问卷调查和访谈做员工培训需求分析,力求让所有的员工都有机会表达自己在相关问题上的观点,然后由培训部门凭借全面充分的信息确定培训需求,并对它们按紧急、重要程度进行排列。

3. 丰富零售企业员工培训内容、形式

(1) 从狭隘的岗位培训转向全方位培训

一些零售企业在组织员工培训时,在培训内容上,存在着偏重岗位知识和技能培训等实效性比较强的显性知识,而轻视职业态度、思维习惯这种隐性知识的现象。有职业操守、态度端正的员工,就算在工作能力和技能熟练程度上暂时无法达到公司的标准要求,秉着对自己的严格要求,积极主动地学习,通过培训努力成长,假以时日,最终会成为企业所需要的人

才。因此,员工培训不应只是单一的岗位技能培训,还要延伸到各个层次、各个领域,如企业文化、团队精神、职业道德等,旨在全面提高员工的职业素养和工作能力。

(2) 运用多种培训方法开展培训

企业员工通过各种不同的活动、方式学习效果较好。培训方法要体现出层次性、多样性,方便零售企业培养一支自己的人才梯队。根据员工不同的学历、阅历、个性特征等,开展不同水平的培训。例如,对于年轻员工来说在有趣及刺激多的环境中学习效果最好,企业可以经常组织一些有意义的团队活动,培训员工的团队合作精神,让每个员工都能感受到自己的能量。

本章重点

1. 企业社会责任是指企业在生产经营过程中,除了合理赚取经济利润以外,要对利益相关方承担相应的社会责任、伦理责任和公共慈善责任等。这其中的利益相关方不仅包括股东、顾客、员工,也包括社区、竞争对手、供应商、社会团体、公众以及其他相关群体。履行社会责任具体包括追求经济、社会、环境的综合平衡,取得利益相关方的认同,多方参与和共享成果,实现企业可持续发展目标等。

2. 企业战略管理理念的核心应当是义利统一,即正确认识和合理对待国家利益、集体利益和个人利益的关系,坚持把国家利益、集体利益和个人利益有机结合起来,形成正当谋利和公平竞争的观点,思考企业战略管理活动的道德问题。

3. 消费者在购买、使用商品和接受服务时享有人身、财产安全不受损害的权利。消费者有权要求经营者提供的商品和服务,符合保障人身、财产安全的要求。"新零售"企业所提供的产品和服务,第一不可以是假冒伪劣产品,第二要保证安全性。

4. 企业应当主动塑造良好劳资关系,增强企业凝聚力,调动与发挥员工的创造性与积极性。员工合法权益的保护,让员工健康工作,让企业发展更有温度,才是优秀的企业该有的样子。

思考题

1. 梳理本章知识体系,绘制一张包含本章全部知识点的思维导图。提示:使用MindMaster等专业思维导图绘制软件会让你更加得心应手。

2. 作为一名合格的员工,你认为应该对企业承担的伦理责任有哪些?

3. 采访一位你认识的零售行业工作人员,在保障其不泄露雇主商业机密和个人隐私的前提下,调查其工作的待遇、福利、考核压力、加班情况和职业培训情况等信息,了解其对企业工作环境的满意度,并与其共同分析其所任职的企业是否存在侵犯劳动者合法权益的问题,作为劳动者他(她)应该如何保护自己的合法权益?寻求法律保护的过程中又会遇到哪些困难?

4. 作为消费者,你是否有过自己的合法权益被零售商侵犯的经历?你是如何维权的?或者你为什么没有维权?

5. 选取一家你感兴趣的大型零售企业,研读其社会责任报告(ESG 报告),并在互联网上搜索关于这家企业承担社会责任的宣传资料及公众评价,分析其履行社会责任是否有效改善了企业的社会公众形象,为什么?

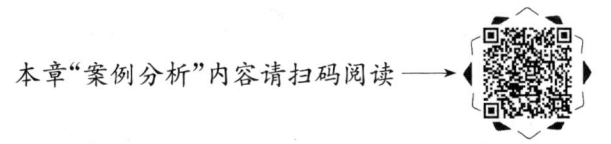

本章"案例分析"内容请扫码阅读——→

参考资料

[1] 李亚东.浅议产品设计中的伦理观[J].科技资讯,2011(29):247.

[2] 刘爱军,钟尉.商业伦理学[M].北京:机械工业出版社,2016.

[3] 戚啸艳,杨兴月.商业伦理与社会责任[M].南京:东南大学出版社,2021.

[4] 叶陈刚,张立娟,黄少英.商业伦理与企业责任[M].北京:高等教育出版社,2016.

[5] 易开刚.营销伦理学[M].杭州:浙江工商大学出版社,2010.

[6] 袁旖旎.零售业员工培训现状及优化策略研究[D].湖南师范大学,2017.

[7] 周继红.我国《公司法》对公司社会责任的规定及其完善对策[J].青海师范大学学报(哲学社会科学版),2009(3):55-59.

第三篇　实践篇

实践任务一：日常生活用品消费体验升级企划

零售体验的提升一方面取决于零售企业本身的服务质量，另一方面取决于零售商品给消费者带来的使用体验。如果商品本身的功能设计或质量存在严重缺陷，那么零售商的任何体验优化努力可能都如空中楼阁，无所依托。因此，对于零售商而言，充分利用自己直接面对顾客的优势了解其销售的商品本身具有哪些使用体验上的缺陷和不足，并将消费者的意见和诉求及时反馈给商品生产方，是其维护供应商关系、提高消费者满意度的必要业务内容。

实践任务内容

本任务要求学生组队选取一个具体的、大学生日常生活中普遍使用的、有形商品进行调研，分析该商品的目标客户、典型目标客户期望从商品上获取的使用体验、该商品目前存在的体验缺陷（从安全性、功能性、便利性、审美性、社交性、性价比等方面展开分析皆可，重点突出，不需要全部分析），并为其设计消费体验优化升级方案。该方案必须能够解决前述分析中指出的体验缺陷，并充分考虑到成本可行性、技术可行性。此外，商品改造完成后还可能面临哪些问题和风险？需尽可能做出全面的分析预测。

本次实践任务需要学生注意三点：一是有相关专业背景知识的同学可充分结合自己的专业特长选取相关产品，比如食品工程专业的同学可以选取零食饮料等进行改造；二是选取的商品最好不要过于复杂，比如汽车、手机等高度集成化的商品涉及的零组件过多，设计难度过大；三是很多同学可能会痴迷于将多种功能集合在同一件商品之上，即开发多功能商品，但在商品设计上功能越多往往就意味着可靠性越差（容易损坏或出故障），而可靠性差给消费者带来的负面体验可能远甚于功能单一，因此需要在功能性和可靠性之间进行充分权衡。

本次实践任务于第三章教学任务完成后布置给学生，并由教师根据学生任务完成情况和教学计划推进情况选择合适时机组织"翻转课堂"环节，由学生团队逐一汇报其实践成果。

企划案结构建议

建议该企划案按照以下结构展开：

一、产品详情介绍

1. 产品特点
2. 目标客户及其典型体验需求

二、产品体验缺陷

1. 功能性缺陷（仅供参考）

2. 审美性缺陷(仅供参考)
……(根据实际需要编写)

三、产品改进策略

1. 功能改进(仅供参考)
2. 销售策略改进(仅供参考)
……(根据实际需要编写)

四、可行性分析

1. 成本可行性
2. 技术可行性
3. 风险分析

案例作品展示

|"新零售"消费体验创新|

1、产品详情介绍

￥19.8起
宜家正品代购乌普拉达吸管杯网红水杯高颜值过滤柠檬杯700ml杯子

UPPLADDA乌普拉达水杯

产品材料及保养
主体/容器：改性PCT
盖子/管：聚丙烯塑料
密封条件：硅橡胶
可用于洗碗机
可耐受高达70℃的高温

产品包装内提供一根吸管和一个干燥隔层，存放蛋白粉、维生素或其他新鲜水果。

水也能如此好喝！

使用场景：适合奔波忙碌，或乘车出远门。
宣传文案：在灌注容器中装满爱吃的水果，即可享用饱含维生素的清爽果汁，让你享受健康的同时还能一整天都充满活力。

产品设计理念

核心卖点

我们知道生活中不可避免地要奔波于两地之间，但如果有可能，很多人都会选择拒绝。为了让奔波劳碌变得更加<u>轻松便捷</u>，我们打造了 UPPLADDA 乌普拉达 和 IKEA 365+ 瓶。它们采用非常耐用的塑料制成。这意味着，它们可以放进洗碗机中多次清洁而<u>不会变得浑浊不堪</u>，同时还可经得起反复掉落，<u>不会破碎</u>。

设计师 Kevin Gouriou

核心卖点

核心卖点

实践任务一：日常生活用品消费体验升级企划

2、产品体验缺陷

宜家乌普拉达水杯咋弄呀呀呀
宜家ikea被种草了这个水杯，在官网买回来，崩溃了，这个橡胶圈和那个环咋固定呀，弄上去了也会慢慢松掉，是我的杯子有问题还是我智商有问题😭

为啥宜家买的乌普拉达水杯变形了？
#宜家乌普拉达水杯
姐妹们宜家买的这个水杯才用了十多天一直都是用来喝水的，泡过菊花茶 突然发现变形了 有知道缘由的吗
不是在代购那里买的 是在宜家实体店买的 刚才突...

77今天瘦了嘛
这个吸管耐受的温度是70度 太热的水就别盖盖子了 04-11　♡ 2

JES
吸管和里面的滤管特别容易变臭😭
2021-04-06　♡ 16

暗里着迷.
我的茶隔也是拧下来的时候裂了，我看着烦，就丢了这个杯子 04-08

一 作者
真的很无语😅我给店家说店家爱理不理的说 就是这样很脆的😭
04-08

体验缺陷

- **承受温度**：杯身材质导热性强，装高温水瓶身易发热导致烫伤。吸管材质无法承受过高温度。
- **密封性**：杯盖密封圈易掉落漏水，无法直接塞进包包，不便携带。
- **干燥隔层**：干燥隔层容易进入水蒸气，导致原本装入杯中的物质受潮。
- **灌注容器**：花茶会聚集在上层，材料耐高温性差，泡不开。体积小的茶叶或花瓣会从缝隙中漏出。材料脆弱，易碎。
- **清理难**：有许多地方手洗难以清理，如杯盖下方、排气阀门等。长期不清理容易滋生细菌，甚至变色发霉。

3、产品改进策略

- 杯盖 ①
- 吸管 ②
- 灌注容器 ⑤
- 杯身 ③
- 干燥隔层 ④

杯盖

杯盖下方：把杯盖下方原有的结构改成简单的双向螺旋结构，以此来解决杯盖下方原来的小部件难以清洗的问题。

排气阀门：排气孔上面的塞子可以做成感温变色内塞，当水杯内的水的温度达到一定值时，塞子的颜色会逐渐变浅。

吸管

把水杯内的长直吸管改成类似美国Hip水杯吸管的设计。

吸管侧面可拆开展平，易清洁。

吸管材质为食品级硅胶，耐高温，易折叠。

打开清洗　合上使用

| 实践任务一：日常生活用品消费体验升级企划 |

杯身

将水杯的材质改成导热性较差一点的PP材质或PPSU材质，这两种材质也具有更高的耐热性。

可以在杯子外面加一个隔热套，解决装高温水瓶身易发热导致烫伤的问题。

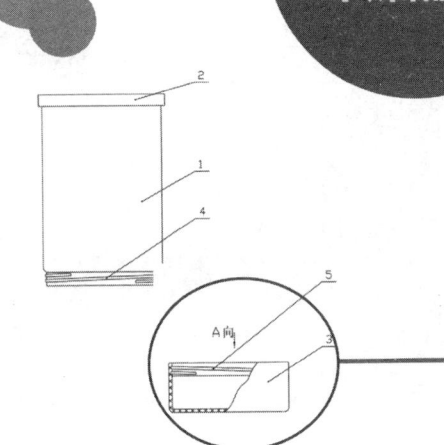

干燥隔层

把杯内的干燥仓挪至水杯底部，并把杯底做厚，减少热水的影响，避免水杯内的水温度过高导致干燥仓所放物品受潮。同时，可以解决干燥仓放于杯内易脱落的问题。

→ 干燥隔层

灌注容器

在滤管里加上一层滤网，预防茶叶从灌注容器的缝隙间漏出

用PPSU材质制作灌注容器

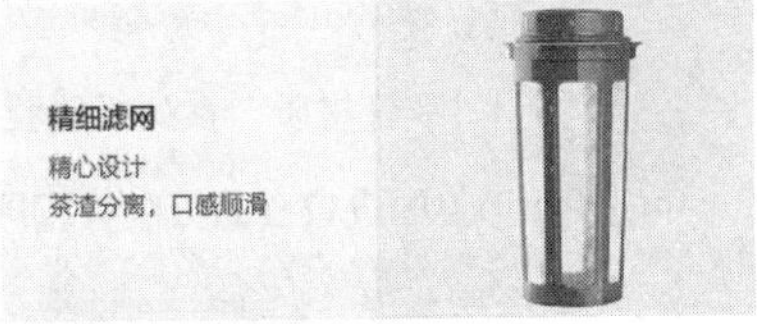

161

4、可行性分析

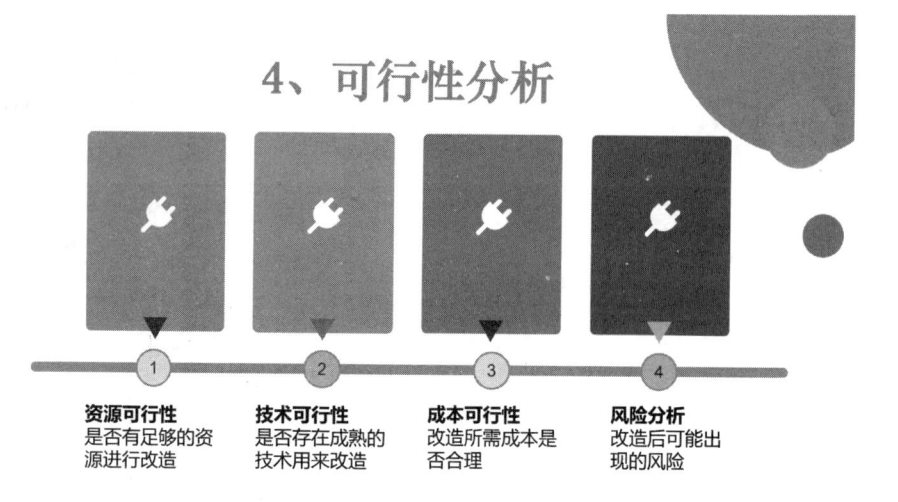

1. **资源可行性** — 是否有足够的资源进行改造
2. **技术可行性** — 是否存在成熟的技术用来改造
3. **成本可行性** — 改造所需成本是否合理
4. **风险分析** — 改造后可能出现的风险

1.资源可行性

（1）感温硅胶：利用对水蒸气的吸附性来达到变色效果，已被市面上多种产品广泛的使用。

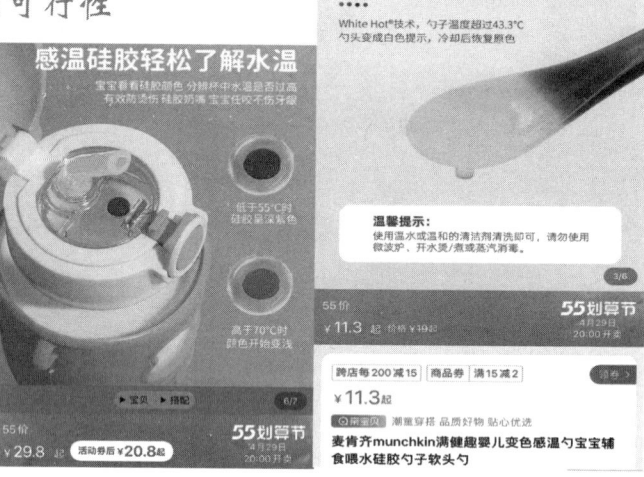

1.资源可行性

(2)吸管材质：食品级硅胶

可选用hip美国进口食品级吸管或国产不含BPA、耐温-20°c—200°c的铂金硅胶。

实践任务一：日常生活用品消费体验升级企划

1.资源可行性

（3）杯身以及容器的ppsu材质：

PPSU，学名：聚亚苯基砜树脂(Polyphenylene sulfone resins)。

PPSU是一种无定形的热性塑料，具有高度透明性、高水解稳定性。制品可以经受重复的蒸汽消毒。PPSU可代替玻璃和不锈钢做蒸汽餐盘、咖啡盛器、微波烹调器、牛奶盛器、挤奶器部件、饮料和食品分配器。

1.资源可行性

（4）隔热套、滤网：

隔热套与滤网都是市面上比较成熟的产品，不用担心其材料来源的稀缺性。

隔热套有硅胶、帆布、塑料等各种各样的材质：

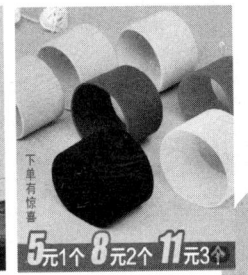

2.技术可行性

（1）杯盖改为双螺旋结构：

将杯盖及杯口的模具改为有螺纹的，而塑料杯盖内螺纹模具一直是塑料杯盖模具重要结构之一，市面上存在成熟的代工厂，不存在技术问题。

2.技术可行性

(2) 将干燥隔层移至底部:

市场上可找到相似结构产品。

3.成本可行性

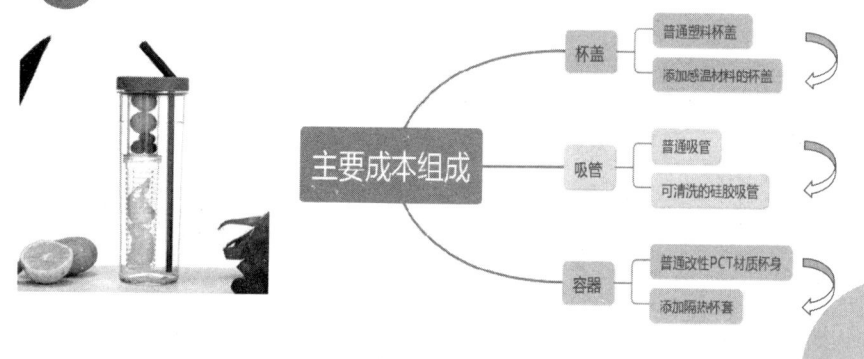

主要成本组成
- 杯盖
  - 普通塑料杯盖
  - 添加感温材料的杯盖
- 吸管
  - 普通吸管
  - 可清洗的硅胶吸管
- 容器
  - 普通改性PCT材质杯身
  - 添加隔热杯套

3.成本可行性

原水杯成本组成

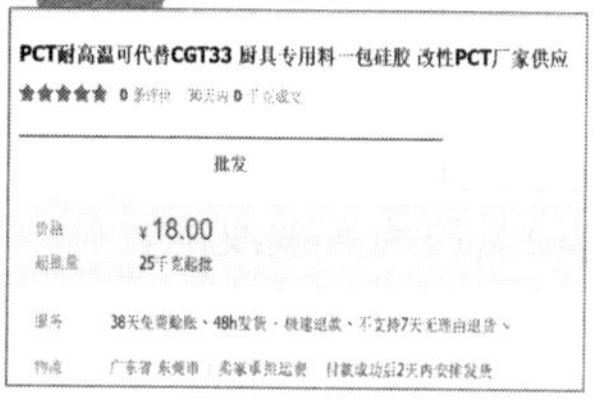

容器：改性PCT（18元/kg）

吸管、杯盖：聚丙烯塑料（7.2元/kg）

水杯官方价格：39.9元/个

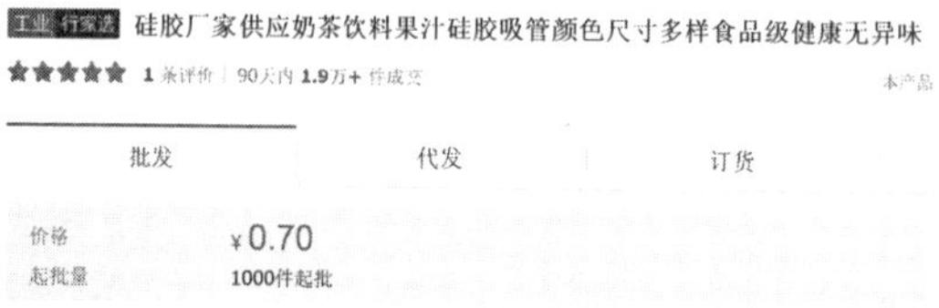

硅胶吸管（0.7元/根）

3.成本可行性

改进后水杯成本组成

添加的感温材料（0.198元/个）　　添加的PP材质杯套（0.15元/个）　　更换的可清洗吸管0.88元/个

3.成本可行性

杯盖 → +0.198元/个

杯套 → +0.15元/个　　　　}　+1.228元/个

吸管 → +0.88元/个

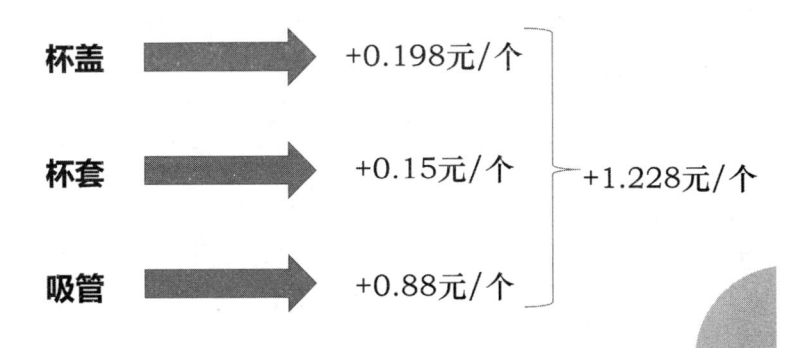

4.风险分析

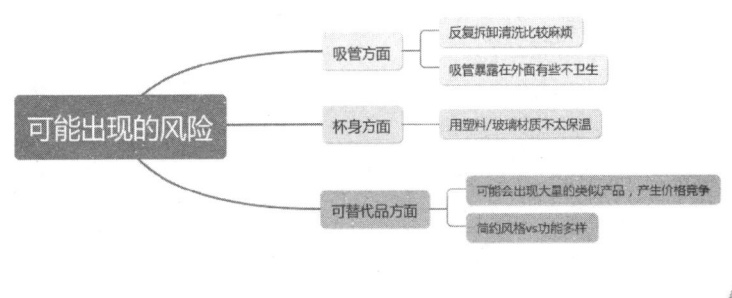

可能出现的风险
- 吸管方面
  - 反复拆卸清洗比较麻烦
  - 吸管暴露在外面有些不卫生
- 杯身方面
  - 用塑料/玻璃材质不太保温
- 可替代品方面
  - 可能会出现大量的类似产品，产生价格竞争
  - 简约风格vs功能多样

教师点评：

优点： 产品选取合理，是大学生日常生活中能接触到的简单商品且存在非常典型的功能性缺陷，该小组通过互联网电商平台广泛搜集了消费者的使用体验反馈，并能够针对每一项功能缺陷提出切实可行的改进策略。企划案非常完整，条理清晰，重点突出，优秀。

不足之处：

（1）成本可行性分析部分仅考虑了材料成本，但改造产品需要支付的设计费、生产工费、宣传推广费等可能远超额外的材料成本。

（2）改造完成的水杯在市面上仍有非常多的相似竞品，那么本产品的卖点是什么？商业策略不够清晰。

实践任务二:"新零售"企业消费体验营造策略调研

实践任务内容

本任务要求学生分小组选择以下类型的"新零售"企业开展调研:
1. 商品零售类(如线下商超和电商平台)
2. 生活服务零售类(如教育培训、美容美发、餐饮、文娱场所等)
3. 虚拟产品零售类(如电子游戏、视频音乐小说平台等)

本任务要求学生在调研过程中重点观察三方面的信息:

一是观察该企业主要消费群体的身份特征和需求特征,为其做一份详尽的目标消费群体的特征画像;

二是观察该企业的商业模式在消费者体验营造方面有何创新之处,如何迎合了目标客户群体的体验需求;

三是调查该企业的商业模式目前还有哪些点与其目标消费群体的体验需求相冲突?分析冲突存在的原因,并提出可行的解决方案。

在完成本任务的过程中,建议学生小组尽可能与所调研企业的负责人进行对谈交流,以便从消费者和经营者两个角度掌握更全面的信息。此外,建议学生尽可能选择自己日常生活中经常接触的企业进行调研,如果是大型企业,那么建议针对某项具体业务进行调研(比如美团 App 的功能非常庞杂,可以仅选取某一项功能进行调查研究)。

本次实践任务于第十章教学任务完成后布置学生于课后组队完成,并由教师根据学生任务完成情况和教学计划推进情况选择合适时机组织"翻转课堂"环节,由学生团队逐一汇报其实践成果。

企划案结构建议

建议该企划案按照以下结构展开:
一、企业详情介绍
1. 企业的产品或服务
2. 主要消费群体的身份特征和需求特征
二、企业在消费者体验营造方面的创新之处
1. 功能性体验(仅供参考)
2. 审美性体验(仅供参考)
……(根据实际需要编写)
三、企业体验供给与消费者体验需求之间的冲突点
(一)冲突点一:……

1. 冲突原因
2. 冲突解决方案（注意技术和成本可行性、改造后的消费体验竞争优势是否更加凸显？）

（二）冲突点二：……（根据实际需要编写）

案例作品展示

王者荣耀简介

《王者荣耀》是腾讯天美工作室开发的国民团队竞技MOBA手游大作！易观千帆2022年4月游戏APP榜单数据显示，《王者荣耀》在发售后的第七个年头仍能保持约1.5亿的活跃用户，在移动手游中断层领先，超越第二名《和平精英》约一倍。

王者荣耀简介

Sensor Tower数据显示：《王者荣耀》2021年全球收入超过28亿美元（约合人民币188亿元），如果《王者荣耀》作为一个企业，则可跻身2021年中国企业营收前400强。

自2015年发售以来，《王者荣耀》已经累计收入突破100亿美元（约合人民币644亿元），平均每年收入逾百亿元人民币，成为全球第一个达到这一成就的移动游戏。

王者荣耀的用户群体特征

2021年中国95后男性最愿意付费的移动游戏

移动游戏	占比（%）
原神	20.6
和平精英	32.8
王者荣耀	43.4
QQ飞车	21.7
穿越火线	12.8

来源：Mob研究院

2019年中国王者荣耀女性活跃玩家占比

时间	占比(%)
1月	27.9
2月	30.3
3月	29.0
4月	31.5
5月	33.6
6月	34.1
7月	35.0
8月	39.5
9月	38.0
10月	38.8

来源：Mob研究院

2019年中国大学生游戏领域典型行业MAU前十APP使用时长情况

APP	在校使用时长(万小时)	假期使用时长(万小时)
王者荣耀	1296.8	1484.6
和平精英	654.3	1146.2
腾讯欢乐麻将	346.3	358.9
JJ斗地主	448.2	337.3
欢乐斗地主	389.9	329.6
穿越火线	55.7	102.9
QQ飞车	37.2	77.0
荒野行动	28.3	50.6
第五人格	33.9	48.0
弓箭手大作战	11.0	20.0
绝地求生	4.5	0.3

来源：易观分析《大学生行为分析专题报告2019》

王者荣耀的游戏体验

社交体验：交友媒介（熟人、生人、CPDD）、社交谈资、成就炫耀

成就体验：排位评级、个人及战队荣誉称号、赛事成就

娱乐体验：kol赛事、周边综艺、主播直播及周边二创、好友观战

审美体验：游戏ip故事、英雄皮肤、游戏周边文娱产品

逃避体验：沉浸式操控游戏角色，逃避现实中的负面情绪

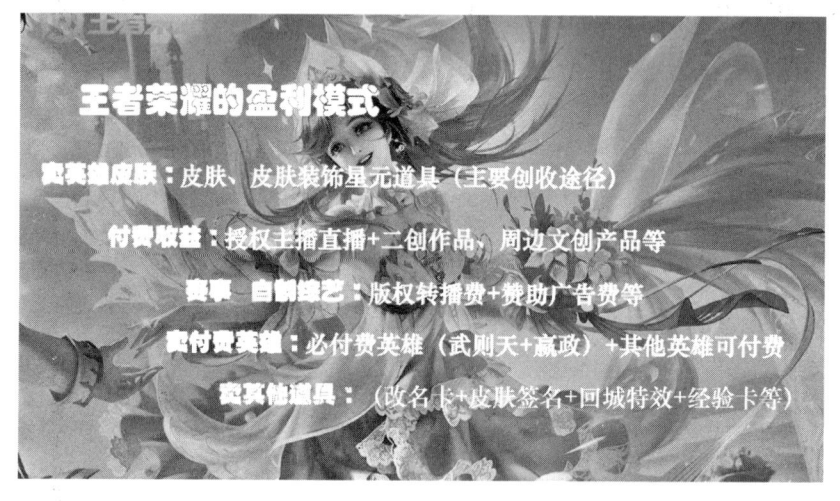

王者荣耀的盈利模式

卖英雄皮肤：皮肤、皮肤装饰星元道具（主要创收途径）

付费收益：授权主播直播+二创作品、周边文创产品等

赛事 自制综艺：版权转播费+赞助广告费等

卖付费英雄：必付费英雄（武则天+嬴政）+其他英雄可付费

卖其他道具：（改名卡+皮肤签名+回城特效+经验卡等）

TWO 王者皮肤的消费体验营造创新

王者荣耀皮肤的功能

1. 增强英雄基础属性：增加10点攻击力等
2. 审美价值，独特的造型和技能效果，增强游戏的新鲜感
3. 操作流畅度、打击感等手感差异：例如夏侯惇"无限飓风号"
4. 高级皮肤特殊动作相当于英雄重做：例如，鲁班电玩小子
5. 满足游戏玩家的收藏欲和攀比心理：购买王者全皮肤需要人民币4万元以上

王者荣耀皮肤的类型

- 伴生皮肤和勇者皮肤：6元左右（可免费获取）
- 史诗皮肤：88.8元（可免费获取）
- 传说皮肤：168.8元（可免费获取）
- 星传说皮肤：600-900元左右（可积攒紫星币免费获取）
- 荣耀典藏皮肤：1500-2000元左右（不可免费获取）
- 星元皮肤：（价格不定）用于装饰其他皮肤（可免费获取）
- 限定皮肤：（价格不定）赛季、战令、节日限定等（可免费获取）
- 系列皮肤：（价格不定）kpl系列、ip联动系列等（可免费获取）

王者荣耀皮肤的消费体验营造策略

1. 限时出售+首周、节日等打折促销+经典皮肤票选返场：大量精品皮肤采取限时出售模式，刺激用户冲动消费

王者荣耀皮肤的消费体验营造策略

✓ 2.稀有荣耀典藏皮肤充值抽奖兑换：
制作最精良的荣耀典藏系列皮肤仅限荣耀水晶兑换，激励炫耀性消费

王者荣耀皮肤的消费体验营造策略

✓ 3.IP联名系列皮肤：
贩卖用户对儿时经典IP的怀旧情怀和对中国传统文化形象的民族自豪感
西游记联名、五岳联名、敦煌联名、圣斗士星矢联名、李小龙联名等

王者荣耀皮肤的消费体验营造策略

✓ 4.碎片兑换或活动奖励低阶皮肤：扩大用户群体诱导未来消费

王者荣耀皮肤的消费体验营造策略

✓ 5.开放共创：提供"养成系"乐趣，满足用户的参与感和群体归属感

王者荣耀皮肤的消费体验营造策略

✓ 6.不定期老皮重做：
✓ 为老皮融入新科技特效，增加老皮买家新鲜感，提振滞销皮肤销量

王者荣耀皮肤的消费体验营造策略

✓ 7.主播和up主宣传推广：
利用粉丝经济模式推动群体性潮流消费

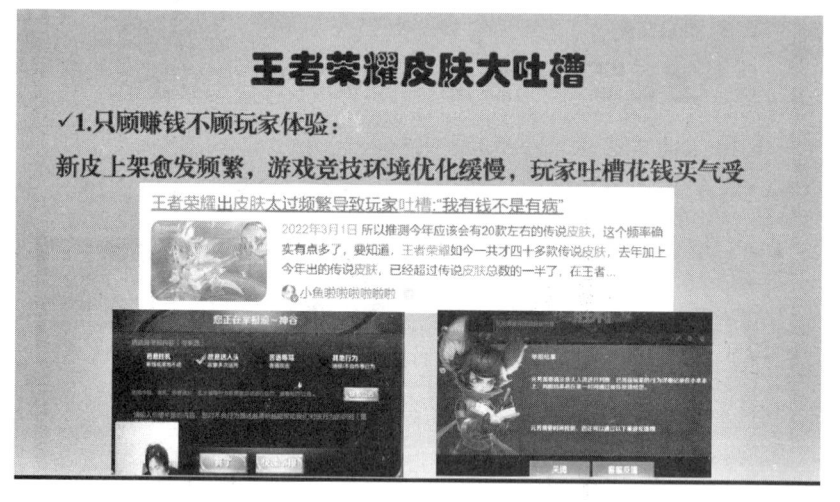

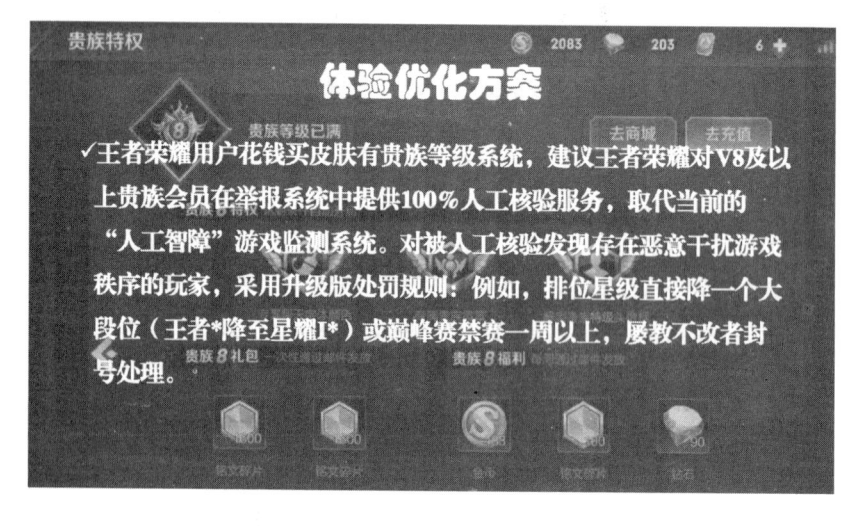

THREE 王者皮肤体验供给与消费者体验需求的冲突点

王者荣耀皮肤大吐槽

✓ 1.只顾赚钱不顾玩家体验：

新皮上架愈发频繁，游戏竞技环境优化缓慢，玩家吐槽花钱买气受

体验优化方案

✓ 王者荣耀用户花钱买皮肤有贵族等级系统，建议王者荣耀对V8及以上贵族会员在举报系统中提供100%人工核验服务，取代当前的"人工智障"游戏监测系统。对被人工核验发现存在恶意干扰游戏秩序的玩家，采用升级版处罚规则：例如，排位星级直接降一个大段位（王者*降至星耀I*）或巅峰赛禁赛一周以上，屡教不改者封号处理。

王者荣耀皮肤大吐槽

✓ 2.皮肤建模和造型极差：
✓ 有的皮肤与原皮基本只是颜色差异，被吐槽骗钱；有的皮肤造型与绝大多数人审美不符，被群嘲太丑。

王者荣耀 体验优化方案

◆ 不同价位皮肤之间的差异可以体现在操作手感、流畅度、特效动作、技能加成等方面，诱惑用户购买高级皮肤。手游玩家普遍能接受"充值=变强"的游戏环境。

◆ 对于免费赠送或廉价出售，低阶皮肤不宜在形象设计上过于粗糙，会让新手玩家感觉游戏粗制滥造，产生退游冲动。

◆ 在共创基地中开放更多老皮肤做活动，让玩家共同参与皮肤优化。

王者荣耀皮肤大吐槽

✓ 3.高级皮肤"锚点"问题：
✓ 王者高级皮肤滥用"锚点"粗制滥造引起众多玩家不满：与低阶皮肤高度相似的造型、技能特效和单调的金属打击音效，让玩家觉得花钱买高级皮肤性价比不足。

请减少高级皮肤的锚点！！！

教师点评：

优点： 英雄皮肤等虚拟产品是未来数字"新零售"的重要领域。调研对象选取合理，选择了王者荣耀的皮肤销售这个小点展开调研，研究充分、条理清晰、细节丰富，搜集了网络上关于王者皮肤的主要吐槽点，并能够基于自身对游戏的理解提出具有一定可行性的体验优化方案，优秀。

不足之处：

（1）由于王者荣耀的详细财务数据不对外公开，难以获取其皮肤设计成本数据，因此未能就改进方案的成本可行性展开分析。

（2）未能自己组织一定量的用户调研，改进方案的用户接受度不明。

实践任务三:"新零售"消费体验升级企划大赛

实践任务内容

要求学生团队选取一个感兴趣的领域,利用本课程所学知识设计完成一套完整、具体、可行的"新零售"企业创新创业企划案。企划案应由以下部分组成:

项目名

格式:《××××项目消费体验创新企划书》,××××为一个现实中具体存在的真实零售企业,也是本企划书的改造对象。选取的目标企业应是一个业务简单、商业模式清晰的小企业,如抖音平台＊＊＊直播间;或者某一大型连锁企业的某一具体门店,如＊＊＊餐饮集团南京夫子庙店(但要考虑连锁企业的门店是否有权自己做出商业模式变更);或者某一大型企业的某一个具体业务线,比如＊＊＊集团香水产品。即鼓励学生对已有零售企业的商业模式进行改造升级,而不是凭空设计一个全新的企业。

(1) 项目背景

要求对××××零售项目当前的运营情况和特点进行简要介绍,简单介绍其企业发展历史、经营现状、竞争环境等,重点分析其在体验营造方面的缺陷和不足。学生可以引入与研究目标企业存在直接竞争关系的其他企业作为案例进行对比分析。

(2) 项目体验创新特色

要求结合本门课程所讲授的各类体验创新方法对该项目的商业模式进行创新改造,简要阐明创新的理论与现实基础,重点论述体验创新的思路、方法。不要求面面俱到,仅就有必要改造的部分(比如,供应链设计和服务流程优化、宣传策略优化、品牌形象改造等皆可)进行创新改造即可。

(3) 改造前后项目运营模式对比分析

要求对比分析在第 2 部分提出的体验创新对该项目运营模式的具体影响,比如会如何影响该项目的收费模式、定价模式、宣传模式、目标客户群体等。

(4) 项目投入预算

要求大致估算对该项目进行改造的总体投入情况,包含人员、场地、固定资产、日常运营经费等的投入额。建议以表格的方式展示,所有数据均应尽可能注明来源,例如,电商平台企业报价、人力资源网站招聘信息等。

注意:如果选择的改造目标企业规模过大或业务线过杂,本部分项目投入运算的编制工作将难以完成。

(5) 项目改造的预期收益

要求根据第 4 部分的项目投入预算增加情况,计算项目改造后的营业额应该增长到何种水平才能实现利润增长?这种利润增长是来自销量增长、单价提高,亦或是成本降低?利润增长是改造当年就可以实现还是需要等待一定周期?

注意：项目体验升级投入的资金有其机会成本，可以使用当地商业银行一年期定存利率作为资金的机会成本。

(6) 项目可行性分析

项目的机遇（市场空缺、政府支持等）、项目面临的竞争与威胁、项目可能面临的其他风险（政策、不可抗力、消费趋势变化等）等。

(7) 团队成员的分工

注明每位团队成员在该企划书设计过程中承担了哪些具体工作，组长需对每位组员的工作质量做出星级评价：组员中20%的人可获5星评分（组长不占名额），40%的人可获4星评分，40%的人获3星及以下评分，组长由于承担团队组织协调工作，默认获得5星评分。

本次实践任务作为期末考核任务，在学生期末总成绩中占比60%。教师应在学期开学第一次课向学生布置该任务，并在学期最后4个学时的课堂上举办该竞赛，由学生团队逐一汇报其创新创业企划，教师组织评审团进行现场评价。

案例作品展示

校园拖延症咖啡项目消费体验创新企划书

一、项目背景

1. 消费者需求

你，有拖延症吗？

正所谓"拖延一时爽，deadline 火葬场"。但无可奈何，现代人通常难以戒除拖延的酸爽，电子游戏、社交 App、影视剧集、短视频等新媒体都在千方百计地博取用户的关注，与这些充满趣味的娱乐活动相比，枯燥的学习或工作任务怎么可能让人全身心投入呢？于是，我们身边的"拖延癌晚期患者"正在飞速增长。

拖延行为是指个体在没有明确理由的情况下，不自觉地推迟预定行动的非适应性行为（连帅磊等，2018）。大量研究表明拖延行为无论是在青少年群体中还是在成年人群体中，均是一种颇为普遍的现象（Malouff & Schutte, 2019）。例如，国外针对大学生的研究发现，约有40%的学生存在明显的拖延行为，接近50%的学生存在持续性和病理性的拖延行为（Lukas & Berking, 2018）。身处移动互联网时代，中国大学生的拖延问题也非常严峻（马雪玉等，2020）。国内研究发现有83.4%的大学生存在不同程度的拖延，有15.6%的大学生属于重度拖延者（倪亚琨等，2018）。严重的拖延行为会给人们的学习、工作和生活带来严重困扰，如出现强烈的自责情绪、负罪感、不断的自我否定，并会体验到更大的压力，更多的抑郁、焦虑和疲劳感。因此，拖延行为受到了研究者的广泛重视（张顺民和冯廷勇，2017）。

2. 灵感来源[①]

如何解决拖延症问题呢？位于东京高圆寺附近的"手稿写作咖啡馆"（原稿執筆カフェ）从商业模式上给我们提供了一个新思路。这个专为稿件工作者开设的咖啡馆，居然不让写不完的人离开，不仅"锁死"，而且还提供每小时查看进度监督的"上司服务"。"手稿写作咖啡馆"面积不大，仅仅38平方米，呈三角形状，室内的座位也只有13个。

---

① 感谢南京财经大学金融工程专业2001班学生李静怡提供的创意灵感。

| 实践任务三:"新零售"消费体验升级企划大赛 |

图1 "手稿写作咖啡馆"外景

图2 "手稿写作咖啡馆"内景

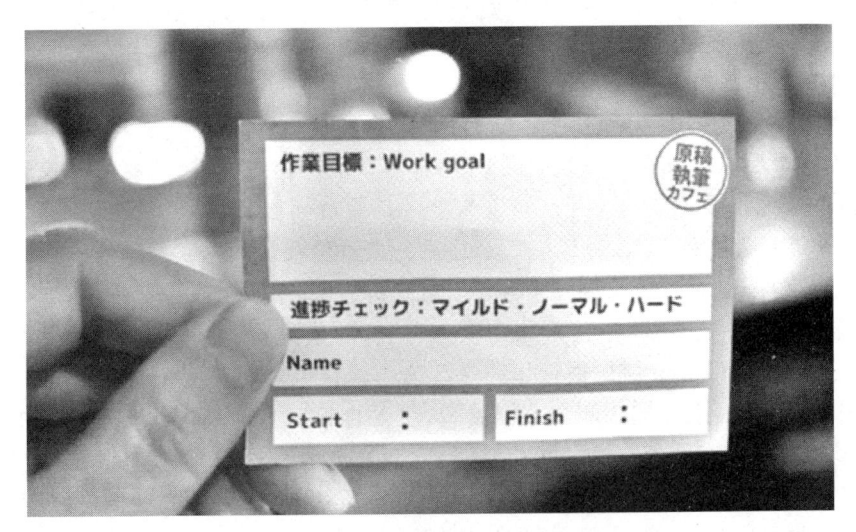

图3 "手稿写作咖啡馆"的任务目标手写卡

首先，进门消费的客人会得到一个任务目标手写卡，而这个卡片就是进店客人的"保证书"，消费者必须如实填写告知店铺。不仅如此，咖啡店提供的更定制化服务包括"专人督促"。在卡片上，消费者可以选择这项服务的"强度"："弱提醒"代表店员只会在消费者结账离开的时候询问消费者的写作完成进度；"中强度提醒"则意味着店里的经理会每个小时来到消费者身边检查进度；"强提醒"就更夸张，经理不仅会每个小时例行检查，还会对进度落后的消费者进行催促。催促的方式也有多样，比如，如果消费者被发现在吃东西，进度缓慢的话，经理就会用严肃的口吻询问"吃完了吗？""你还有一个小时对吧？""这会怎么样了？"对于拖延症晚期病入膏肓的人来说，可能为了逼自己一把，他们会选择高等强度的魔鬼式催促……不过这三种强度的提醒任凭消费者选择，没有强迫性。"入店仪式"完成后，消费者就各自在自己的座位就座，开始奋笔疾书了。

店主 Takuya Kawai 表示，咖啡店只接待从事电脑文字、图像工作的"手稿写作者"，并不对普通消费者开放，因为这才能保证店内的赶稿氛围。"为了保持咖啡馆高度的专注和紧张的气氛，只允许有 dealine 的写作者参与。"所以，上交本日计划后，几乎每位来店里的消费者都会很快进入"喷发模式"，在安静和周围同样专注作者的督促中为今日的目标努力。除了计划书、氛围和美丽的经理姐姐的不断巡查外，另一个大家不得不努力工作的重要原因，是店铺设置了"不完成计划不准走"的要求！

根据店铺规定，每半小时店铺收取 150 日元（约人民币 7.5 元）的"空间使用费"，每天店铺的营业时间是下午 1 点至 7 点。如果消费者计划没有完成却想要在店铺打烊前提前离开，不好意思，不给结账！除非老老实实继续坐着完成本日目标，或者在拖延中等待店铺 7 点打烊，消费者没有离开店铺的其他机会！有网友评论，这个应该叫做"合法的软性监禁"……也因为如此，当日进店的目标卡每个人可不能不切实际地乱填，否则店铺是不会同情让没完成目标的人提前离开的！

而如果超过打烊时间还没完成目标任务又想要继续在店里赶稿的，店铺也可以提供延时服务，不过每小时收取的费用高达 1 000 日元至 3 000 日元（取决于延时的时段）。又是提交目标计划，又是被督察，还要被限制人身自由，所以，这个听起来像是管理院的咖啡馆到底见效如何呢？店长表示，开张第一天店铺所有顾客都完成了目标作业，并带着"神清气爽"的表情离开，"让人印象深刻！"而之后，咖啡店的奇葩规定通过社交媒体传播出去，让咖啡店大火了一把，甚至媒体都跑来报道，店里的生意更好了。如今 13 个座位经常满员，有预定者提前一个月就在网上预约了座位……

本地的同人小说漫画作家富冈真理曾在店里顺利完成了当日作业，她解释了自己喜欢手稿咖啡店的原因，"如果我在一家普通的咖啡馆工作，我会被我自己的手机或者坐在我身边的其他人分心。不过在这里，因为知道 2 小时是最后期限，所以会很快完成，这很难得。"她表示，在今年夏天交稿之前，她还会回来这里完成两份共计 7 万字的原创手稿。

3. 消费体验改造对象：Six Shots Coffee 南京财经大学仙林校区店

参考东京高圆寺附近的"手稿写作咖啡馆"的商业模式，我们计划对南京财经大学仙林校区内的 Six Shots Coffee 门店进行体验升级改造。

Six Shots Coffee 位于南京财经大学校内，主要目标客户为校内学生及教职工。该咖啡店装修风格是现代年轻人喜欢的极简工业风，水泥灰色的背景、简洁的家具配上鲜红色的装饰、暖色灯光和手办元素，成功地营造出了一种简约高级感，深受消费者喜爱，开业伊始就成了校内"网红打卡地"。不过，从消费体验营造策略上来看，这家咖啡店提供的服务和销售的饮品及甜点都没有什么出挑之处，如果仅依靠装修风格上的差异，势必难以给消费者带来长久的新鲜感，"打卡"的热情一过，再加之装修和家具的老化，咖啡店生意必然会逐渐陷入萧条期。此外，从市场竞争环境来看，南京财经大学校内有性价比更高（平均单价仅为其1/2）的瑞幸咖啡和多家奶茶、果茶店，学校正门马路对面的金鹰商场内有Costa、星巴克、奈雪的茶等大型连锁咖啡店或饮品店，这些都会分走Six Shots Coffee的客源。

图4 "Six Shots Coffee"品牌logo与slogan

图5 "Six Shots Coffee"内景

图6 "Six Shots Coffee"迷你手办装饰墙 　　图7 "Six Shots Coffee"室内一角

二、项目体验创新特色

1. 产品体验创新

图8 "Six Shots Coffee"菜单

Six Shots Coffee 扎根于大学校园市场,其宣传口号是"A good way to start your day",意为本店的咖啡可以帮助您开启新的一天。这其实就是在"暗示"消费者本店的咖啡具有提神醒脑的功能,而且甜点中的糖也能刺激消费者分泌多巴胺,产生幸福感,还有什么能够比一杯咖啡配上一份甜点更适合开启新的一天呢?我们建议 Six Shots Coffee 立足于其宣传口号,对其咖啡的命名进行进一步创新,强化上述"暗示",通过产品命名上的创新,丰富消费者品尝本店咖啡时的体验层次。具体方法是:在现有菜单基础上,将所有咖啡按照咖啡因含量分为低、中、高咖啡因3类,将所有咖啡按照糖含量分为少糖、正常糖2类,这样一款咖啡就至少有 3 * 2 = 6 种搭配方式,我们可以推出 6 款不同名字的纸杯,这也在数量上暗合 Six Shots 的品牌名。6 款纸杯的名字如下表所示:

序号	咖啡因含量	糖含量	纸杯名	出处
1	低	少糖	云起时	行到水穷处,坐看云起时。 ——王维《终南别业》
2		正常糖	相与还	山气日夕佳,飞鸟相与还。 ——陶渊明《饮酒·其五》
3	中	少糖	半日闲	因过竹院逢僧话,又得浮生半日闲。 ——李涉《登山》
4		正常糖	红袖招	骑马倚斜桥,满楼红袖招。 ——韦庄《菩萨蛮》
5	高	少糖	思无涯	昔日龌龊不足夸,今朝放荡思无涯。 ——孟郊《登科后》
6		正常糖	喜欲狂	却看妻子愁何在,漫卷诗书喜欲狂。 ——杜甫《闻官军收河南河北》

注:本项目重命名的是纸杯,而不是某款咖啡,比如改造前顾客可能点的是"大杯拿铁加冰正常糖",改造后对应的可以是"红袖招·大杯冰拿铁"。

上表中的六种纸杯名按照咖啡因含量从低到高,分别对应慵懒、惬意、亢奋的精神状态,而糖含量高的则比少糖的多了一份欢喜、兴奋的心境。所有纸杯名均出自中国经典古诗词,这一方面能迎合Six Shots Coffee客户群的"文艺"特质,另一方面也能让大学生消费者在品尝咖啡的同时思考本店取名的巧思,引导其进入到慵懒、惬意或亢奋的心境之中。此外,在纸杯的图文设计上,可以向南京财经大学艺术设计学院的学生有偿征集设计稿,力图将品牌海报上的六个漫画人物与诗词意境相融合,引导消费者将自身映射到漫画人物上去,更好地领会和感受图文中的意境。

2. 服务体验创新

Six Shots Coffee门店有两层,一层有吧台和甜点咖啡制作区,也有部分坐席;二层全部是坐席。我们可以参考"手稿写作咖啡馆"的运营思路,将二楼改造成"Deadline闭关奋战室",一楼仍保留原有的运营模式,不需要改造,专门服务散客。

新增服务项目:Deadline监督服务。

服务内容:(1)顾客进店填写"任务目标手写卡",注明自己的个人信息、本次需要完成的任务内容、需要的时间、需要的督促服务类型,交给监督服务员。(2)顾客选择想要的饮品和甜点以及是否需要租用鼠标、电脑散热支架等设备、是否需要托管手机等,挑选空闲的座椅位置,预付本次服务的费用和押金(离店结算时多退少补)。(3)监督服务员引导顾客到合适的座位,为其在额头绑上"加油"丝带,宣告此次Deadline挑战服务正式开始计时。(4)监督服务员按照顾客选择的督促服务类型为其提供计时监督服务。(5)顾客离店时需向监督服务员汇报本次任务的完成情况,监督服务员检查顾客的任务完成质量,并给予相应的奖励或惩罚。

在督促类型上,我们拟在任务目标手写卡上给消费者提供三种选项:云淡风轻、雷动风行、破釜沉舟,具体服务内容如下表所示:

督促类型	服务内容	服务收费	任务完成奖励	任务失败惩罚
云淡风清	赠送任选咖啡1杯(不续杯),免费热(冰)水;服务人员在离店时询问并记录任务目标完成进度1次	30元/小时,超出时长费用另算;设备租赁(如需)费用另算;手机托管费(如需)5元/部	积分印章印记1枚,集满5枚印记可兑换任意饮品一杯	服务人员口头批评,在其手背加盖"逃兵"印章
雷动风行	赠送任选咖啡1杯(不续杯),免费热(冰)水;免费托管手机,服务人员每小时询问并记录完成进度1次		收费30元以上部分8折优惠,积分印章印记2枚;任务目标卡挂上门店"DDL挑战成功展板"	服务人员口头批评,在其手背加盖"逃兵"印章;任务目标卡挂上门店"DDL挑战失败展板"
破釜沉舟	咖啡免费续杯(每2小时一次,3杯封顶),赠送甜点一份,免费热(冰)水;免费托管手机,设备租赁费用全免;服务人员每小时询问并记录完成进度1次,并进行口头表演或批评	预付200元押金;30元/小时,起步时长2小时,超出时长费用另算	退还200元押金;收费60元以上部分6折优惠,积分印章印记3枚;任务目标卡挂上门店"DDL挑战成功展板"	服务人员口头批评,在其手背加盖"逃兵"印章;任务目标未完成前禁止离店直至当天营业结束,如需提前结束任务离店,押金不退,兑换成含金额200元的消费券;任务目标卡挂上门店"DDL挑战失败展板"

注:如消费者存在超时行为,超出时长按10元/30 min,30元/小时两档标准收取座位费:超时30 min(含)以上按1小时收费;不足30 min但超出10 min的,按30元收费;超出10 min(含)以下免费。

需要强调的是,本店的该项创新服务并不依靠强迫消费者购买"消费券"的方式盈利,因此,当监督服务人员和消费者之间就"消费者是否完成了目标任务"产生争议时(部分消费者可能会通过网络抄袭造假等方式假装自己完成了任务目标),本店监督服务人员会提出自己的质疑,但如果消费者坚持认为自己完成了任务,本店会采纳消费者的观点,同意其完成任务,避免与消费者产生矛盾。此外,为了引导选择"破釜沉舟"项目的顾客诚实地接受自己任务挑战失败的结果,本店仅向任务失败后兑换了"消费券"的用户提供座位免费预定服务,为 Deadline 挑战失败的顾客提供最便捷的再次挑战的机会。

为了提供这项新服务,Six Shots Coffee 二楼需要新招聘一位监督服务人员。该服务员负责二楼的卫生和秩序维护、收集顾客的任务卡片并定时提供催促服务。这些任务都比较简单,经过简单培训即可上岗,可以在校内招聘几名兼职学生轮班。如果该项服务的满意度较高,后续可以考虑给兼职学生定做 cosplay 服装,例如,装扮成警察,进一步提升任务监督时的压迫感。

三、改造前后项目运营模式对比分析

本项目仅对 Six Shots Coffee 二楼的服务项目进行了升级,对于一楼的咖啡和甜点零售服务基本未作调整(仅改变了咖啡纸杯的名字和设计),改造前后的项目运营模式对比如下表所示:

项目	改造前	改造后
目标客户群体	南京财经大学校内学生和教职工	
	缺乏忠诚度的散客	一般散客
		挑战 Deadline 任务的忠诚顾客
提供的产品类型	缺少特色的饮品和甜点	更具文艺气息和品牌特色的系列咖啡杯
		低咖啡因咖啡(目前南财校园内没有竞品)
提供服务的类型	网红店吸引学生打卡,向顾客提供一个小憩或闲聊的场所	
	无	Deadline 监督系列服务
收费模式	通过卖咖啡和甜点获取收入	
	无	Deadline 监督系列服务收入
		设备租赁、手机托管等服务收入
定价模式	与一般咖啡店相同的咖啡和甜点定价	
	无	按时收费的 Deadline 监督服务收入
		按次收费的设备租赁、手机托管等服务
场景特色	装潢时尚的网红打卡点	
	无	有专人监督的环境压力
		共同赶 Deadline 的紧张、专注的氛围

四、项目投入预算

本项目的投入预算分为日常投入和一次性投入两个部分,具体内容见下表。

项目	预算	依据
日常投入： 招聘学生兼职服务人员数名	4 200 元/月	时薪 10 元，工作时间： 早 8 点—晚 10 点
日常投入： 任务目标手写卡	每月 500 张，每张 0.1 元，50 元/月	校内打印店报价
日常投入： 加油字样的丝带，绑额头	每月 500 个*0.2 元/个＝100 元	天猫商户报价
日常投入合计	4 350 元/月，43 500 元/年（一年十个月，寒暑假各一个月）	
一次性投入： 任务目标卡展示墙	背胶软木板照片墙 10 平方米*70 元/平方米＝700 元	天猫商户报价
一次性投入： 吧台桌椅 10 套	吧台椅 300 元/把，10 把 3 000 元；	天猫商户报价
	胡桃木桌面及支架配件 800 元/平方米；1 人位 0.8 平方米（长 1 m 宽 0.8 m），10 人位共需 6 400 元	
一次性投入： 插排 10 套、笔记本电脑支架及散热器 5 套、无线鼠标 5 个、USB 扩展坞和数据线各 5 个	插排：40 元*10 个＝400 元	天猫商户报价
	插排布线物料及安装服务：600 元	
	出租用笔记本电脑散热支架、无线鼠标、USB 扩展坞、USB 数据线：1 000 元	
一次性投入：纸杯及海报等图文设计费	6 000 元	邀请艺术设计学院学生投稿，奖金 1 000 元/款纸杯，共 6 款
一次性投入： 收集托管袋（挂墙款）	20 元*1 个＝20 元	天猫商户报价
一次性投入： 电子存包柜（人脸识别，12 格款）	2 500 元*1 个＝2 500 元	天猫商户报价
一次性投入： 倒计时器	60 元*10 个＝600 元	天猫商户报价
一次性投入： 荧光防伪消费券	2 000 张*0.1 元＝200 元	天猫商户报价
一次性投入： 积分奖励印章＋油墨 "逃兵"惩罚印章＋油墨	100 元*2 套＝200 元	天猫商户报价
一次性投入合计	21 620 元	

总的来看，本项目体验升级方案所需的投入并不高，店主表示该预算在其可接受范围内，有能力使用自有资金投资，不需要额外的融资支持。

五、项目改造的预期收益

本项目改造需要的初期一次性投入是 21 620 元;每年的额外新增日常投入 43 500 元,主要是新招聘监督服务员的工资支出。从现金流压力角度看,21 620 元的一次性投入对于该门店而言压力不大,而每年 43 500 元的日常投入则可以通过灵活雇佣学生兼职临时工的方式大幅压缩成本,在店铺不忙的时候,店主自己也可以兼任监督服务员的工作。如果能将每天雇佣学生兼职服务员的时长压缩到 4 小时(下午和晚上高峰期各 2 小时),每年兼职服务员工资投入就可以降到 12 000 元,那么年新增日常投入就可以控制在 13 500~43 500 元之间。如果想要在一年内将一次性投入的成本也全部回收(总投入不高且假设当年回收所有投资,忽略资金机会成本),那么第一年的利润需要增长 35 120~65 120 元,每年营业十个月,平均每个月的利润需增长 3 512~6 512 元。

由于本方案基本不涉及咖啡店原本业务的删减,因此,假设咖啡店原有的盈利能力保持稳定,新增的 deadline 监督服务项目平均每位顾客能够带来的营业收入为 54 元(假设平均消费时长为 2 小时/人,任务均完成,收费 30+30*0.8=54 元),进一步预估门店为了获取这些新客人所需承担的额外营业税费、赠送的饮品和甜点成本、电费、设备折旧等成本为 24 元/人(店主估算),那么,只要该项目能够平均每天吸引 4~8 位新用户,就可以给门店带来 36 000~72 000 元/年的新增利润,完全可覆盖门店为吸引这些新用户所增加的日常投入和一次性投入总成本为 35 120~65 120 元。

南京财经大学仙林校区目前共有在校本硕博学生约 30 000 人,且大学生普遍面临赶作业、备考、赶论文、赶竞赛项目等各种 deadline,Six Shots Coffee 作为南京财经大学校内唯一一家有坐席的咖啡店,如果推出非常新鲜的"Deadline 监督服务",再辅以线下传单和线上朋友圈营销宣传,每天吸引 4~8 位新用户的难度不大,预计一年内就可以收回全部改造投入并实现盈利。

六、项目可行性分析

1. 项目的机遇

第一,南京财经大学仙林校区目前共有在校本硕博学生约 30 000 人,咖啡消费市场规模较大,目前校内仅有瑞幸咖啡一家咖啡店与本店存在同业竞争关系,但瑞幸咖啡门店没有坐席;与本店有近业竞争的奶茶店也存在没有坐席的短板;第二,大学生群体有常规性的 deadline 赶稿需求,课程作业、学术论文、社会实践、竞赛项目、社团工作、实习任务等都要求限期完成;第三,当代大学生普遍存在沉迷手机和互联网、注意力不集中、自控力差、拖延焦虑等问题;第四,南京财经大学的生源基本以江苏本省为主,大量学生家境优渥,生活费充裕,能够承担本店的消费水准;第五,本项目所需投资规模小,投资风险低,但能够使本店在服务覆盖区内获取独一无二的竞争优势;第六,本项目督促学生按时完成任务、帮助其养成注意力集中的好习惯,是"校内企业"应尽的社会责任,商业模式不存在商业伦理或道德风险问题,不会面临学校的反对或处罚。

本团队于 2022 年 6 月面向南京财经大学校内的学生做了样本量为 100 人的随机抽样采访[①],结果显示:97% 的受访对象表示自己知道 Six Shots Coffee,但仅有 29% 的受访对象在 Six Shots Coffee 消费过,92% 的受访对象表示本项目提供的 deadline 监督服务很有趣,83% 的学生认为自己有拖延症,47% 的学生表示愿意体验本项目。上述调研数据也表明,

---

① 抽样方式为在午餐和晚餐时间随机在学校食堂中访谈用餐的学生。

Six Shots Coffee 若采用本项目的体验改进策略,可以吸引相当一部分"拖延症"学生成为自己的新用户。

2. 项目面临的竞争与威胁

第一,Six Shots Coffee 是南京财经大学校内唯一一家有大面积坐席的咖啡店,其他周边奶茶店和咖啡店等竞争对手均没有充足的室内空间模仿本店的服务,这构成了本店的"护城河"。第二,南京财经大学近年来对教室、图书馆等学生学习场所的硬件投资较多,比如,教室配备空调、更换新座椅等,这要求本店必须提供更好的学习环境,才会让顾客觉得本店的服务物有所值,因此,本店需要在硬件设施维护、场馆环境和卫生管理、人员服务态度和技巧培训上多下功夫。

七、团队成员的分工

姓名	任务分工	组长评分
张三	统筹协调 & 项目可行性分析	组长
		※※※※※
李四	在项目体验创新特色部分,提出了……观点	※※※※※
王五	负责项目背景撰写,找到了"手稿写作咖啡馆"作为体验改造模板	※※※
赵六	共同负责:	※※※
吴七	项目投入预算编制 & 项目改造的预期收益	※※※※
……	……	……

注:可以多成员共同负责完成同一部分内容,每个人的贡献尽可能写详细。

参考资料

[1] 连帅磊,刘庆奇,孙晓军等.手机成瘾与大学生拖延行为的关系:有调节的中介效应分析[J].心理发展与教育,2018,34(5):595-604.

[2] 马雪玉,张恒泽,于帅琦,金童林,张亚利.无聊与大学生拖延行为的关系:问题性手机使用的中介作用[J].中国临床心理学杂志,2020,28(06):1250-1253.

[3] 倪亚琨,郭腾飞,王明辉.大学生特质拖延,跨期选择和未来时间洞察力的关系[J].中国心理卫生杂志,2018,32(9):765-771.

[4] 张顺民,冯廷勇.拖延的认知神经机制与基因:行为—脑—基因的多角度研究[J].心理科学进展,2017,25(3):393-403.

[5] Malouff JM, Schutte NS. The Efficacy of Interventions Aimed at Reducing Procrastination: A Meta-Analysis of Randomized Controlled Trials[J]. *Journal of Counseling & Development*, 2019, 97(2): 117-127.

[6] Lukas CA, Berking M. Reducing Procrastination Using a Smartphone-based Treatment Program: A Randomized Controlled Pilot Study[J]. *Internet Interventions*, 2018, 12: 83-90.